제인 오스틴을 처방해드립니다

The Jane Austen Remedy
by Ruth Wilson

Copyright © 2022 by Ruth Wilson
Korean translation copyright © 2025 by Bookhouse Publishers Co.

All rights reserved. No part of this book may be used or reproduced in any manner whatever without written permission except in the case of brief quotations embodied in critical articles or reviews.

Korean edition is published by arrangement with Allen & Unwin through BC Agency, Seoul.

이 책의 한국어판 저작권은 BC에이전시를 통해 저작권사와 독점 계약한 (주)북하우스 퍼블리셔스에 있습니다. 저작권법에 의해 한국 내에서 보호를 받는 저작물이므로 무단 전재와 무단 복제를 금합니다.

제인 오스틴을 처방해 드립니다
The Jane Austen Remedy

제인 오스틴
  다시 읽기는 어떻게
    내 삶을 구했는가

루스 윌슨 지음 이승민 옮김

북하우스

일러두기
1. 주석은 모두 옮긴이주이다.
2. 본문의 인용문은 책 뒤편 '한국어판 인용 출처'에서 밝힌 작품들을 제외하고는 모두 옮긴이의 번역이다.

제인 오스틴, 그의 소설, 그의 주인공들,
독자로 살아온 긴 세월 동안
뜻밖의 기쁨으로
나의 정신과 영혼을 채워준 그들에게
이 회고록을 바친다.

작가 메모

무릇 회고록이란 읽는 사람 못지않게 쓰는 사람에게도 미처 보지 못하였던 것의 발견이 될 수 있다. 글을 쓰는 경험이 이야기의 일부가 되는 창작 행위이니만큼 보기에 따라서는 용감하기도 무모하기도 할 것이다. 이 회고록에서 돌아본 관계들이 잘못 해석될 여지도 없지 않아 있다. 더러는 내 기억이 부정확할지도 모른다. 이럴 때 제인 오스틴의 소설 『에마』의 화자가 들려주는 경고의 말이 나에게 그러했듯 독자에게도 유용하지 않을까.

"인간에게 밝혀지는 어떤 일이 완벽한 진실을 갖기란 좀처럼 드문, 참으로 드문 일이다. 어디에든 약간의 위장이나 조금의 오해가 끼어들지 않는 경우는 찾아보기 드물다."

차례

작가 메모 7
들어가며 11

1장 모든 길은 오스틴에게로   23
2장 오스틴이라는 해독제   55
3장 『오만과 편견』: 명과 암   107
4장 『노생거 수도원』: 소설과 우정   161
5장 『이성과 감성』: 균형에 관하여   231
6장 『맨스필드 파크』: 기억과 망각   265
7장 『에마』: 한 편의 사랑론   317
8장 『설득』: 두 번째 기회   359

나가며 393
제인 오스틴 독서 요법 408
감사의 말 411
참고 도서 목록 413
한국어판 인용 출처 415

들어가며

> 완벽한 행복이란
> 기억 속에서조차 흔치 않은 일이거늘…….
>
> 제인 오스틴
> 『에마』, 2부 9장

나에게 온 질문

행복이 대체 뭐란 말인가. 이 질문이 내 인생에서 특별한 비중을 차지하면서 제인 오스틴 소설 여섯 편을 다시 탐독하는 새로운 경로로 나를 이끈 것은 내 나이 예순이 가까울 무렵이었다. 1992년 어느 맑은 겨울날, 나는 운전대 앞에 앉아 교통 신호가 바뀌기를 초조하게 기다리고 있었다. 별안간 신호등의 빨간색 동그라미가 미친 듯이 뱅글뱅글 돌아가는가 싶더니 역시나 별안간 밑도 끝도 없는 소용돌이 속으로 내 몸뚱어리가 내동댕이쳐지는 것이었다. 가까스로 집으로 차를 몰아 어찌어찌 아파트 계단을 올라간 그 길로 어둑한 방 안에서 꼼짝없이 스물네 시간을 누워 있었다. 이튿날 나는 메니에르 증후군이라는 진단을 받았다. 난청, 메스꺼움, 어지럼증 같은 증상이 수반되는 병이라지.

그런데 그날 일의 혼란과 충격이 채 가시기도 전에 그보다 더 큰 곤혹감을 경험할 일이 생겼다. 몇 주 뒤 나를 놀래주려고 깜짝 생일 파티가 마련됐다. 방에 들어가보니 반짝이는 은색 가면으로 얼굴을 가린 사람들이 예순 명가량 모여 있었다. 가면 뒤의 얼굴들이 사랑하는 친구들과 가족들이라는 걸 번연히 아는데도 그들의 박수와 환호를 받는 순간 이상한 반감이 솟쳐 오르는 것이었다. 눈앞의 광경이 은색 악몽으로 조각조각 흩어졌다. 내가 마치 장폴 사르트르의 『구토』에 등장하는 인물 같았고, 분명 온몸으로 전해지는 기묘하게 초월적인 어떤 감각이 나를 휘어잡았다. 나는 내 몸을 들어왔다 나갔다 하고 있었고 그사이에도 제인 오스틴 풍으로 깍듯하게 예의를 차렸다. 손님들의 상냥한 인사에 일일이 응대하고 있으면서도 나는 그 자리에 있지 않았다. 나는 누구이고 여긴 어디인가 얼떨떨한 채로 나 자신을 멀찍이 바라보고 있었다. 일순 벼락처럼 머리가 맑아지며 진실을 깨달았다. 아, 내가 세상에 정나미가 떨어졌구나. 나는 조금도 행복하지가 않았다.

가끔 그때의 실존적 전환점으로 부득불 되돌아가게 된다. 그 기억을 떠올릴 때마다 섬뜩한 외경심이 일곤 했다. 육신과 영혼이 불가사의하게 연결되었던 그날의 체험에서 오는 외경심이었다. 영혼의 존재를 어떤 식으로 개념화하든 간에, 내가 생각하기에 그 일은 내 영혼이 시름시름 앓고 있다고 내 육신이 보내는 경고였다. 신체적 증상이 마음 상태를 대변하고 있었다. 나는 충분히 사랑을 받지도 못하고 행복하지도 않은 사람인 것 같았다. 나 자신도 서럽고 내가 이룰 수 있었는데 못 이룬 것들도 서럽고 다가올 나날도 서러워 가슴이 뻐근했다.

그렇지만 그런 느낌을 설명할 도리가 없었다. 나는 가족과 사별하지 않았다. 예순 살이 될 때까지 가족들이 무탈했고 내 관심 분야에서 도모하는 일들로 달력이 빼곡했다. 제인 오스틴의 주인공 에마 우드하우스처럼 나도 인생의 지복을 골고루 누리고 사는 사람으로 비쳐질 법했다. 그런데도 나 자신은 에마가 자기 이해에 이르기까지 겪은 노심초사보다 더한 비참함에 시달리고 있었다. 딱 길을 잃은 심정이었다. 전문가를 찾아가 물어보았다. 메니에르 증후군이 우울증처럼 보일 때가 있다는 확인을 받으니 한시름 놓였다. 그렇게 약을 처방받고 소금 섭취를 끊고 바쁜 일상으로 돌아갔다.

나에게 온 백랍

표면상으로는 평소와 다름없이 지냈다. 간간이 증상이 나타나긴 했어도 참여 중이던 지역 위원회며 학교 구술사 프로그램의 실행 자문 위원으로서 맡은 역할을 그럭저럭 소화했다. 집안 유산을 물려받게 되었을 때, 나는 시드니에서 자동차로 두 시간 거리인 서던하일랜즈에 자그마한 시골집을 한 채 장만했다. 어렸을 적에도 항시 혼자 있기를 좋아하는 아이였건만 그 사실을 잊고 살았다. 우리 세대 여성들이 숱하게 그랬듯이 이른바 가부장의 권위에 순응하며 사느라 성인기를 다 흘려보냈다는 자각에 이 시골집은 내 단독 명의로 하기로 결정했다.

'자기만의 방'을 가져야 한다는 버지니아 울프의 말은 모두가 인정한다. 나는 울프의 염원에서 한 발짝 더 나아갔다. 하루아침에 그저 방 한 칸이 아니라 집을 통째로 소유한 운 좋은 여자가 되었으니 말이다. 여성으로서 나의 사회적 위치에 관한 사고 자체를 뒤바꾼 『여성 거세당하다』라는 책에서 저메인 그리어가 말한 대로, 불행과 불행이 아닌 것의 차이를 만들어낸 것은 다름 아닌 돈이었다. 누구 못지않게 이런 사정에 훤한 인물이 제인 오스틴이었다는 건 시인 W. H. 오든 같은 이가 영국 독신 여성은 금전적 목적의 결혼을 옹호한다며 경악스럽게 개탄한 데서도 알 수 있다.

버지니아 울프 자신도 가부장적인 암울한 가정 환경의 피해를 입은 장본인이었다. 그러나 천재성으로 글쓰기의 기적을 이뤄낼 수 있다는 걸 세상 여성들에게 똑똑히 증명해

보이고 블룸즈버리의 전설이 되었다. 울프의 소설은 투쟁에 휘말린 여성들로 가득 차 있다. 『댈러웨이 부인』의 클래리사부터 『등대로』의 램지 부인에 이르기까지, 울프의 여성들은 묵종과 자립 사이에서 심히 출렁인다. 『자기만의 방』에서 울프는 강연을 듣는 여대생들에게 제인 오스틴을 본보기로 들어 보인다. 특유의 반짝거리는 연상과 상상의 베일 이면에서 제인 오스틴이 여성의 예속을 정상화하는 가부장제의 역할을 얼마나 예리하게 간파했는지, 또 그러한 인식을 얼마나 효과적으로 위장했는지를 울프는 역설했다.

 그렇지만 여성과 픽션에 대한 울프의 지대한 관심은, 그에 못지않게 관심을 기울일 만한 훨씬 더 많은 여성 인구, 말하자면 꼭 소설 쓰는 사람이 아닌 나 같은 여성들에게 논외로 밀려난 느낌을 준다. 자신만의 정주할 공간, 자신만의 숨쉴 공기가 필요한 것은 모든 여성이 매한가지이거늘.

 나는 제인 오스틴만큼 상상력을 타고나지는 못했지만, 부유한 형제 에드워드와 제인 사이에서 돈을 뜻했던 이른바 '백랍pewter'에 관해서라면 좀 더 좋은 운수를 타고났다. 가족의 유산이라는 복덩이가 굴러든 덕에, 반복되는 신체적 증상이 어쩌면 의식하지 못하는 감정적 고통의 신호일지 모른다는 의심이 들던 무렵 도시에서 벗어날 쉼터를 마련했으니.

 그로부터 스물몇 해 뒤 미국 작가 조앤 실버의 『행복의 비결Secrets of Happiness』이라는 소설을 읽게 되었다. 현대 서구 사회의 일상이 되어버린 압박과 긴장 속에서 행복의 순간을 찾고자 분투하는 작중 여섯 화자 가운데 나는 애비라는 인물에게 가장 마음이 갔다. 그이는 상실의 슬픔을 겪는 아들에게 랭스턴 휴스의 시로 위로를 건넨다. 이 미국 시인이 역설하기를, 등뼈가 부러진 새처럼 날아보지도 못하고 죽어버리지 않도록 우리의 꿈을 굳건히 지키라더라.

도시로부터 도피할 당시 내가 인생에서 느끼는 바를 이이상 절절하게 표현한 말은 없었을 성싶다.

나에게 온 차례

차츰 내 시골집은 내 마음을 치유하러 가는 장소로 자리매김되었다. 가파르고 구불구불한 도로 맨 꼭대기에 서 있는 이 집은 베넷 일가가 살던 메리턴보다는 조금 크고 에마가 살던 하트필드보다는 상당히 큰 마을에 자리 잡고 있었다. 처음에는 주말 동안 머무르면서, 오스틴이 조카 패니에게 소설가로서 신경 써야 하는, 내 경우에는 독자로서 신경 써야 하는 '바로 그것'이라고 말한 마을의 일들을 알아가기 시작했다. 나는 내심 일종의 치유법이랄까, 더 이상 묵살할 수 없는 심신의 불편감을 고쳐줄 만병통치약을 바라고 있었다.

그만하면 괜찮게 지내고 있다고 생각했는데, 일흔 살 생일에 찍은 사진들을 정리하며 보니 어느 사진을 봐도 내가 웃고 있지를 않았다. 누릴 만큼 누리고 살면서 세상 불행한 얼굴을 하고 있다니. 염세가가 되어가는 건가? 『오만과 편견』에서 언니 제인에게 "내가 진정 좋아하는 사람은 몇 명 되지 않고, 내가 좋게 생각하는 사람은 그보다도 적어. (…) 세상을 알면 알수록 나는 세상이 점점 못마땅해져"라고 털어놓던 엘리자베스 베넷의 생각이 내 표정에 고스란히 드러나 있었다.

지금 보니 가즈오 이시구로의 『남아 있는 나날』이 연상되기도 한다. 타인의 기대와 스스로 짊어진 의무감의 그늘 아래서 인생의 불확실한 변수를 철저히 외면하며 살아온 어느 집사가 지난날을 돌아보는 이야기였지. 표현은 달랐겠지만, 나는 나대로 남은 나날을 어떻게 보내고 싶은지 자문했더랬다. 한 가지 분명한 것은 내가 변화를 원한다는 사실이었다. 그때 그 자리에서 나는 나만의 공간을 가져야겠다고 결심했다. 서던하일랜즈의 시골집을 내 영구 거주지로 삼고 내 심신의 불편감을 이해하는 일에 시간을 쏟아보기로, 더 행복한 존재 방식을 찾아보기로 결심했다.

결혼해서 산 세월이 50년이었으니 그것은 어렵고 복잡하고 괴로운 결정이었다. 남편은 정신이 얼떨떨했을 것이다. 도저히 그 사람에게 내가 느끼는 감정의 격렬함이랄지, 주기적으로 파도가 되어 밀려들던 좌절감과 회한이랄지, 남자들

들어가며

이 여자의 히스테리라고 쉽게 일축해버리는 강렬한 감정 같은 것들을 이해시킬 방법이 없었다. 아무도 내 결정에 토를 달지 않으면 좋겠고 특히나 내 일신상의 문제에 관해서라면 가끔이라도 내가 최종 결정권을 행사하고 싶다는 바람이 간절했다. 할 만큼 했다 싶었다. 더 이상 가치를 공유하는 시늉조차 하기 힘든 사람들에게 포위되어 있기가 지긋지긋했다. 우리가 어떤 모습의 가족이 될지 모르겠지만, 이제는 내 차례가 됐다고 생각했다. 나도 한때는 인생에 제법 기대가 컸더랬는데 그게 다 어디로 가버렸는지 점검해볼 마지막 기회였다.

목구멍에 소리가 차오르는데 말이 되어 나오지 못하는 꿈을 되풀이해서 꾸었다. 말이 후두에 걸린 채 소리로 전달되려고 안간힘을 쓰고 있었다. 내 목소리, 연주자가 소중한 악기를 다루듯 귀하게 대하라고 발성법 선생님이 알려준 그것은 사라져버렸다.

나는 내 목소리를 되찾고 싶었다.

나에게 온 시간

가족과 일 외에 내가 가장 좋아하는 것이 뭘까 생각하니 예나 지금이나 소설 읽는 즐거움만 한 것이 없었다. 읽은 소설을 통틀어 내 즐거움의 비교 기준은 제인 오스틴의 작품이었다. 그도 그럴 것이 나는 오스틴의 여자 주인공들에게서 내가 되고 싶은 여성상을 발견했던 것이다. 그 작품들에 대한 향수가 가슴에 밀려들었다. 그래서 나는 재활 치료라 생각하고 다시 독서에 열중하는 시간을 갖기로 했다. 우선은 오스틴의 소설 여섯 편부터 시작하기로 했다. 나를 오스틴의 애독자로 만들어준 그 촌철살인의 위트와 귀가 닳도록 인용되는 문구들과 생기 넘치는 대화들을 다시 읽어보고 싶었다. 당시에는 미처 몰랐지만, 나는 아직 검증되지 않은 새로운 독서법에 발을 들이고 있었다. 오스틴의 작품을 출발점으로 삼아서 그 세계관의 프레임에 비추어 내 인생의 만족과 불만족을 탐색해보기로 했다.

게으르게 살았느냐 하면 그건 아니었다. 돌아보니 나는 사오십 대 시절에 배움과 실행에 적극적으로 뛰어들었다. 석사 학위를 따고 학교 운영 위원회와 세대 간 통합 교육 프로그램 진행과 학술지 발간에 참여하고 인터뷰 기술에 관한 책을 냈다. 번듯한 이력이 쌓이고 노력에 대한 보상도 따라서 몇 번인가 상도 받았다. 그러나 노라 에프런의 『제2의 연인*Heartburn*』 속 화자의 혼잣말마따나 "가끔 네가 지금 헛짓거리를 하고 있을지도 모른다는 생각이 뇌리를 스칠 때는 이미 너무 늦어버린 것이다". 홀로서기의 전망을 숙고하는 동안 내가 연결감을 느낀 인물은 헨리 제임스의 『여인의 초상』

주인공인 이저벨 아처였다. 이저벨은 고독한 한밤의 사색을 통해 자신의 도덕의 나침반을 가다듬으면서 자기 운명의 향방을 고민하지 않던가. 나도 그녀를 보며 영감을 얻었다. 물론 남편의 본성에 역겨움을 느끼면서도 남편 곁에 남기로 한 그녀의 결정에는 결코 동조할 수 없었지만, 그건 어디까지나 이저벨이라는 작중 인물의 몫이려니.

나는 다르게 해볼 작정이었다. 내 독서 생활의 맥락 안에서 지나온 삶을 복기하자, 그러다 보면 헝클어진 내 마음 상태를 제대로 이해하고 변화를 모색할 수 있지 않을까. 그리하여 제인 오스틴의 전작 여섯 편을 더욱 몰입해서 읽겠다는 결심이 섰다. 과거의 재미를 되새김하되 다른 가능성에도 마음을 열고, 내 감정과 생각과 인생 경험을 남김없이 끌어모아 읽는 행위와 읽는 기술에 쏟아부으리라.

오스틴의 소설에서는 이따금 소유지의 개보수 작업이 다뤄진다. 하여 나도 언덕 꼭대기에 위치한 내 시골집을 손보기로 했다. 『맨스필드 파크』에서 러시워스 씨가 직면한 소서턴 영지의 대대적인 수리까지는 아니더라도, 우선은 칠 작업부터. 햇살 같은 노란색으로 집 안팎을 칠했다. 인근 마을 공예가가 프랭크 로이드 라이트의 디자인을 카피해 제작한 창유리를 현관문 문틀에 끼웠더니 제법 찾아오는 이를 반겨주는 느낌이 났다. 출입구에는 기둥이 가늘고 긴 가로등을 세워

밤을 밝혔다. 서글서글한 정원사의 손을 빌려 성숙한 철쭉 관목 아래 화단에 크림색과 연두색 크리스마스로즈를 심고 자작나무 밑에는 단아한 블루벨 다발을 심었다. 단차를 높여 증축한 독서방의 커다란 창으로는 단풍나무 숲과 그 너머 울창한 산이 바라다보였다. 에마가 한 것처럼 나도 "폭풍우가 지나간 뒤의 고요하고 다사롭고 화사한 자연의 섬세한 광경과 냄새와 감각"을 만끽했다. 다른 점이라면, 에마의 폭풍우는 지나갔고 나의 그것은 여전히 내 안에서 맹렬히 몰아치고 있었다.

내 인생은 10년 주기의 패턴을 따르는가 보다. 어릴 적 좋아했던 책 제목을 따라 랜턴힐*이라고 부른 이 시골집에서 결과적으로 10년 가까이 살았고, 그러는 사이 이 오스트레일리아 시골 마을을 새록새록 알아갔다. 오스틴이 영국식 풍속극의 화폭으로 삼은 공간만큼이나 아담한 마을이었다. 혼자 지냈지만 외려 이전보다 덜 외로웠다. 이러니저러니 입을 대는 인간들은 신경 쓰지 않았다. 꼬치꼬치 캐묻는 부류에게도 대답하지 않았다. 나를 이해하는 부류는 주로 여자들, 결혼 생활의 참을 수 없는 외로움을 겪어본 사람들이었다. 나는 내가 좋아하고 아끼는 사람들하고만 교분을 유지했다.

• 루시 모드 몽고메리의 『랜턴힐의 제인』을 말한다.

들어가며 21

나의 하루 일과는 때로는 혼자서 때로는 다른 오스틴 애독자들과 함께하는 책 읽기로 채워졌다. 혼자 읽기는 그것대로 또 함께 읽기는 그것대로 얻는 바가 있었다. 나의 세 딸들은 더없이 소중한 친구이자 나의 현실판 여주인공으로 든든한 지원을 보냈다. 모쪼록 아이들이 이전에 내게서 배운 것이 있었다면, 이 기간 동안은 그만큼의 가르침을 내가 아이들에게 받았다.

나로서는 어른이 되고 처음으로 감행하는 모험이었다. 더러 소심한 마음이 올라왔지만, 이 모든 탐문의 주인이 나라는 사실이 금세 그런 마음을 상쇄했다. "화창한 날에 그늘에 앉아 신록을 바라보"면서 내가 다시 읽으려던 여섯 편 중 첫 번째 소설을 펼칠 때, 이것이 『맨스필드 파크』에서 패니 프라이스가 말한 것처럼 "더없이 완벽한 휴식"이 되겠구나 생각했다. 다만 이건 짐작 못 했다. 나이 일흔에 시작한 오스틴 다시 읽기가 나를 위로하다 못해 나를 인생의 화양연화로 이끌 줄이야.

1장

모든 길은
　　　오스틴에게로

> 마음에 드는 일이면
> 그게 옳다고 승인할 근거는
> 어쩌나 쉽게 찾게 되는지!
>
> 제인 오스틴
> 『설득』, 2장

모든 것의 처음

나는 1932년 그리피스라는 오스트레일리아 소도읍에서 태어났다. 우리 부모님에게는 제법 드라마틱한 사건이었지만, 같은 해 열린 시드니 하버 브리지 개통식에 비할 바는 아니었을 것이다. 그날 현장에서는 말 등에 올라탄 수상쩍은 아일랜드 군인 하나가 군중을 비집고 달려 나와서 주빈의 권한을 행사하려던 집권당 당수 잭 랭보다 한발 앞서 리본을 자르고 다리의 개통을 선언해버린 사건이 있었다. 그쪽이 정치적인 행위였다면, 내 출생의 드라마는 지리적 여건에서 비롯했다. 나를 받아주기로 한 의사가 약 50킬로미터 떨어진 리턴이라는 이웃 도읍에 살았는데 그 의사가 제때 도착하지 못

하는 바람에 역시 의사였던 우리 아버지가 대신 나를 받았다.

그런 사정 말고는 출산은 순조로웠고, 나는 예상했던 것보다 오래 살고 있다. 나름 내 인생 최악의 사건들도 이제 와선 쌉싸래한 추억으로 남았다. 그런데 그런 기억을 더듬을수록 신기하게도 나의 일상생활과 책 읽기 사이에 뜻밖의 연관성이 눈에 띈다. 이를테면 제인 오스틴의『오만과 편견』의 첫 독서가 남긴 파장이 그러했고, 평범한 삶을 살면서—궁핍과 노숙과 폭압이 만연한 세상에서 음식과 잠자리와 안전에 대한 염려 없이 지낸 생활을 평범하다고 할 수 있다면—평생토록 책을 손에서 놓지 않게 된 사정도 그러했다. 그래도 마냥 평범하지만은 않았던 것이 암담한 순간마다 예상치 못했던 행운이 끼어들어 내 손을 잡아끌었다. 그런 뜻밖의 축복 중 하나가 독서 애호였다는 걸 나는 지난 몇 년의 경험으로 확실히 알게 되었다. 내 생각과 감정과 상상에 촘촘히 직조된 책 읽기라는 습성이 이제껏 내 삶의 윤곽을 잡아주었더라.

첫 단계에서는 나도 남들처럼 좌절을 맛봤다. 네 살 때 처음 칠판에 적힌 글자를 석판에 베껴 쓰라는 말을 듣고 얼마나 당황했던지. 공립 학교에 입학한 오빠에게 딸려 보내기에는 너무 어려서 집에 혼자 남겨진 나를 어머니가 동네 수녀원 부속 학교에 등록시켰다. 학교에 갔더니 다른 아이들은 이미

알파벳을 모두 뗀 뒤였다. 담임 수녀님은 보조 교사가 되려고 수련 중이던 여학생에게 나를 맡겼다. 상냥하고 너그럽고 격려를 잘하고 엄청나게 참을성 있는 사람이었다. 한 글자 한 글자 짚어가며 그 명칭을 알려주고 그것들이 붙어서 단어가 된다고 설명해주었다. 조금 시간이 걸리긴 했어도 마침내 나 혼자서 철자를 해독하고 단어를 발음할 수 있게 되었다. 오빠가 다니는 공립 학교에 입학할 무렵에는 간단한 문장쯤은 읽고 쓰는 수준이어서 나는 우등반에 배정받았다.

지금 생각하면 현명하지 못한 처사였다. 교장 선생님이 내린 그 결정이 어떤 파장을 불러왔는가 하면, 그로 인해 나는 탁 트인 유치원 방을 날마다 지나치기만 할 뿐 그 안에서 다른 아이들과 뒤섞이는 법을 영영 못 배웠다. 가끔 그 방을 들여다보면서 유아용 책걸상에 앉아 놀거나 장난감과 책이 어질러진 실내를 마음껏 돌아다니면 어떤 기분일까 상상만 했을 뿐. 또한 그 결정으로 인해 나는 친구 하나 없이 매일 그 꽉 잡힌 교실에 앉아 수업의 진행이며 교사의 지시를 놓치지 않으려고 바짝 긴장해야 했다. 점심시간이면 먼지 날리는 운동장 둘레를 혼자 떠돌면서, 누군지 모르는 아이들의 노는 모습을 쳐다보았다.

어느 날엔가 용기를 내어 운동장에서 가장 먼 귀퉁이까지 걸어가는데 양쪽으로 체리자두나무가 우거진 길에서 까르르 웃고 있는 아이들의 행렬이 보였다. 아이들은 금색 종이를 덧바른 판지 왕관 차림의 여자아이와 남자아이를 뒤따르고 있었다. 줄 맞춰 걸어가는 아이들의 머리 위로 초록 잎들과 늘어진 나뭇가지들이 지붕처럼 드리웠다. 이따금 허리를 수그려 잘 익은 체리자두를 줍는 아이가 있었다. 모종의 불문율인지 주운 과실은 언제나 아마도 왕관을 쓰고 대장 역할을 하는 듯한 왕이나 여왕에게 건네졌다.

동화를 재현한 이 광경을 넋을 놓고 보다가 나처럼 이 장면에 푹 빠져 있는 또 다른 외톨이 여자애가 눈에 들어왔다. 우리는 머뭇머뭇 서로에게 다가갔다. 누가 먼저였는지는 모르겠지만, 조금 있으니 둘 중 하나가 입을 열었다. "나는 루스야." 다른 하나가 대답했다. "나도."

같은 반이었는데도 이전에는 서로 말 섞을 기회가 없었다. 우리는 팔짱을 끼고 교실로 돌아가서 선생님에게 둘이 같이 앉게 해달라고 졸랐다. 선생님의 허락이 떨어졌고, 학년이 끝날 때까지 우리는 사이좋게 동화가 그득한 비밀의 방을 수없이 들락거렸다.

예전이나 지금이나 동화는 내 독서 취향에서 늘 한자리를 차지한다. 안데르센과 그림 형제를 만나면서 처음으로 동화와 친해졌다. 아버지가 밤마다 우리 남매에게 읽어준 이야기책에서는 다른 종류의 동화를 소개받았다. 매일 밤 셰에라자드의 목숨을 연장해준 이야기들. 나는 제인 오스틴의 소설이나 현대 작가들의 작품에서도 이 이야기들의 자취를 발견하곤 한다. 앤절라 카터의 소설집 『피로 물든 방』만 보더라도 강력한 페미니스트 성 정치 의식으로 빨간 망토 이야기를 재해석하고 있다. 그렇지만 정확히 언제, 어디서, 어떻게 나에게 독서가 동화와 희망적 사고를 넘어서는 어떤 것, 기분 전환이나 도피나 오락거리 이상의 어떤 것, 심지어 권력 앞에서 진실을 발언하라는 시대적 요구와 정치적 당위를 초월하는 어떤 것으로 생각되기 시작했느냐고 묻는다면, 언제부터 독서가 자양분이자 창의력을 확장하는 원천이 되었느냐고 묻는다면, 두 번 생각할 것도 없다. 내 독서 생활의 진정한 출발점은 『오만과 편견』이었다.

오스틴의 가장 찬란한 소설을 펼치던 그날 나는 주문에 걸렸다. 60년 뒤 내 시골집의 따뜻한 난롯가에서 그것과 선명히 대비되는 학창 시절의 푹푹 찌는 여름날 오스틴에게 입문한 기억을 떠올리자니, 아무래도 책이 마법을 부린 게 맞지 싶다. 나는 그때 흠모해 마지않던 영어 선생님의 추천으로 그 책을 읽고 있었다. 왕왕 있는 일이다. 조지 엘리엇의 작품과 동행한 삶을 기록한 『미들마치로 가는 길』이라는 책에서 작가 리베카 미드도 학창 시절 독서 지도로 자기 인생에 결정적인 영향을 미친 은사의 이야기를 들려준다. 미드는 대학 입시 준비 차원에서 선생님과 같이 형이상학파 시를 분석하고 셰익스피어의 비극을 해부하다가 『미들마치』를 읽고 영감을 받아 인생을 바꿀 결심에 이르렀다지.

나한테는 제인 오스틴의 소설이 그런 책이었다. 오스틴의 소설이 내 인생을 변화시켰다. 그를 읽고부터 내가 읽고 싶은 것이 달라졌고 작중 인물과 사유에 나를 연결하는 방식이 달라졌다. 오스틴 소설은 향후 내가 도서를 선택하는 기준이 되었다. 재미있게 읽은 어떤 소설도 그만큼 중요하진 않았다. 고대 로마 시인 호라티우스가 '둘케 에트 우틸레dulce et utile'라 칭했던, 달콤함과 유용함을 모두 지닌 책이었다. 내 미래 행로의 틀을 잡아준 것도 오스틴의 소설이었다. 그 책들을 읽었기에 나는 언어를 사랑하는 사람이자 문학 교사이자 독서하는 부모이자 넓은 의미의 교육자가 되었다. 오스틴 소설 속의 공감적인 화자, 입체적인 캐릭터, 도전적인 사상들로 내 내면은 양분과 깨달음과 위로를 얻어왔다―그리고 그 의미는 평생에 걸쳐 나와 함께 변화해왔다. 부모가 나의 목마른 욕구들을 채워줬느냐 아니냐가 그렇게까지 중요하지 않다는 걸 나는 오스틴의 소설을 읽으며 알게 됐다. 부모에게 부족했던 것을 종종 책 속에서 발견하곤 했으니까.

마이클 커닝햄의 소설 『디 아워스』에는 아픈 친구에게 어떤 책을 선물할지 고민하는 인물이 나온다. "그에게 인생 책을 선물하고 싶다. 그가 놓인 위치를 알려주고 그를 양육하고 변화에 대비할 힘을 길러주는 그런 책"이면 좋겠다고.

양육이라는 게 자기 삶을 성찰하고 관계를 탐색하도록 격려한다는 의미라면, 내가 좋은 양육을 받았다고 느끼는 데에는 오스틴 소설의 공이 크다.

내 인생의 첫 번째 『오만과 편견』을 발견한 장소는 학교 도서관이었다. 지금처럼 세련되지 못했던 1940년대 당시에는 도서관이라 봤자 일반 교실에 벽장과 선반을 짜 넣은 것이 전부였다. 정확히는 모르겠지만 아마도 자원해서 도서 정리와 점심시간 사서 업무를 도맡았던 영어 교사들이 듀이 십진분류법에 따라 서가를 정리해두었을 것이다. 도서관에 한 권뿐인 『오만과 편견』이 꽂힌 자리로 나를 안내한 사람은 그날 도서관 당번이었던 이슨 선생님이었다.

    이슨 선생님, 이분의 수업을 듣다 보면 나의 상상이 고개를 들고 뻗어나가다가 구체화되곤 했다. 문법의 매력에 눈뜬 것도 선생님 덕분이었다. 선생님은 문학과 읽기에 얽힌 본인의 경험담도 곧잘 들려주었다. 선생님의 인솔하에 우리는 문학이라는 '미지의 땅'에 발을 들였다. 그곳에 들어선 자에게는 더 많은 생이 주어진다고 말한 사람은 마술적 리얼리즘의 대가 얀 마텔이지 아마. 선생님은 우리에게 셰익스피어를 설명하려고 본인이 소장한 찰스 램과 메리 램 남매의 『셰익스피어 이야기』를 들고 와서 읽어주었다. 대학교 연극 무대에서 『뜻대로 하세요』의 생기 넘치는 로절린드를 연기하셨다더니 과연 로절린드의 대사를 줄줄 읊으셨다. 하지만 제이퀴즈가 멋지다고 생각한 나는 "세상 전체가 하나의 무대"라는 그의 대사에 전율을 느꼈다.

선생님이 낭독한 '인생의 일곱 단계' 가운데 특히 유아기와 아동기 구절이 흥미로웠다.

> 맨 처음은 갓난아기,
> 보모의 팔에 안겨 젖을 게우며 칭얼거리죠.
> 다음은 징징대는 어린 학생, 책가방을 메고
> 아침이라 반짝거리는 얼굴로, 달팽이처럼 꾸물거리며
> 마지못해 학교에 가죠.

요 연령대는 내 경험 범위 안에 있었다. 제이퀴즈의 대사가 던진 생소한 단어들을 머리에 담고 그것들이 내는 소리에 귀를 기울였다. 나는 갓난아기를 안아본 적 없는 막내인지라 '칭얼거리다mewling'와 '게우다puking' 같은 단어가 갓난아기와 무슨 연관이 있는지 확실히 모르는데도 들리는 어감이 그다지 유쾌하진 않았다. 셰이머스 히니는 제프리 힐의 시어를 놓고 "소리의 깊이를 측량하고, 혀끝의 무게를 가늠한다"고 썼던데, 말을 신체로 감각하는 시인의 초민감성을 동원한들 저 단어들의 맛이나 촉감이 썩 기분 좋을 것 같지는 않더라.

이야기와 기억

학교에 가기 싫어서 징징대는 어린 학생 역시 내 경험과는 꽤 동떨어졌다. 나보다 고작 22개월 빠른 오빠가 나의 롤 모델이었는데, 오빠는 항시 밝고 적극적인 학생이었다. 우리 남매에게 학교는 긍정적인 체험의 장이었다. 우리는 다섯 살부터 열여섯 살까지 낮시간을 광활한 대지 위에 대중없이 늘어선 건물들로 이루어진 지역 공립 학교에서 보냈다. 건물마다 유치원부터 고등학교까지 단계별 교육 시설이 입주해 있었다. 울창한 잡목림 맞은편에 곧게 뻗은 도로를 따라 유치부, 초등부, 중등부가 나란히 붙어 있었고, 아래쪽 끝단은 고등부 저학년 교실, 반대편 끝단의 조지 왕조 양식을 흉내 낸 붉은 벽돌 건물은 고학년 교실, 과학 실험실, 교무실과 교장실 자리였다.

    집에서 학교까지는 자전거로 20분밖에 걸리지 않았다. 나는 자라면서 조금씩 외톨이에서 벗어났고, 자전거를 타고 가는 아침 등굣길을 무척 좋아했다. 때때로 코끝이 얼어붙도록 날이 차가웠다. 한번은 감염병이 돌던 시기에 더운 바람을 타고 메뚜기 떼가 구름처럼 하늘을 뒤덮은 것이 기억난다. 한창 날씨가 좋을 때는 우리 아버지가 즐겨 쓰던 표현마따나 공기가 건조하고 바삭바삭했다.

    나는 뉴사우스웨일스 리버리나 촌구석에 있는 우리 마을

의 모든 것이 좋았지만, 특히 그곳의 지형을 사랑했다. 그리피스는 처음도 끝도 없을 것 같은 드넓은 하늘 아래 야트막한 평원이 펼쳐지고 그 끄트머리에 시닉힐Scenic Hill이라 불리는 바위 언덕이 솟은 땅에 세워졌다. 이곳에 얽힌 역사도 재미있었다. 내가 태어나기 불과 20년 전에 백타운*으로 생겨난 마을에서 산다는 게 어쩐지 하버 브리지의 개통과 마찬가지로 상서로운 조짐인 것 같았다. 금요일 밤마다 아버지가 암송하는 기도서의 '태초에'를 듣고서 잠자리에 누우면, '태초에 그리피스가 있었고, 지금 내가 여기에 사는구나' 생각이 들곤 했다.

관개 시설 건설 노동자들이 기거하던 시멘트 포대 천막촌은 종국에는 '올드 그리피스'라고 불리며 사람이 살지 않게 되었지만, 1916년에 거기서 몇 킬로미터 떨어진 대지에 공식적으로 그리피스 타운이 들어섰다. 내가 이곳을 집이라고 부를 즈음에는 이미 몇 차례의 개선 사업이 마을을 훑고 지나간 뒤였다. 그러고 보면 오스틴의 『맨스필드 파크』 안에도 장소가 됐든 사람이 됐든 개선을 발전의 조건으로 보는 시각이 관통하고 있다만, 오스틴의 작품과 운명적인 조우를 하기 전까지는 그런 생각의 재미를 알 턱이 없었다.

• Bagtown. 운하 건설에 참여한 노동자들이 건설용 시멘트 포대로 천막을 지어 살던 임시 거주지.

나는 마을 중앙 대로를 따라 어슬렁어슬렁 걷기를 좋아했다. 넓은 가로수 길의 한쪽은 공원, 반대쪽은 상점가였다. 어느 토요일 오후엔가 국왕 조지 6세의 대관식 기념으로 음료수와 초콜릿을 나눠주던 가대식 탁자 앞의 긴 어린이 대열에 끼어 기다리던 것도 바로 그 공원이었다. 아름드리나무가 심긴 중앙의 너른 화단 양옆으로 말들과 말수레와 자동차 같은 네모난 탈것들이 여유롭게 지나다녔다.

나는 '상점 진열창'이라는 제목의 에세이로 고등학교 때 난생처음 글짓기 상을 받았다. 중앙 대로를 따라 걷는 산책길, 제과점의 케이크와 파이 들이며 포목점에 둘둘 말려 있던 알록달록한 직물들이며 신문 판매대 앞에 세워둔 『걸스 크리스털』 잡지와 이니드 블라이턴의 동화책 시리즈 같은 것들을 구경하는 즐거움을 묘사한 글이었다. 학교 교지 『오아시스』에 내 에세이가 실렸다. 오빠와 내가 학교에서 거두는 요만한 성공에도 어머니의 침울한 안색이 어김없이 밝아지던 터라 나는 한시바삐 어머니에게 그걸 보여주고 싶었다. 어머니의 반응은 내 기대와는 좀 달랐다. 기쁘고 대견해하는 한편으로 언짢은 기색을 내비쳤다. 혹시라도 커스터드파이 앞에서 군침을 삼키는 대목을 사람들이 읽고 쟤가 배를 곯는구나 생각하면 어쩌느냐, 그렇게 남들에게 책잡히는 건 가족 얼굴에 침 뱉기가 아니겠느냐며.

그때는 상을 받고 한껏 들떠 있느라 거기까지는 신경을

쓰지 않았다. 세월이 한참 흘러 읽기가 우리 두뇌에 어떤 식으로 작용하는지를 이해하기 시작하면서부터 어머니의 양가적인 반응을 다시 생각하게 되었다. 그제야 그 기억이 얼마간 어머니의 기질을 이해하는 데에도, 읽기 과정의 복잡성을 파악하는 데에도 도움이 되었다. 일상 활동을 설명하자고 굳이 이론을 들먹이다니 따분하다 할 수도 있겠다만, 우리가 어떻게 읽기를 학습하는가라는 문제에 있어서 루이즈 로젠블랫이 「읽기와 쓰기의 상호 교섭 이론」에서 제시하는 논리는 꽤 상식적인 수준이다. 로젠블랫에 따르면, 읽기란 읽는 사람과 지면 위 검은 부호 간의 상호 교섭으로 풀이된단다. 읽는 사람은 상호 교섭의 일환으로 저마다 '과거 경험의 저장소'에 든 것을 끄집어낸다는 로젠블랫의 단순명료한 설명을 듣고 나도 글을 읽는 눈이 틔었다.

어머니의 경험의 저장소에는 무엇이 들어 있었을까. 그 속을 더듬어보고서야 비로소 이해가 되었다. 일곱 자매 중 막내였던 어머니의 성장담을 들으며 자랐으니 끼니 마련에 아등바등했던 형편에 대해서는 알고 있었다. 금요일 안식일 식사 시간 외에는 과일은 구경조차 힘들었고 그나마도 할머니가 없는 살림에 마련한 오렌지 두어 알을 일곱 자매가 나눠 먹었다지. 외할아버지 이사크는 가족을 배불리 부양하기에는 너무나 종교에 열심이어서 유대교 회당에서 기도하며 보내는 시간이 더 많았다. 무척이나 자존심이 강했던 외할머니 한나는 남들 앞에서 궁핍한 티를 내지 않도록 딸들을 훈육했다. 내 에세이는 필경 어머니의 이런 기억, 그리고 거기서 연상되는 감정들의 트리거로 작용했을 것이다.

기억과 장소

내가 자란 가정 환경은 사뭇 다른 기억의 저장소를 제공했다. 훗날 나의 독서 여정에서 이끌어낼 기억들은 그 안에 담겼겠지. 나는 운 좋게도 안락한 집에서 풍족하게 자랐다. 한 세대 만에 무일푼 이민자 처지를 딛고 일어선 친가의 성공을 항시 되새기며 감사하라고 배웠다. 아버지의 가족은 20세기 초에 팔레스타인—당시에는 오스만 제국에 속했다—을 떠나 오스트레일리아 서부로 이주했다. 먼저 도착한 할아버지가 제럴드턴의 잡화점에 취업해서 가족들의 여비를 마련한 뒤에 할머니와 두 딸과 갓난아이인 아들을 불러왔다. 넷째 아이는 퍼스에서 태어났다. 공부할 나이가 찼을 때 맏딸 서실리아는 음악 대학에 진학시키고 오스트레일리아에서 태어난 에이다는 약학을 공부하도록 뒷바라지했다. 외아들인 우리 아버지는 모든 유대인 부모의 바람대로 의학을 공부했다. 제인 오스틴의 가족도 그러했는데, 친가 쪽에도 지적 장애를 가지고 태어난 로지라는 아이가 있었다. 로지는 조지 오스틴이 그랬던 것처럼 결국 이런저런 시설과 그룹 홈에 맡겨져 자랐지만, 한 번도 가족사에서 투명 인간으로 취급되지는 않았다.

아버지는 휴가로 자리를 비운 의사의 대리 자격으로 그리피스에 오게 됐다. 젊은 총각 의사라며 환영을 받았다. 유능한 인재인 데다 스포츠 실력도 상당하고 노래하는 음색도 좋았다지. 총각 의사는 시골 생활이 마음에 쏙 든 나머지 그곳에 눌러앉기로 작정했다. 신붓감을 구하러 팔레스타인으로 돌아갔다가 예루살렘에서 살던 신부를 오스트레일리아로 데려왔고, 그리피스에 개인 병원을 차렸다.

우리는 병원 가까이에 넓은 주랑 현관을 중심으로 좌우 대칭으로 지어진 붉은 벽돌집에서 살았다. 집 정면의 정형식 정원에는 팬지로 경계를 두른 커다란 원형의 장미 화단 두 개가 조성되어 있었다. 부드러운 참나무 한 그루와 자카란다 나무 몇 그루가 이웃집의 시선을 차단해주었다. 커갈수록 부모님의 대화에 어떤 괴물들의 이름이 점점 자주 언급되었고, 나는 그 괴물들을 피해 나뭇가지들을 타고 올라가 나뭇잎 사이에 꽁꽁 숨는 상상을 하곤 했다.

일곱 살쯤엔 히틀러와 무솔리니가 단골로 등장하는 악몽에 밤잠을 설쳐댔지만, 그래도 낮의 햇살은 어느 집 아이한테나 넉넉히 내리쬤다. 집 뒤편 자그마한 과수밭에 무르익은 오렌지며 레몬이며 자몽을 따다가 큰 광주리에 채우는 일은 내 담당이었다. 높은 격자문 안쪽으로 말뚝 사이에 길게 걸

처진 빨랫줄에서 빨래가 말라가던 뜨락은 내 상상의 친구들을 불러 모으기에 충분한 놀이터였다. 흙바닥 테니스 코트와 시멘트로 마감한 수영장은 스포츠를 즐기던 아버지와 오빠의 구미에 잘 맞았다. 보기 좋은 외관과 널찍한 내부를 갖춘 집이었다. 그 시절 그 지역에 보기 드문 가정용 주택 건축가가 설계한 집에 산다는 점은 아버지와 어머니의 자부심이었다.

마을 전체로 놓고 보면 그리피스에는 캔버라의 도시 계획을 디자인한 미국 건축가 월터 벌리 그리핀의 정신이 어른거린다. 벌리 그리핀이 구상한 설계안이 부분적으로만 실현됐을 뿐이지만 오늘날까지도 당초 설계의 흔적들이 남아 있다. 이를테면 넓은 가로수 길과 순환 도로와 공원으로 이뤄진 독특한 방사상 패턴이 특징적이었다. 관개 용수로를 구상하면서 그것이 '중심부를 휘감은 곡선'의 형태로 도심의 핵심적인 조경 효과를 내주리라 기대했지만 결과는 기대에 못 미쳤다. 철로가 방사상의 중심을 지나도록 설계돼 있어서 나는 아침 등굣길에 종종 자전거에 몸을 기댄 채 기차가 입환 모드로 전환해 철로 건널목이 열리기를 기다리곤 했다.

벌리 그리핀 설계안의 중심축은 수계, 그중에서도 특히 머리강과 그 강의 지류인 머럼비지강이었다. 이 점은 지금까지도 위라주리족, 그러니까 쿡 선장이 오스트레일리아 해안에 상륙하기 오래전부터 하천 유역의 경사지와 평원에 거주하던 선주민의 삶에서 강의 중요성을 상기하는 적절한 매개로 남아 있다. 타라 준 윈치˙의 소설 『수확』에서 선주민 출신인 포피라는 인물은 "바람결에서 찾아낸" 낱말들로 위라주리어 사전을 엮는다. 그중에 강을 뜻하는 '빌라bila'라는 단어가 있다. 포피가 설명하길, 모든 것은 '빌라'로 되돌아온단다. 모든 생명도, 그와 더불어 모든 시간도. "우리의 송라인˙˙이 발원하고 우리 삶이 충족되며 우리 영혼이 마지막에 정주하는 바로 그곳"으로. 그렇다면 얽히고설킨 강의 물줄기가 다스리던, 이름조차 맞춤한 리버리나 지역의 타운을 설계하면서 벌리 그리핀 같은 백인 건축가 역시 같은 것을 꿈꾸었다는 것도 그저 우연만은 아니었을까?

그리피스와 자매 도시인 리턴에는 이런 정신과는 판연히 다르게 유럽 백인 건축의 비전을 맹아 수준으로나마 구현한 흔적이 남아 있다. 그리피스보다는 리턴이 더 성공적으로 본래 의도를 실현했는데, 이곳의 자랑거리인 아르 데코 양식의 표본들은 이후 도시 리모델링 과정에서도 철거되지 않고 살아남았다. 그리피스에도 그런 양식을 흉내 낸 건축물이 몇 군데 있긴 하다. 대중문화 산업과 영화 스타들을 우리 삶으로 불러들인, 당시 활동사진소라고 부르던 두 극장이 그런

- Tara June Winch. 위라주리족 출신 작가.
-- Songline. 오스트레일리아 선주민의 세계관에서 태초에 조상신이 만물을 호명하는 노래로 세상을 창조하며 걸었던 경로를 뜻한다.

경우인데, 그중 덜 유명했던 리오 극장으로 말하자면, 건물 꼭대기의 기하학적인 계단형 장식 정도가 유일하게 아르 데코적인 요소였다.

리오 극장과 관련해서 그 시절 그곳에 살았던 우리 모두에게(유럽계 유대인을 향한 끈질긴 인종적 편견을 고통스럽게 체감했던 나와 우리 가족을 포함한 모두에게) 낯을 들 수 없는 기억이 있다. 극장을 찾은 선주민 관람객을 일반 객석의 가죽 의자가 아니라 객석 맨 앞에 놓은 캔버스 의자에 따로 앉히는 걸 당연한 관행으로 여겼으니.

다른 한편으로 리오 극장은 내 인생의 첫 번째 성공을 거둔 장소이기도 했다. 당시 나는 낯가림이 무척 심해서 낯선 사람들 앞에만 서면 말문이 막혔다. 학교 크리스마스 공연에서 나무 역할을 맡은 나는 연습 도중에 들리는 모든 대사를 머릿속에 유심히 주워 담았는데, 담다 보니 모든 대사가 기억에 박혀버렸다. 그러다가 주역을 맡은 여자아이가 그만 병이 났다. 대타가 한 방에 스타로 뜬다는 익숙한 이야기가 현실에서 벌어진 것이다. 어디서 그런 용기가 났는지 나는 동정심이고 뭐고 냅다 기회를 붙잡았다. 수업 시간에 발표도 거의 하지 않던 애가 대사를 다 안다고 큰소리를 치고 대사를 줄줄 읊었으니 선생님의 놀라움이 오죽했을까. 이틀 뒤 나는 리오 극장 무대에 올라 난생처음 박수갈채를 경험했다. 그야말로 짜릿했다.

기쁘게도 그 일은 내 인생에서 새롭고 황홀한 어떤 것의 시작일 뿐이었다. 리오의 동굴 같은 주 무대와 양측 곁 무대와 극장의 먼지 냄새가 제2의 집처럼 느껴질 정도로 나는 매년 학교 공연으로 그 무대에 올랐다. 연극 자체도 좋았지만 음악에 맞춰 솔로 연기를 할 때가 제일 행복했다. 그런 장르를 뮤지컬 독백이라고 한다는 건 아버지의 유년 시절 이야기를 듣다가 알게 되었다. 아버지는 형제 중에 음악을 전공한 누이를 가장 좋아했는데 그이가 소녀 적부터 가족들 앞에서 직접 반주를 곁들여 이야기를 낭송했단다. 가장 인기 있는 레퍼토리는 이국적인 카트만두를 배경으로 펼쳐지는 열애와 절도와 살기등등한 복수의 멜로드라마였다지.

어찌어찌해서 나는 바로 그 곡, J. 밀턴 헤이스*의「황색 신의 초록 눈The Green Eye of the Yellow God」의 악보를 손에 넣었다. 가사를 익힌 뒤 학교 조례의 피아노 반주자였던 상급생 주디스에게 반주를 부탁했다. 아버지에게 선물이 될 것 같았다. 아버지는 음악을 사랑한 누이의 때이른 죽음을 여전히 애도하고 있었다. 그녀는 팔레스타인을 여행하던 중에 버스와 열차가 충돌하면서 발생한 화재로 젖먹이 딸과 함께 사망했다. 유대인을 태운 버스에는 아랍 마을을 통과할 때 날아드는 돌멩이 공격으로부터 승객들을 보호하기 위해 유리창에 쇠창

• Milton Hayes(1884~1940). 영국의 배우 겸 시인.

살이 달려 있었다. 서실리아와 어린 딸 달리아는 불붙은 버스에서 빠져나오지 못했다.

집에서 나에게 낭송을 주문할 때면 아버지가 누이를 떠올린다는 걸 나도 알았다. 음악 없이도, 짧은 끊음음과 묵직한 화음 없이도, 가사에 담긴 극적인 메시지가 전해졌다. 그런데 리오 극장 무대에 주디스의 반주까지 더해졌으니, 객석의 호응도 호응이었지만 연기하는 나의 흥분이 오죽했으랴.

첫 문장

리오 극장과 다르게 라이시엄 극장은 영화 전용 극장이었다. 내 기억으로는 엘리트층을 위한 상영관으로, 선주민 손님은 아예 안 받았다. 영화광이었던 부모님은 일주일에 적어도 두 번씩—사실은 프로그램이 바뀌는 빈도만큼 자주—극장을 애용했다. 리오 극장에 비하면 이곳의 아르 데코적인 터치가 좀 더 정교했다. 로비에도 그리고 객석 의자에 천을 씌워 마감한 극장 내부에도 날씬한 여자 형상이 떠받친 유리그릇에서 은은한 빛이 흘러나왔다. 바로 이 극장에서 어머니와 아버지와 나는 그리어 가슨과 로런스 올리비에가 출연한 영화 「오만과 편견」을 일주일 새 두 번 관람했다. 그때 나는 열다섯 살이었다.

숨소리도 내지 않고 두 분 사이에 앉아 내가 무슨 생각을 하고 있었는지 아마 두 분은 짐작도 못 했을 것이다. 나는 영화 줄거리를 쫓아가는 한편으로 신경성 두통을 앓는 우리 어머니가 베넷 부인과 좀 비슷하지 않은가 따져보고 있었다. 아버지는 또 어떻고. 자기보다 머리 회전이 둔한 이들을 툭하면 조롱하는 허구의 인물이 어쩌면 그렇게 친숙해 보이는지 그저 놀라울 따름이었다. 여자 주인공이 당면해야 했던 더 큰 아이러니는 영화를 볼 당시에는 못 알아차렸지 싶다. 그건 나중에 소설을 읽었을 때라야 선명해질 문제였다. 일단은 베넷 부인의 예민한 신경이 들썩댈 때 가족들의 유머러스한 태도나 베넷 씨의 풍부한 위트 같은 것이 내 눈에는 즐거워 보이는 롱본의 가정생활을 별로 방해하지 않는 것 같았다.

베넷가의 딸들은 나와 비슷한 또래고 하니 각별히 호기심을 끌었다. 입장을 바꿔 부모님이라면 나를 베넷가 딸들과 비교해서 어떻게 생각할는지가 궁금했다. 혹시 다섯 자매 중에 어느 하나로 나를 상상한다면, 멋진 리지나 온화한 제인이라면 좋겠다 싶었다. 나를 그 두 사람에게 갖다 댈 이유가 별로 없다손 치더라도, 제발 메리는 아니기를 바랐다. 메리도 나처럼 책을 좋아하긴 한다만. 생각 없고 미련한 동생들과 비교해서 엘리자베스와 제인이 특별하다는 건 내 눈에도 보였다. 그 둘은 흥미로운데 메리에 대해서는 확신이 없었다. 뒤로 바짝 넘겨 쪽 지은 머리며 동그란 금속 테 안경을 쓴—그래서 학구적이고 수수한 인상을 풍기는—외양은 별로였어도 나는 메리를 깔보지 않았다. 나는 또래보다 인기가 없거나 예쁘지 않은 사람에게 감정 이입을 잘 했던 것 같다. 그래도 고르라고 하면 누구든 엘리자베스나 제인과 더 어울리고 싶을 거라고 생각했다.

우리가 영화를 관람한 해는 1947년이고 이 영화는 1940년 개봉작이었으니 아마도 우리 고장에 늦게 들어왔거나 아니면 재개봉이었을 것이다. 내 유년기에 드리웠던 제2차 세계대전의 먹구름은 어느덧 기억으로 물러나고 있었다. 기회와 낙관론이 넘쳐나는 더 넓은 세계가 사방에서 손짓을 보냈고, 우리에게 제인 오스틴을 소개한 코너 선생님의 영어 교실도 그중 하나였다. 셰익스피어의 희곡 『뜻대로 하세요』를 읽고 토론할 때였다. 이슨 선생님을 통해 이미 로절린드를 알고 있었던 나는 어쩐지 로절린드가 간밤에 본 「오만과 편견」이라는 영화의 여자 주인공을 연상시킨다고 이야기했다. 그러자 선생님이 사실 엘리자베스 베넷이 등장하는 원작 소설이 있다며 곧바로 이 소설을 추천 도서 목록에 추가했다.

그리하여 1947년 어느 날 나는 교실 겸 도서관 책상에 앉아 앞으로 여러 번 읽게 될 이 원작 소설을 처음으로 읽느라 점심시간을 꼬박 바쳤다. 아버지 앞에서나 발성법 수업에서 셰익스피어의 대사를 암송했던 그간의 훈련도 이 소설의 첫 문장을 대면할 준비로는 부족했다. 내 앞뒤로 무수히 많은 독자들이 그러했듯이 나는 이 문장을 몇 번이나 다시 읽었다. 문장이 머릿속에서 메아리쳤다. 이것은 내가 한 번도 들어보지 못한 소리로 쓰인 언어, 산문의 언어였다.

온 세상이 진리로 인정하다시피, 상당한 재산을 소유한 독신 남자에게는 아내가 필요하기 마련이다.•

집에 돌아와서 이 문장을 소리 내어 읽었다. 인쇄된 활자를 조용히 눈으로 훑고 있던 내내 너무나 음독을 해보고 싶었다. 소리의 맛을 느껴보았다. 보기에는 간단한 문장인 것 같아도 문법적으로 상당히 복잡했다. 이것이 도미문(棹尾文)이라는 건 알 수 있었다. 수업 시간에 닥터 존슨의 에세이를 읽느라 이른바 '지연 구문'이라는, 문장의 완전한 의미를 문장의 끄트머리까지 지연시키는 기법을 공부했으니까. 그렇게 두어 번 소리 내서 읽었더니, 이 유명한 문장의 황당하다 싶은 요지가 문장의 말미에 놓임으로써 생성되는 서스펜스와 드라마가 귀에 들어왔다. 물론 당시에는 이것이 그렇게 유명한 문장인 줄 몰랐지만 아무튼 나는 문학사에 길이 남을 명작의 비결을 발견해가고 있었다. 문학사상 최다 인용된 첫

• 우리말 번역은 "상당한 재산을 소유한 독신 남자에게 아내가 필요하다는 건 온 세상이 인정하는 진리이다"라고 옮기는 게 일반적일 텐데, 여기서는 원문의 도미문을 살리기 위해 순서를 바꿨다.

문장 중 하나의 반열에 오르느냐 마느냐는 작가의 문법 언어 및 의미 언어 구사력에 일정 부분 좌우된다. 도미문의 클라이맥스에다 돈 많은 남자에게 반드시 아내가 필요하다는 용두사미식의 진술을 과감하게 합치다니 기가 막혔다. 열다섯 살밖에 안 됐어도 그 진술이 온 세상의 인정을 받기는커녕 도저히 맞는 말일 리가 없다는 정도는 알고도 남았다.

내가 10대 소녀였던 1940년대 당시에는 잡지에도 친구들과의 수다에도 결혼에 대한 생각과 이미지가 넘쳐났다. 상당한 재산을 소유했건 아니건, 여자 쪽이라면 몰라도, 남자 쪽에서 필요를 느낀다니 금시초문이었다. 내가 처음으로 읽기 독립을 해낸 책에서 앨리스와 삼월 토끼가 옥신각신하던 소리가 떠올랐다. 생각한 걸 말하는 것과 말한 대로 생각하는 것이 과연 똑같을까. 내 목소리에 귀를 기울일수록 더욱 미심쩍었다. 누가 이 말을 하고 있는 걸까? 책 표지에 이름이 쓰인 제인 오스틴일까 아니면 책 속에서 태어난 다른 누구일까? 다시금 앨리스의 말이 떠올라 갈수록 아리송하기만 했다.

문장의 소리

노랗게 칠한 나의 시골집 난롯가에서 이 작품을 다시 읽을 때였다. 옛 독서의 기억을 끄집어내다가 문득 당장의 내 주변으로 생각이 훌쩍 내뛰었다. 그 무렵 나는 새로 눌러앉은 동네를 주로 도서관 모임과 제인 오스틴 학회를 통해서 혹은 이웃이나 이웃의 지인들을 통해서 알아가는 참이었다. 동네에서 만난 여자들 중에 오스틴의 작중 인물들 같은 꿍꿍이를 품은 사람이 몇이나 되려나 헤아려봤다. 알고 지내는 몇 안 되는 얼굴 중에 최소한 두 명이 떠올랐다. 이혼 후 우리 집 가까이에 혼자 살면서 동네 골프 클럽의 브리지 게임 멤버 중에 싱글남을 찾으려고 벼르고 있던 여자 하나. 애인을 구하고야 말겠다는 오스틴스러운 결의였달까. 다른 하나는 남편과 사별하고 원예 동호회에 가입한 여자. 원예를 향한 열정을 부인과 공유할 수 없다는 유부남 회원을 발견해서 기뻐하고 있었다. 목표물에 눈독을 들이는 거침없는 태도가 가히 오스틴의 작중 인물 못지않았다. 나는 샬럿 루커스가 베넷 일가의 눈을 피해 길에서 콜린스 씨를 불러 세우는 장면을 펼쳐 그 부분을 낭독했다. 메리턴과 섭정 시대의 시공간이 부쩍 가깝게 느껴졌다.

　낭독의 이점을 배운 건 어릴 때 매주 가던 브레인 선생님의 발성법 수업에서였다. 내가 무한한 애정을 담아 기억하는 또 한 분의 은사인 이분에게 수년간 끊어 읽을 지점, 강조할 단어와 구절에 힘을 싣는 법, 조용히 깊게 호흡하는 법, 속도와 높낮이를 조절하는 법, 어조를 변주하는 법을 배웠다. 선생님의 소박한 응접실에서 수없이 시를 암송하고 더 깊은 이해와 생생한 전달에 필요한 보컬 스킬을 갈고닦으며 무엇과도 견줄 수 없는 황홀한 시간을 보냈다.

『이성과 감성』의 낭독을 들은 작가 이디스 워튼은 "아휴, 제인, 이런 마녀 같으니!"라고 감탄했다지. 오스틴 자신도 작품의 낭독 기술에 꽤 신경 썼다는 증거를 그의 서신에서 발견하고 나는 깜짝 놀랐다. 1813년 2월 언니에게 보내는 편지에 오스틴은 "미스 벤을 위한 우리의 두 번째 [『오만과 편견』] 저녁 낭독은 썩 흡족하지 않았"다면서 덧붙인다. "하지만 내 생각엔 어머니가 너무 급하게 읽고 넘어가는[!] 탓도 없지 않을 거야. 게다가 어머니가 등장인물들을 완벽하게 이해한들 그들이 말하는 것처럼 읽는다는 건 쉽지 않지." 훗날 공개된 또 다른 개인 서신에도 낭독하는 습관이 기록되어 있다. 소설가 에드워드 불워리턴은 오스틴의 『에마』를 즐겁게 감상하지 못했다는 어머니에게 그건 아마 낭독이 형편없었기 때문일 거라고 편지에 적었다. 음성 전달의 기회가 제인 오스틴 작품에만 국한된 건 아니었다. 독서 회고록 저자인 리베카 미드에 따르면, 버지니아 울프의 언니이자 화가였던 버네사 벨은 울프가 읽어주는 19세기 리얼리즘 걸작들을 들으면서 그림을 그렸단다. "'나는 아직도 조지 엘리엇과 새커리의 글은 대부분 그녀의 목소리로 기억하고 있다'고 버네사는 썼다."

오스틴 소설을 음성적인 측면에서 사유하자 들면 음악의 잣대로 그의 언어를 논하고 싶은 유혹이 들지만, 불행히도 나는 소위 음감이 없었다. 처음 피아노 레슨을 받을 때 차이가 크지 않은 고음과 저음을 분간 못 하고 헤맨 뒤로 음치로 분류된 신세였다. 하나 소설을 읽을 때는 달랐고 오스틴에 입문한 뒤로는 이전과 딴판이었다. 나도 영문을 모르겠는데, 읽는 글의 '참된' 음과 선율을 잡아내는 기제가 나에게 내재되어 있나 싶을 정도였다.

타고난 소질일 수도 있고, 브레인 선생님의 훈련으로 참과 거짓을 잡아내는 기본기가 웬만큼 쌓인 것일 수도 있다. 그리고 뭣보다 이런 게 허구적 진실이로구나 싶은 것을 창조하는 언어의 다양한 작동 방식을 분별하는 연습에는 제인 오스틴의 문장만 한 것이 없었다. 『에마』에 보면 나이틀리 씨가 에마에게 "누구와 출 생각입니까?"라고 묻는 장면이 있다. 그러자 "당신과 추겠어요, 청하신다면"이라고 그녀가 대답하는데, 버지니아 울프도 말했다시피 그걸로 충분했다. 오스틴의 로맨틱한 상상력을 폄하했던 샬럿 브론테는 『오만과 편견』을 읽고 거기에 볼만한 게 뭐가 있느냐고 반문한 바 있다. "신경 써서 울타리를 세우고 아주 잘 가꾼 정원과 말끔한 화단과 섬세한 화초가 있더군요. 하지만 (…) 탁 트인 전원도, 상쾌한 공기도, 푸른 언덕도, 맑은 냇물도 없었어요."

에마와 나이틀리 씨의 짧은 대화를 로체스터 씨가 제인

에어에게 하는 말 못지않게 로맨틱하게 만들어주는 문학적 상상력을 이렇게 몰라주다니. 오스틴의 문장을 소리 내어 읽으면, 내 귀에는 긴 소나타 악장 안에서 곡의 주제에 대한 응답으로 조화롭게 섞여드는 완벽한 음조의 짧은 솔로 선율이 잘 들리더라만.

제인 오스틴이 보여준 언어의 가능성을 활자로, 또 내 귀로 발견했을 때 내 앞에 소설로 통하는 새로운 문이 열렸다. 그와 동시에 다른 문이 닫혔다. 어머니와 내가 일주일에 한 번 울타리 너머에서 우리 앞마당에 던져놓고 가는 잡지를 손꼽아 기다리다가 어머니는 유명 인사의 가십에 대한 갈증을 채우고 나는 틈새에 실린 단편소설을 읽어치우던 그런 시절이 안녕을 고했다. 클리셰니 스테레오타입이니 하는 말은 모를 때였지만, 햄릿식으로 말하자면, 그런 작법과 인물들이 어딘지 "식상하고 밋밋하고 쓸모없다"는 걸 깨달았다. 하루아침에 흥미가 사라져버렸다.

 더 어려서 읽은 책의 주인공 소녀들에게서 크나큰 기쁨을 얻던 시절도 지나갔다. 그전까지만 해도 나는 에설 터너의 『세븐 리틀 오스트레일리언』에서 말괄량이 주디가 엄격한 아버지에게 부당한 벌을 받을 때마다, 그리고 결국 죽음을 맞는 장면에서 수도 없이 흐느꼈다. 제일 좋아하던 루시 모드 몽고메리의 주인공 제인이 떨어져 살던 아버지를 만나고 온 뒤 독재자 같은 할머니에게 맞서는 장면은 몇 번을 봐도 통쾌했다. 이상적인 오스트레일리아 소녀상으로 메리 그랜트 브루스가 창조한 긴 다리의 운동짱 노라와 말을 타고 빌라봉 들판을 누빌 때는 곱슬대는 까만 대걸레 대신 찰랑이는 금발로 변신한 머리카락이 온종일 바람에 흩날려도 싫증이 나지 않았다. 그런데 베넷 일가를 만난 이후로 내가 그토록 속속들이 알던 소녀들과 슬며시 멀어졌다. 여전히 사랑하고 아끼기에 단단히 내 기억의 한 자락을 차지하고 있지만 같이 어울리기에는 내가 너무 자라버린 그런 친구들 같았다. 정다운 추억이지만 다시 찾고픈 마음은 별로 들지 않았다.

아마도 그렇게 어른의 독서로 넘어가는 과정이었겠지. 아직 인지하진 못했지만 나는 코미디, 그중에서도 특히 풍속 희극으로 위장한 사회 풍자극의 매력에 빠져들고 있었다. 엘리자베스 베넷 같은 캐릭터를 만나 이상적인 여성상을 찾아가는 중이었다. 한 세기 뒤 F. 스콧 피츠제럴드는 그런 관념이 아내 젤다에게 미친 영향을 유감스러워하더라마는. 피츠제럴드가 생각하는 이상적인 여성, 다시 말해 젤다 세대의 신여성들에게도 엘리자베스 베넷의 활달하고 독립적인 기질이 얼마쯤 있었을 텐데, 다만 연애와 결혼은 사정이 달랐나 보다.

버지니아 울프의 펜 끝에서 흘러나온 인상적인 인용문 중에 조지 엘리엇의 『미들마치』를 평한 구절이 있다. "미비

한 점이 없지 않지만, 성숙한 독자를 위해 쓰인 몇 안 되는 영국 소설로서 감탄할 만한 책이다." 아무런 노력 없이 성숙한 독자가 거저 되진 않겠지. 울프의 말에 독자로서의 내 경험을 보태보자면, 제인 오스틴의 소설은 독자가 성숙해지도록 도움을 아끼지 않는 작품이라 하겠다.

2장

오스틴이라는 해독제

"과연 훌륭한 수수께끼인걸!
취지에도 딱 맞고."

제인 오스틴
『에마』, 1부 9장

반쪽

기억나는 아주 어릴 때부터 나는 해독제라는 개념에 익숙했다. 의료인이자 부모로서 환자는 물론이고 가족에게도 툭하면 해독제를 처방하는 아버지를 두었기에. 이를테면 불쾌한 기분이 들면 엡섬염* 복용을 지시하는 식이었다. 그래서 나는 해독제라고 하면 그것이 중화시킨다는 독성처럼 뭔가 고약한 약물이 연상되곤 한다. 제인 오스틴의 초기 독자 중에도 눈치 빠른 이들은 제인 오스틴을 가리켜, 젊은 여성 독자를 낚으려고 순회 도서관 선반을 차지하고 있는 시답잖은 연애소설과 고딕소설에 정량의 '처방약 같은 리얼리즘medicinal

* Epsom salts. 황산마그네슘 성분의 소금.

realism'을 제공했다고 말한 바 있다(바버라 베니딕트와 디어드리 르 페이의 2006년판 『노생거 수도원』 서문을 참조했다).

정작 제인 오스틴 본인은 '해독제'라는 단어를 직관과 반대로 사용한다. 이 단어는 오스틴 독자라면 익히 아는 수수께끼를 매개로 『에마』의 1부에 슬그머니 등장한다. 장난스럽고 매력적이지만 주제넘는 행동으로 짜증을 유발하는 우리의 주인공 에마는 자기를 따르는 순진한 아가씨 해리엇에게 마을의 교구 목사 엘턴 씨가 그녀에게 연심을 품고 있다는 확신을 심어주려고 애를 쓰는 중이다. 그러면서 이 젠체하는 젊은 목사가 해리엇의 수수께끼 모음집에 넣으라고 내놓은 단어 맞히기 문제를 자기식으로 해석해서 연심의 증거물로 제시한다. 해리엇은 "암호와 트로피 문양들로 장식해놓은 (…) 압착 광택지"에 그걸 베껴 넣을 작정이다.

목사가 낸 문제는 독창적이지도 기발하지도 않지만, 남녀 관계에 대한 통념을 **대변**하고 있다.

> 내 **첫 번째** 반쪽은 **고통**을 의미하네 [woe(고통)]
> 내 나머지 반쪽은 그 고통을 **느낄** 운명이지. [man(남성)]
> 그리고 내 **전부**는 최상의 **해독제**라네 [wo'man(여성)]
> 그 **고통**을 누그러뜨리고 **치유해주지**.

해리엇은 이 네 줄짜리 문제를 도무지 풀 수가 없다. 그릴 만도 하지. 두 음절을 붙여 한 단어로 완성하는 방법을 이해하자면 (해리엇에게는 별로 없는) 언어적 상상력이 필요하다. 그걸 할 수 있으면 나머지는 간단하다. 풀이하면, 여자가 해독제로 존재한다, 다시 말해 남자가 자기 인생에서 겪을 고통을 달래주기 위해 존재한다고 보는 시각이 드러난다. 에마는 엘턴 씨가 그런 식으로 자기의 이상형인 해리엇에게 찬사를 바치는 것이라고 믿어 의심치 않는다.

수수께끼의 메시지를 풀고서 나는 그 명제의 황당무계함에 실소가 터졌다. 그때 나는 대학에 다니면서 한창 자립심이 차오르는 시기였고, 곧잘 웃음을 터뜨렸다. 삶이 장밋빛으로 보였다. 자신감이 커진 것은 고등학교 3학년 때부터였다. 남자라는 족속에 비해 내가 불리하다고 느낄 하등의 이유가 없었다. 고등학교 때 이미 시험 성적에서도 남자애들을 모두 제쳤다. 나이에 비해 폭넓게 책을 읽었고, 사실 위주의 수업에서 암기력으로 승부를 보던 고등학교 시절보다 역사 공부에 더 큰 재미를 느끼기 시작했다. 과거에서 도출한 논리로 현재를 조명하고 미래의 가능성을 추측하는 접근법을 대학에서 공부하면서 역사관이 형성되고 있었다. 성공하고 싶었고, 더러 수줍음을 타기는 해도 전후의 젊은 여성다운 지적 자신감에 차 있어서 당연히 내 맘에 드는 직업을 찾을 거라고 믿었다.

하지만 결혼 자체에 반대하지는 않았다. 오스틴 소설의

주인공들인 엘리자베스 베넷이나 에마를 보면 결혼이 이득인 것 같았다. 미래의 남편감과 서로 존중했고 결혼을 동등한 파트너 관계로 여겼다고 작품이 일관되게 말해주고 있잖는가. 전쟁 기간 동안 농장 트랙터를 모는 '랜드 아미'* 여성 단원들이 반바지에 셔츠 차림으로 등장했을 때, 나는 이제껏 남성이 주도하던 역할에 여성이 새롭게 진입했다는 사실을 깨달았다. 단원들은 호탕한 웃음을 터뜨리며 중앙 대로를 활보하고 그리스계 상점주들이 '부케'라든지 '장미 정원' 따위의 오스트레일리아식 상호를 붙인 밀크 바**에 앉아 음료를 홀짝였다. 내가 보기에 이 젊은 여성들은 긴 드레스를 입고 진흙탕 들판을 가로지르던 엘리자베스 베넷과 닮은 데가 있었다. 소설의 연상 작용을 인식하기 시작한 참이라 엘리자베스 베넷의 시원시원한 걸음걸이를 읽을 때면 농사용 작업복 차림의 아가씨들이 떠올랐고, 알고 보면 차분한 응접실 생활을 즐기는 이 여주인공처럼 저 아가씨들도 그러할지 궁금해지곤 했다.

　물론 랜드 아미 여성 단원들에 대해서 나는 잘 모르기도 했거니와 질문할 생각도 하지 않았다. 가령 어째서 당시 우리 마을에 세 군데 있던 호텔 바에서 남자들과 같이 술을 마

---

* Land Army. 제2차 세계 대전 당시 농업 인력의 부족을 지원하기 위해 결성된 여성 단체.
** milk bar. 유제품과 식재료를 판매하는 잡화점.

시는 자유가 그녀들에게 허용되지 않았는지 굳이 의문을 품지 않았다. 설령 생각이 거기까지 미쳤다 한들, 차별이 뻔히 보이는데도 여성이 어떻든 종속 관계에 놓여 있는 성인의 세계를 신중하게 따져보지 않았다. 유달리 재미있게 들었던 역사 수업에서 선생님이 이런 말을 했다. 여성이 가사 노동을 한다면 그건 자신의 선택이어야 하고 노동의 공평한 배분에 기초한 합의가 이뤄져야 한다. 나는 당연히 그렇겠거니 생각했다. 짐작 가다시피, 얼마 못 가서 저 선생님은 학부모 시민 협회Parents' and Citizens' Association로부터 정치적 사견을 교실에 들이지 말라는 경고를 받았다.

『에마』의 수수께끼를 읽고 나는 더 깨인 세상에 태어나길 천만다행이라는 생각이 들었다. 이 수수께끼는 오스틴 시대의 성 정치를 집약적으로 보여준다. 동시에 오스틴이 얼마나 효과적으로 소설을 이용해서 남녀 간의 차별과 여성에게 할당된 열등한 역할에 야유를 보냈으며 미사여구로 포장된 지배적인 관념을 들춰냈는지도 명확하게 알려주고 있다. 이 작품을 공부할 당시 나는 저 수수께끼를 통째로 외웠다. 해리엇의 모음집에 그것을 기여한 작중 인물은 물론이고 문제의 글귀에 깔려 있는 관념까지 가뿐하게 비웃어주는 솜씨가 얼마나 멋지던지.

오스틴 개인이 살았던 삶을 생각하면, 저 수수께끼의 메시지처럼 정녕 좋은 여자는 좋은 남자의 고통과 근심을 치유하는 해독제라는 믿음이 팽배하던 시대에 소설가로서 이런 방법을 찾아냈다는 게 지금 생각해도 대단하다. 독신이었던 제인과 커샌드라 자매는 남자 형제들의 치다꺼리를 떠맡아야 했다. 그들의 옷을 바느질하고, 그들이 아프면 간호하고, 그들의 부인이 출산할 때 거들고, 그들의 아이들과 놀아주고, 그들이 베푸는 호의에 기대 살았다. 저 수수께끼는 개개 행들의 단순한 총합이 아니다. 그것은 오스틴의 여주인공을 인생이라는 쓴 약을 삼키게 도와주는 설탕 한 숟가락 취급하며 마치 일반적인 의미의 해독제라도 되는 양 논평했던, 글줄깨나 읽는 남자들의 교양과 유치함을 상기시키는 장치이기도 하다.

제인 오스틴의 개인사는 해독제로서의 제인 오스틴이라는 실로 한 줄로 꿰어진다. 1871년에 발표된 오스틴 일가의 회상록은 독자 대중에게 작가를 미덕의 화신으로 소개했을뿐더러 그의 소설을 근대적 삶에서 잘못된 것들에 대한 해독제로 승격시켰다. 오스틴이 미덕과 겸손의 화신이라는 신화에 당대와 이후 세대의 남성 문필가들이 속아 넘어갔다. 버지니아 울프는 오스틴을 떠받드는 보수적인 남성 독자들을 비웃으며 이렇게 비아냥거렸다. "그녀의 천재성에 대한 일말의 모욕에도 마치 자기 이모의 정조가 모독당한 양 분개하는 노신사들이 런던 근교에만도 스물다섯 명은 산다." 정치가 벤

저민 디즈레일리는 『오만과 편견』을 열일곱 번 읽었다고 자랑했다. 지킬 박사와 하이드 씨 같은 남성 전형을 창조한 로버트 루이스 스티븐슨은 리지 베넷 앞에 무릎을 꿇고 청혼할 가능성이 가장 희박해 보이는 인물인데, 자기 말로는 『오만과 편견』을 읽을 때마다 번번이 그랬단다. 21세기 작가로서 하드보일드 스타일의 소설을 쓴 마틴 에이미스 역시 그 작품을 적어도 대여섯 번 독파했다고 고백했다. 비슷한 과장법의 연장일 텐데, 그는 다아시 씨에게 사랑이 꽃피는 순간을 콕 집어 그것이 바로 "지구상의 모든 남성 독자에게" 사랑이 꽃피는 순간이기도 하다고 표현한 바 있다.

 매일 밤 잠자리에 누워 잠들기 전까지 오스틴의 소설을 일정량 섭취한다던 저명한 학자도 있었다. "묽은 죽처럼 속을 진정시켜준다"면서. 나는 오스틴의 소설을 읽으면서 단 한 번도 그런 느낌을 받은 적이 없다. 『오만과 편견』의 여주인공들은 나를 건강한 각성 상태로 이끌었고 멀건 죽이 아니라 풍성한 영양식을 공급해주었다. 내 입장에서는 최상의 소설들이 남자에 의해, 남자에 대해, 심지어 남자를 위해 쓰였다는 유감천만한 관념에 맞설 해독제를 얻은 것이었다. 여성 작가 한 명과 여주인공 몇 명에서 내 상상력을 무럭무럭 키우고 나를 평생의 독서가로 만들었다는 게 얼마나 통쾌한지 모른다. 오스틴의 여주인공들이 쓰는 언어는 내 귀에 달콤했다만 그게 다가 아니었다. 그 언어는 판에 박은 감상주의적인 스테레오타입을 씻어내는 해독제였다.

말과 소리

내 독서 애호의 뿌리에는 영어 말소리에 대한 애착이 있었다. 엉뚱하게 들릴지 모르겠다만, 이 중독에 영향을 끼친 의외의 인물은 걸쭉한 유럽 억양에 말버릇과 사회적 행동 습관이 몹시 비영어적이었던 나의 친할아버지였다. 할아버지의 유별난 개성이 내 언어적 상상력의 발달에 지대한 역할을 했다. 할아버지가 언제 어디서 어떻게 영어를 배웠는지는 모르겠다. 사실 우리는 그의 고향이 어디인지도 정확히 몰랐다. 돌아가셨을 때 발견한 할아버지의 여권에는 러시아 보브루이스크 출생, 신장 178센티미터, 암회색 눈, 잿빛 머리라고 기록되어 있었다. 그러나 살아생전 할아버지는 스스로 구세계 어느 나라에도 예속되지 않고 어느 나라의 국민도 아니라고 주장했다. 억양이 심하고 나지막한 음성이 지금도 귀에 쟁쟁하다. 그 음성으로 할아버지는 당신의 부모님이 포그롬*을 피해 도주하다가 가능할 성싶진 않지만 아무튼 짐작건대 폴란드와 러시아를 잇는 기차 안에서 기적적으로 당신을 낳

* Pogrom. 19세기 말부터 수십 년간 계속된 러시아의 유대인 대학살.

은 일이며, 자신을 멀리 보내 종교 공부를 시키겠다는 부모님의 결정을 우연히 엿듣고는 어린 나이에도 어떻게든 팔레스타인으로 가야겠다고 각오를 다진 일이며, 밀림을 통과하다가 사나운 곰을 만나 맨손으로 싸운 일이며, 제2차 유대인 대이동 때 가족과 함께 러시아를 떠나 선조의 고향으로 이주한 친할머니와의 시시콜콜한 로맨스까지, 단순하지만 흥미진진한 이야기를 엮어내곤 했다. 내가 할아버지 무릎에 앉아서 놋쇠 담배 상자에서 얇디얇은 종이 한 장을 쓱 꺼내 능숙하게 담배를 마는 손놀림을 뚫어져라 지켜볼 즈음에는 할아버지는 놀라울 정도로 훌륭한 영어를 구사했다. 할아버지는 청중을 쥐락펴락하며 상상을 초월하는 동시에 상상을 자극하는 어린 시절 이야기로 우리를 즐겁게 해주었다. 이야기하기를 좋아해서 수수께끼와 낱말 퍼즐이 한없이 흘러나오는 화수분 같았다.

    오빠와 나의 '할부지'는 기회만 있으면 이야기를 들려주고 싶어 했다. 보편적인 인생살이에 대한 이야기도 있었고 특정한 상황에 맞춤한 이야기도 있었다. 이를테면 상을 당한 사람을 위로하는 일에 노상 진심이었고, 그때마다 들려주는 우화가 있었다. 자기 고민이 든 여행 가방을 딴 사람 가방과 바꿀 기회가 주어져도 저마다 익숙한 자기 가방을 내놓지 않더라는 줄거리였는데, 물론 할아버지의 이야기는 이렇게 맨숭맨숭하지 않았다. 인물과 배경에 대한 상세한 묘사로 이야기에 살을 붙이고 생의 의미와 죽음의 불가피성에 대해 달관한 논평도 덧붙였다. 기억건대, 상대방은 할아버지의 우화를 달게 듣고 얼떨떨해하면서도 위로를 받는 것 같았다.

　스토리텔링에 얽힌 나의 가장 소중한 기억은 안식일 준수 절차의 마무리였던 우리의 토요일 저녁 의례였다. 초 한 대의 어스레한 불빛 아래 할아버지, 아버지, 어머니가 이디시어로, 다시 말해 세 분 모두의 모어로 구슬픈 노래를 불렀다. 아버지가 제일 좋아하는 노래는 유년기 기억 속의 자장가였다. 돌아가신 당신 어머니를 말할 때 아버지는 지극히 애틋해했는데, 그분이 이 노래를 불러주면서 잠들면 꿈에 아몬드와 건포도가 나올 거라고 약속했단다.

　우리 어머니는 예루살렘에서 태어났고, '코헨'이라는 제사장 가문의 초정통파 유대교도 아버지로부터 경전의 언어인 고대 히브리어를 배웠다. 어머니는 운율이 있는 「이사야서」의 구절을 아름답게 낭송했다. 종소리처럼 청아한 어머니의 음성은 어머니가 태어나기 불과 얼마 전에 복원된 현대 히브리어 노래에도 썩 어울렸다. 조국을 갖게 된 유대인의 기적 같은 삶을 기리는 노랫말이었다. 어려서는 미처 생각하지 못했지만, 이국의 자취가 새겨진 격변의 역사와 떠들썩한 군중과 형형색색의 시장이 있는 예루살렘 구도시를 떠나 먼지 풀풀 날리는 머럼비지 관개 지역의 촌마을로 이식된 경험이 어머니를 『맨스필드 파크』의 레이디 버트럼처럼 몇 시간씩 소파에 붙들어놓은 그 욱신거리는 두통에 얼마간 원인 제공을 하지 않았을까 싶다.

다른 사람은 몰라도 나에게 있어서 토요일 저녁의 하이라이트는 냉혹하고도 강렬한 성서의 드라마가 실린 할아버지의 노래 공연이었다. 음악 쪽으로는 시원찮은 나의 기억에도 그 노래의 파편들은 여전히 남아 있다. 그중에서 나는 선지자 엘리야와 함께였든지 따로였든지 아무튼 불의 전차를 타고 천국으로 간 어린 소녀 사라의 노래를 가장 좋아했다. 할아버지가 노래 뒤에 들려준 그 소녀의 생김새는 물론 길게 땋은 머리에 갈색 눈을 가진 나를 쏙 빼닮은 모습이었다. 얼른 천국으로 돌아가고 싶어 힝힝대며 전차를 끄는 말 울음 흉내 역시 나의 웃음 포인트였다.

이 노랫말과 짝을 이루는 것으로 어린 요셉의 역경에 관한 연작곡이 있었다. 아버지 야곱이 선물한 알록달록 외투 때문에 요셉이 형들의 질투를 산 사연이 소개된 다음, 절분음의 동양적인 비트가 깔리면서 지나가던 낙타 대상이 구덩이에 빠진 요셉을 발견하고 구해주는 노랫말이 이어졌다. 상인 일행이 요셉을 데리고 이집트로 향하던 길에 요셉의 어머니의 묘를 지나치는 대목이 곡의 클라이맥스였다. "라헬이시여, 라헬이시여, 어머니 라헬이시여." 요셉은 애처롭게 울부짖고 그걸 듣는 내 눈에서는 눈물이 철철 흘러내렸다.

하지만 그 밖의 시간은 할아버지와 온통 재미있게 놀았

던 기억이다. 시드니의 유료 주차장 위층 방 한 칸에서 고양이 몇 마리와 같이 살던 할아버지가 우리를 만나러 와서 마냥 이야기만 해주고 간 건 아니었다. 나에게 자전거 타는 법도 가르쳐주고, 오빠와 신나게 공놀이도 해주었다. 밖에 나가 놀지 않을 때는 우리한테 퀴즈를 냈다. "온통 까맣고 하얗고 빨간 건 뭘까요?" 우리가 한소리로 "신문!" 하고 정답을 맞히면, 할아버지는 언제나처럼 허걱 하고 놀라는 시늉을 했고 우리는 키득키득댔다. 그러면 할아버지는 손가락을 까딱이며 주의를 주듯이 말했다. "신사로 보이고 싶다면, 이곳에 침을 뱉지 마시오."* 대체 어디서 그렇게 재미난 말들을 찾아내는 건지 나는 도통 알 수가 없었다. 훗날 시드니를 방문했을 때, 할아버지가 센트럴 스테이션 근처에 있던 허전한 당신 방에서 시드니에서 제일 큰 백화점 건물에 있는 체스 클럽에 가기 위해 타고 다녔을 전차의 게시판에 저 문장이 적혀 있는 걸 발견했다. 나이 들어 영어를 익힌 양반이 재치 있는 말장난의 묘미를 터득하고 그걸로 번번이 어린 손주들에게 알쏭달쏭한 재미를 안겨주었다니, 지금 생각해도 감탄스럽기 그지없다.

그런 연유로, 다소 엉뚱하게도, 영어 말장난은 우리 가족

• 'expect to rate'(보이고 싶다면)와 'expectorate'(침 뱉다)의 발음이 유사한 점에 착안한 재치 있는 공중 예절 문구.

―레반트를 경유해 위라주리 컨트리의 촌마을에 정착한 동유럽 출신 이민자들과 그들의 후손인 오스트레일리아 태생의 이민 1세대―과 섭정 시대 영국에서 유사 지주층으로 살았던 제인 오스틴 일가의 공통된 놀이가 되었다. 그리고 할아버지가 내 안에 씨앗을 심어둔 덕택에 나는 장차『오만과 편견』의 일견 단순한 듯한 재미를 통과해서 다음 작품에서 맞닥뜨릴 정교한 퍼즐과 난문제와 수수께끼 들을 무리없이 수용할 수 있었다.『오만과 편견』이 사춘기의 의심에 대한 해독제였다면,『에마』의 퍼즐 풀이는 안일한 정신에 주효한 또 다른 해독제라 할 만했다.

햄프셔의 아버지 목사관에서 자란 제인 오스틴의 어린 시절을 찾아보면, 가족들이 한가할 때 한자리에 모여서 형식을 살린 운문 짓기나 가벼운 수수께끼 놀이를 즐겼다는 이야기가 나온다. 가령 단어 '로즈rose'의 모음(o)에서 착상을 얻은 아래의 짧은 시에는 오스틴 부인의 언어적 유머 감각이 잘 드러나 있다.

> 오늘 아침 고요한 **휴식**에서 깨어나 [repose]
> 먼저 눈을 비비고 이어서 **코**를 풀었네. [nose]
> 다음엔 긴 양말과 신발로 **발**을 감싸고 [toes]
> 계속해서 나머지 **옷가지**를 걸쳤네. [clothes]

어머니의 희극적인 기질이 둘째 딸에게 전수된 것은 그리 놀랍지 않다. 그러나 두 사람의 시구를 비교해보면, 젊은 시인의 능수능란한 글재주에서 벌써부터 한층 더 정교한 상상력의 징후가 엿보인다.

> 내 **첫 번째 반쪽** 위엔 누울 수 있지, 개울가에서, [bank(둑)]
> 내 **두 번째 반쪽**은 그대가 흠모하는 님프에게 지어 보내는 것
> [note(편지)]
> 그러나 내 **전부**를 하나도 갖지 못한다면 [bank-note(지폐)]
> 그녀의 존경과 애정은 작아지네, 아예 그녀를 잊어야지.

음절들을 붙여 'banknote(지폐)'라는 단어를 만들어내는 영리한 노림수가 참 맛깔나다. 오스틴은 논평에 아이러니라는 양념을 더하는 법을 일찌감치 터득했구나.

대프니

시를 쓰고 싶다는 강렬한 욕구가 꼭 한 번 나를 찾아온 것이 부모님과 라이시엄 극장에 있었을 때인 걸 보면, 확실히 그 장소와 특별한 인연이 있는 모양이다. 「오만과 편견」과

의 운명적 만남까지는 아직 두 해가 남아 있었다. 그날 무슨 영화를 보고 있었는지는 기억에 없는데 아무튼 영화 상영이 중단되고 드디어 전쟁이 끝났다는 소식이 발표되었다. 앞서 1945년 5월에 유럽 대륙의 승리를 경축하긴 했지만, 태평양에서 전투가 계속되고 있었기에 전반적으로 안도의 표현은 자제하는 분위기였다. 이제야 순수한 환호가 터져 나왔다. 아직 아무도 히로시마와 나가사키에 투하한 핵폭탄의 윤리적 함의까지는 생각하지 않았다. 여하튼 초반에는 그랬다. 그런 생각은 공포의 종식과 아버지와 형제들의 귀환을 축하한 연후로 미뤄졌다.

내 생애 유일한 장편시는 그날 밤에 쓰였다. 시를 읽는 것은 늘 좋았어도 가끔 끄적거린 종이 쪼가리를 '글감'이라 써 붙인 상자에 치워두기만 했지 간직할 만한 건 하나도 없었다. 그런데 'VJ 데이'(대일본 전승 기념일)로 기억되는 그날은 앞으로 우리 가족이 박해로부터 안전할 거라는 안도감—우리는 아직 죽음의 수용소에서 일어난 최악의 참상에 대해서는 모르고 있었다—이 내 감정을 시로 표현해보라고 부추겼다.

그러나 그런 감흥을 이야기하기는 조금 이르다. 극장에서 승전보를 듣자마자 뜻밖의 기억 하나가 떠올랐다. 학교 친구였던 대프니, 가엾고 안타까운 그 애 얼굴이 떠올랐다. 대프니는 초등학교 4학년 때 짝이었다. 참 똑똑했다. 내가 따라갈 엄두도 못 낼 정도로 똑똑한 아이라는 건 반 아이들 전부가 쩔쩔매는 문제에도 척척 대답하는 걸 보면 알 수 있었다. 그림도 얼마나 잘 그렸는지. 수업에 귀를 기울이면서도 손으로는 스케치를 하곤 했는데, 그 애의 연필 끝에서 나오는 껑충대는 말은 눈이 휘둥그레질 정도로 진짜 같았다. 듣기론 형제자매가 열한 명이나 되는 끈끈한 가족 중에 가운데 아이였다. 집은 마을 외곽이었는데, 대프니네와 형편이 비슷한 몇몇 가족이 근근이 살아가고 있었다.

하루는 대프니가 빨갛게 충혈된 눈으로 학교에 왔다. 나이가 차자마자 군에 입대한 오빠 어니가 전사했다는 거다. 대프니는 죽은 오빠 때문에 울고 또 엄마 때문에 울었다. 그 애가 종종 엄마 얘기를 할 때면 온 가족을 보살피는 엄마를 향한 감사와 존경심이 전해졌다. 아침에 먹일 귀리죽을 끓이는 이른 새벽에도 머리카락 한 올 흐트러진 모습을 못 보았다지. 대프니는 자기 엄마가 모르는 게 없다고 철석같이 믿었다. 그러니 어니가 죽을 거라는 것도 엄마는 알았을 거라고. 일주일 전쯤 어니의 사진이 든 액자가 벽에서 떨어진 일이 있었다. 그래, 결국 올 것이 오겠구나, 대프니의 엄마는 예감했단다. 간밤에 전보가 도착했다. 그리고 이날 대프니는 처음으로 엄마가 우는 걸 보았다. 아들을 잃은 엄마는 하염없이 울고 있었다.

초등학교를 마친 뒤로는 대프니를 못 만났다. 대프니는

우등반에 들어오고도 남을 성적이었는데 자원해서 가정학을 배우는 다른 건물의 학급으로 옮겨 갔고, 거기서 가구 먼지 털기나 마룻바닥 광내기, 샌드위치 테두리 자르기 같은 걸 배웠다. 그쪽 건물에는 교실만 있는 게 아니었다. 어떤 방들은 여학생들이 가정부로 일하게 될 살림집처럼 무대를 꾸며놓았다. 우등반 학생들이 의무적으로 들어야 하는 라틴어니 프랑스어니 하는 과목들이 대프니에게 무슨 쓸모가 있겠느냐, 대프니의 어머니는 자문했을 것이고 자명한 대답을 얻었을 것이다. 학교 안에서 서로 속하는 건물이 달라지면서부터 대프니와 나는 지리적으로나 사회적으로나 가는 길이 갈라졌다. 그런데 1945년 8월의 그날 밤, 하얗게 질린 그 애의 비참한 얼굴과 그 끔찍한 비보의 충격이 기억에 되살아났다.

　뇌리를 스친 대프니의 기억이 그날 밤 평화 선포 뒤에 찾아온 환호와 키스와 포옹을 막지는 못했다. 내 방에 돌아와 앉으니 그 순간의 감정을 기록하고 싶은 충동이 다시 고개를 들었다. 워즈워스 시인의 권고대로 고요한 묵상에서 건져 올린 감정들이 기억할 만한 결실을 남겼노라고 말할 수 있으면 참 좋겠다만. 그날 밤 내가 쓰고 이슨 선생님이 다듬어준 「평화」라는 시의 첫 행은 이러하다. "평화, 평화, 눈부신 평화가 이 밤 우리에게 찾아왔다." 그 뒤는 보나 마나다. 보관해두지도 않았고, 남은 거라곤 내 기억 속의 첫 행뿐이다.

2장　오스틴이라는 해독제

내가 대프니를 다시 떠올린 건 세월이 한참 흐른 뒤에 그레이엄 스위프트의 2016년 소설 『머더링 선데이 *Mothering Sunday*』를 읽을 때였다. 반나절이면 족한 총 132쪽 길이의 이 작품에는 '로맨스'라는 부제가 달려 있었다. 이것을 중편소설로 보는 이유는 길이도 길이려니와 중편답게 인생의 결정적인 한 순간이 담겨 있기 때문이다. 주제의 측면에선 인생과 욕망을 그려낸 로맨스라고들 하는데, 내가 보기에는 부잣집 아들과 가정부 간의 에로틱한 관계 못지않게 젊은 여성과 독서 간의 로맨스를 다루고 있다. 작품이 그리는 시대의 관습에 따라 가정부들이 가사의 의무에서 놓여나 어머니를 만나러 집에 다녀올 수 있었던 특정한 일요일을 '머더링 선데이'라고 한다더라.

시간적 배경은 1924년 3월인데, 현재에서 과거로 다시 현재로 돌아오는 시간의 전환이 썩 훌륭하다. 제인 페어차일드는 부잣집 가정부이고, 이웃 부잣집 아들인 남자는 그녀보다 한 살 많은 스물세 살이며 그녀가 보기에는 순혈종이다—비록 "그때는 아직 그 단어를 모르고 종마라는 표현을 아는 수준"이었다지만. 남자와 제인의 에로틱한 관계를 남자의 부모가 허락할 리 만무하고, 남자는 자식 된 도리로 부모와 단단히 유착되어 있다. 사고처럼 보이지만 아마도 남자가 자기 의지로 생을 마감하기 때문에 비극적인 이야기라고도 할 수 있을 것이다. 그러나 만약 꿈의 실현이라는 관점에서 로

맨스를 이해한다면, 그것이 일어나는 순간은 잠깐의 공감 어린 소통으로 집주인이 제인에게 서재 출입을 허락할 때이지 싶다. 이 결정적인 순간이 그녀를 현실로부터 탈출시켜준다 —제인 오스틴 식 자세로 보자면, 그녀에게 필요한 해독제를 제공한 셈이다. 서재의 문과 복도를 자유롭게 통과해 소설가의 삶에 도달함으로써 그녀는 치유되는 것이다.

독자로서 나는 제인 페어차일드라는 이름에 궁금증이 발동한다. 이 이름은 제인 오스틴이 주인공 에마에 대조되는 인물로 등장시킨 제인 페어팩스를 연상시키지 않나. 이쪽 제인이나 저쪽 제인이나 잠재적으로 주위 환경에 발이 묶인 처지이고 둘 다 용케 대안을 찾아낸다. 제인 페어팩스는 결혼을 선택하고 제인 페어차일드는 책 읽는 사람이 되었다가 나중에 뜻밖의 반전으로 소설가가 된다. 만약 오스틴이 그레이엄 스위프트처럼 20세기 말에 작품 활동을 했다면, 제인 페어팩스도 좀 더 독립적인 미래를 택하지 않았으려나. 개인적으로 나는 프랭크 처칠과 미래를 함께할 그녀가 조금도 부럽지 않았다. 하기야 나는 『오만과 편견』의 위컴 씨와 『이성과 감성』의 윌러비를 겪은 뒤라 프랭크 처칠을 만났을 즈음엔 잘생긴 놈팡이를 알아보는 기준이 어지간히 서 있었다. 내 친구 대프니는 어찌 되었을까. 나는 전혀 소식을 모른다만 대프니의 어머니가 우등반이 제공하는 미래의 가능성을 진작에 깨달으셨다면 오죽 좋았을까 싶다.

대프니의 사연과 더 행복하게 공명하는 오스틴의 주인공이 한 명 있다. 『맨스필드 파크』의 패니 프라이스는 대프니와 전혀 다른 식의 불리한 조건에 처해 있는 인물이다. 그래도 어린 패니가 출생의 시련을 극복할 수 있게 된 건 글 읽는 법을 배웠기 때문이다. 사촌 에드먼드는 이모 집에 맡겨진 패니를 진심으로 이해하는 유일한 친척이면서 패니의 조력자가 되어준다.

그는 패니가 똑똑하고 사리 분별과 이해가 빠른 데다 독서를 좋아하니 제대로 이끌어주면 독서 자체로 좋은 교육이 될 것이라고 생각했다. (…) 패니가 여가 시간을 헌납하며 읽은 것들은 에드먼드가 추천한 책들이었고, 패니의 취향을 북돋아주고 판단을 바로잡아준 사람도 에드먼드였다. 그는 읽은 책에 대한 대화를 통해 독서의 유익함을 알려주고 적절한 칭찬으로 독서의 묘미를 배가시켰다.(1부 2장)

교육이 되는 독서, 이것이 더부살이로 마음이 편치 않은 패니에게 에드먼드가 제시한 치유법이었다. 대프니에게도 이런 멘토가 생겼다면, 패니의 잠재력을 알아본 에드먼드처럼 대프니의 잠재력을 알아보는 누군가를 만날 수 있었다면 정말 좋으련만.

시 쓰기가 변변찮은 시도에 그쳤다고 해서 영어 수업에 대한 애정이 시들해지는 않았다. 수업 시간에 시를 쓸 일이 많지는 않았으니까. 그래도 개중 몇몇은 스스로 원해서 시를 쓰는 학생들이 있었다. 우리 반에도 다이애나라는 타고난 시인이 있었다. 다이애나와 나는 마지막 학년에 심화 영어 수업을 듣다가 진심을 터놓고 가까워졌다. 주로 영미권을 대표하는 작품을 다루는 수업이었는데 20세기 시인, 극작가, 단편소설가, 에세이스트, 장편소설가의 작품을 골고루 읽었다. 다이애나는 특히 시인들을 좋아했고 나는 극작가들과 장편소설가들을 선호했다.

그 무렵 내 책장에는 심화 수업 커리큘럼의 훌륭한 추천 도서들이 두루 구비돼 있었다. 대학 입학시험 심화 논술에 응시하겠다는 포부를 밝히자 아버지가 영어 선생님으로부터 필요한 도서 목록을 받아 왔다. 나는 이 책들을 독파하는 과업에 지체 없이 열성적으로 착수했으니, 『에마』의 주인공인 누구누구 양과는 달랐던 거지. "에마가 고작 열네 살이었을 때 만든 도서 목록"이 그저 목록인 채로 남아 있다는 점을 에마의 예전 가정 교사에게 새삼 상기시키면서 나이틀리 씨는 덧붙인다. "에마의 비상한 판단력을 잘 보여주는 목록이라는 생각이 들어서 제가 한동안 보관해두었던 기억도 납니다. 아마 지금도 썩 괜찮은 목록을 만들어놓긴 했을 겁니다. 하지만 저는 에마가 독서에 꾸준한 진척을 보일 거라는 기대는 접었습니다."

　시드니의 유명 서점 앵거스 앤드 로버트슨에서 책 상자가 도착했을 때 아버지는 나만큼이나 흥분했다. 아버지도 문학에 대한 애정이 깊었다. 의대 진학 연령이 될 때까지 1년을 기다리는 동안 아버지가 대학에서 공부한 책 몇 권이 지금도 내 수중에 있다. 단정한 연필 글씨로 여백에 빼곡하게 메모가 적혀 있는 아버지의 『프랜시스 베이컨 수상록』도 그중 하나다. 아버지는 놀랄 정도로 기억력이 좋았고 특히나 시에 강해서 어떤 경우든 거기에 어울리는 셰익스피어나 밀턴이나 워즈워스의 구절을 즉석에서 떠올렸다. 아버지의 메모가 적혀 있지는 않지만 매콜리 경의 『고대 로마의 수필과 노래Essays and Lays of Ancient Rome』도 내가 즐겨 낭송하는 책인데 특히 영웅 호라티우스 코클레스와 그의 부름에 응한 용맹한 전우들이 에트루리아 군대로부터 로마를 지키려 나서는 장쾌한 대목을 좋아한다.

　　이제 양쪽에서 누가 일어나
　　나와 함께 다리를 지키겠는가?

　부모님과 1951년 유럽 일주를 떠났을 때 우리 부녀는 토머스 쿡 앤드 선 여행사*의 가이드를 따라 티베르강 강둑에 올라서서 번갈아 저 구절을 암송했다. 어안이 벙벙해진 가이드가 그러더라. "그 아버지에 그 딸이로군요."

어려서부터 지금까지 시 낭송을 즐기며 살아왔지만 나와 더 잘 맞는다고 느끼는 건 언제나 산문 읽기이다. 아마도 인간과 언어의 리듬과 사회적 관계 같은 것에 우선 마음이 쏠리기 때문인 것 같다. 나의 학창 시절 독서지기 다이애나는 말을 대하는 방식부터가 나와는 달랐다. 그 애는 자연 생태계에 푹 빠져 있었고 말의 리듬만이 아니라 땅의 리듬을 느끼는 직감이 뛰어났다. 감귤나무 과수원을 하는 아버지를 따라다니면서 토양의 침식을 눈으로 보고 관개 시설과 염류화 같은 것이 나무가 심긴 땅을 어떻게 훼손하는지를 배웠단다. 이런 지식과 자연의 요소 하나하나가 다이애나에게 시적 영감을 불러일으켰다.

30년 뒤에 다시 만났을 때도 우리는 시 이야기를 나눴다. 시드니에서 고등학교 동창 몇몇이 모이는 자리가 만들어져서, 옛일도 추억하고 각자 결혼하고 아이 키우고 일하면서 어떻게 지내는지 안부를 나눴다. 다이애나는 유아 교육학을 공부하고 교사로 일을 시작해 어느덧 대학 학장 겸 교육 전문가가 되어 있었다. 감리교 청년회에서 만난 남자와 결혼해서 아이들 낳고 살다가 이혼하고 지금은 새로운 사람과 장거

• Thomas Cook & Son. 1841년에 런던에서 개업한 세계 최초의 여행사.

리 연애 중인데 잘 풀리기를 기대하고 있었다. 모임의 또 다른 이혼 멤버인 메이는 3학년을 마치지 않고 학교를 그만둔 친구였다. 결혼 전에 비행 면허를 취득해서 전시 조종사였던 아버지 옆에서 전쟁 유물로 남은 단발 비행기 복구 작업을 도왔단다. 자식이 다섯이라는데, 독립심이 강한 성격이라 결혼에 매여 있기 어려웠겠다 싶었다.

이혼하지 않은 멤버 중에 이저벨은 여성 잡지 속 라이프 스타일대로 살고 있었다. 완벽하게 가꾼 외모에 사업가 남편이랑 사는데 예술을 전공했지만 줄곧 전업주부로 지낸 모양이었다. 그날 모임에도 운전기사가 차량으로 모셔 왔다 모셔 갔다. 카먼은 하굣길에 나랑 같이 자전거를 타고 재잘거리기 좋아했던 친구였다. 상담 전문가로 일하고 있고, 이혼한 아들 때문에 골치가 아프다지만 학교에서 만났다는 남편 얘기가 나오니 낯빛이 환해졌다. 카먼처럼 사는 게 행복한 결혼 생활이로구나 싶었다. 늘 활발한 수다쟁이였던 제니퍼는 그 모습이 어디 안 가고 이날도 생기발랄하게 자기 얘기를, 결혼 생활보다는 만학도로 성공한 사연을 더 자세하게 풀어놓았다. 그리고 이날 또 한 명의 루스도 참석했다. 우리는 학년이 올라가면서 사이가 멀어졌다가 대학에서 다시 만났고, 그때는 둘 다 연극에 관심이 있었더랬다. 엔지니어 남편과 아들 넷을 키우며 교사로 일하는 무난한 생활을 미주알고주알 들려주는데, 안정된 가정을 꾸리고 사는구나 싶으면서도 오래전 우리가 동경하며 지켜보았던 체리나무 그늘 아래 동화 같은 행렬의 자취는 사라지고 없더라.

에마

소설을 읽을 때도 나는 그 안에서 동화의 자취를 민감하게 잡아내는 편이다. 인간이 처한 현실과 동화적 요소가 어떻게 혼합되는지에 관심이 많아서다. 제인 오스틴의 소설을 자주, 자세히 읽다 보면 이따금 이 작가가 마치 인생이 동화 같은 척 가장한다는 인상을 받는다. 그러나 착시는 착시일 뿐. 오스틴의 인생과 그의 소설만큼 동화라는 게 지속되기 어렵다는 사실을 절절하게 보여주는 사례가 또 있으랴. 부유한 친척집에 입양된 오빠 에드워드의 동화 같은 인생은 열한 명의 자녀를 남기고 떠난 젊은 아내의 죽음으로 슬픈 결말을 맞았다. 친절한 이웃의 조카와 제인 오스틴 본인의 로맨틱한 동화는 가벼운 플러팅 이상으로 발전하지 못하고 흐지부지되어버렸다. 『에마』의 주인공 에마 우드하우스는 어떤가. 예쁘고 영리하고 어머니가 없다는 점은 백설 공주나 신데렐라와 비슷해 보인다. 그러나 다른 한편으로 이 아가씨에게는 재산도 많고, 어머니를 대신해서 오냐오냐 뜻을 받아주는 가정교사도 있고, 딸을 숭배하다시피 하는 아버지도 있다. 오스틴의 동화는 어디까지나 힌트와 암시일 뿐이다. 그가 그려내는 연애와 결혼의 플롯은 또 다른 현실의 서곡인 것이고.

에마 우드하우스, 스물한 살이 될 때까지 괴로운 일이나 성가신 일은 통 모르고 살았다는 이 아가씨가 대학생이 되어 내가 첫 번째로 읽은 오스틴 작품의 주인공이었다. 1949년에 시드니 대학교에 입학한 나는 책을 좋아하는 성향상 처음부터 영문학 공부가 관심사에서 우선순위였고, 그러니 자연히 오스틴과 더욱 진지한 관계로 발전할 수 있었다. 『에마』와 연을 맺어준 헤링 선생님은 첫째 날 본격적인 강의를 시작하기에 앞서 우리에게 이 소설의 첫 문장을 두 번 낭독해주었다. 『오만과 편견』을 읽었을 때의 감정이 되살아나면서 내가 있을 곳을 잘 찾아왔다는 실감이 들었다. 자기 자신을 발견해가는 에마라는 주제로 강의가 진행될수록 나도 이 인물을 발견해가는 재미에 빠져들었다. 헤링 선생님이 이끄는 대로 소설 속의 퍼즐들을 차곡차곡 풀어나갔더니 마침내 소설 전체에 질서와 품격을 더하는 하나의 큰 그림이 만들어졌다. 강의가 끝날 즈음에는 나도 에마가 사는 하트필드에 둥지를 틀고 마을 정경이 머릿속에 지도처럼 그려지더라.

하지만 새로 시작한 캠퍼스 생활의 정경 앞에서는 주눅이 들었다. 나는 원체 방향 감각이 둔한 편이었다. 교실 찾기가 쉬웠던 고등학교의 기억에서 도로와 건물의 그물망 안에 강의실과 극장들이 위치한 확장된 공간으로 위치 설정을 바꾸는 데만도 시간이 걸렸다. 이제 잔디밭과 보행로와 웅장한 건물들이 포진한 광활한 땅덩어리에서 길을 찾아야 하는데, 캠퍼스 쿼드랭글과 그 둘레를 이루는 지붕 덮인 회랑을 벗어나는 순간 동서남북조차 헷갈리는 것이다. 한참 만에 방향을 잡고서야 씩씩하게 사이언스 로드를 따라 내가 주로 강의를 듣는 월리스 극장까지 걸어갈 수 있었다.

200명 남짓한 학생들이 책상과 벤치의 긴 대열들 사이에 끼어 앉아 영어 영문학 강의를 들었다. 빈자리가 없을 때가 많아서 일부 학생들은 극장 뒤편에 서고 일부는 무대와 강단으로 이어지는 층계에 앉았다. 우리는 학자를 지망하는 이질적인 집단이었다. 나처럼 고등학교를 갓 졸업한 열여섯, 열일곱들도 있었지만, 그보다 한참 연배가 높은 학생들도 많았다. 전쟁 종식 이후 대학 교육의 기회가 주어진 마지막 퇴역 군인 출신 입학생들이었다. 그들이 어떤 심정이었을지 내가 어찌 알겠는가마는, 그래도 전쟁으로 인한 쇠잔함의 한편으로 새로운 가능성을 감지하고 있었으려니 싶다. 나부터도 삶에 새로운 맥박이 느껴지고 앞날에 대한 기대감에 가슴이 두근대고 있었으니까. 아무튼 우리는 하나의 공동체로 그곳에 모여서 분주하게 필기를 하면서도 저마다 집중 혹은 사색 때로는 딴짓이라는 자기만의 세계에 빠져 있었다.

처음부터 내 한 주간 수업의 하이라이트는 영문학 강의였다. 영문과에 부임한 최초의 오스틴 전문가 셀마 헤링의 인솔하에 우리는 에마 우드하우스라는 인물의 수수께끼를 해독하고 『에마』의 소설적 완성도를 이해해나갔다. 첫 번째 강의 이후로도 선생님의 낭독은 계속되었고, 나는 이미 그런 방식으로 오스틴을 읽는 것이 익숙했다. 선생님의 낭독은 오스틴의 언어가 가진 우아한 사운드, 단어와 문장을 교묘하게 이용해 독자의 허를 찌르는 오스틴의 기교를 여실히 보여주었다. 주인공이 행복한 것**처럼 보일** 뿐이므로 『에마』를 '가정법 소설'로 볼 수 있다는 선생님의 해석에 나는 절로 고개가 끄덕여졌다. 선생님의 독해에 감응해가며 고등학교 때보다 더 정교하게 작품과 연결되는 데 필요한 기초라면 웬만큼 닦여 있었다. 전부터 문법 과목을 재미있어했던 데다가 고향에서 수년간 발성법 수업을 듣고 언어의 위력을 강화하는 낭독법에 관해서도 어지간히 배워둔 덕분이었다.

오스틴은 엇나가기 좋아하는 습성으로 진득한 책 읽기를 거부하는 인물을 『에마』의 주인공으로 내세우고 있다. 그러면서 한편으로는 독서야말로 무지와 무분별함과 도덕의식의 결여 같은 인간 본성의 과오를 바로잡을 해독제라고 이야기한다. 주인공 에마는 독서의 가치를 인정하면서도 읽겠다고 **마음먹**은 책들의 목록을 작성하는 것 이상으로 열정을 발전시키는 경우가 거의 없다. 에마와 나이 차가 나지만 그녀의 친구이자 멘토이면서 서사가 충분히 무르익으면 결국 그녀의 연인이 될 운명인 나이틀리 씨는 에마의 예전 가정 교사에게 마음먹는 것으로는 부족하다, 어쩌면 다소 제멋대로 뻗어나가는 에마의 공상의 나래를 독서가 바로잡아줄지도 모른다는 견해를 피력한다. 이야기가 전개될수록 과연 에마는 자신에게 유독 타인과 타인의 의도를 이해하는 판단력이 부족하다는 사실을 깨닫는데, 이때 깨달음의 매개는 경험이다. 어떤 인생이든 태반은 의심, 불확실, 실망이 뒤죽박죽되기 마련일 텐데, 큰 틀에서 볼 때 내 경우에는 제인 오스틴의 소설을 읽으면서 그런 것들을 다스리는 치유법을 찾아갔던 것 같다.

결혼도 결혼 나름

유튜브에서 '오스틴 해독제'라는 기치 아래 두 현직 교수가 나누는 대담을 보다가 동화 같은 백년해로의 환상이 어른대는 느낌을 받았다. 두 사람 다 학자티를 내지 않는 데다 둘이 부부라고 하니 기획 자체가 참신해 보였다. 부인인 루저 교수는 하루 하나씩 1년 치의 오스틴 인용문을 모아 『일간 제인 오스틴: 1년 모음집』이라는 작은 책을 펴냈다. 이 책은 오스틴 연구자보다 오스틴 팬들의 입맛에 맞춘 뭇 상품들과는 차별화된 기획으로 양쪽 독자층 모두에게 유용한 매력이 보인다. 책의 서문에는 오스틴 작품의 악명 높은 오인용 문제에 대해 재고해보라는 경고의 말이 실려 있다. 맥락이 전부라는 건 인생이나 소설이나 매한가지다. 이런 사실로 인해 "오스틴 읽기와, 아울러 인용하기가 엄청나게 까다로운 작업"이 된다고 루저 교수는 적는다. "오스틴 글의 어느 문장이든 그것의 효과가 감탄일지 실소일지 개탄일지 판가름하기가 어렵다"는 것이다.

일일 오스틴 모음집에서 결혼에 관한 가장 '아름다운' 인용구를 뽑아달라고 남편 조지 저스티스 교수가 요청했을 때 루저 교수가 내놓은 답변이 꽤나 신박했다. 그녀가 고른 것은 각자의 오만과 편견에서 비롯된 갈등이 해소된 뒤에 엘리자베스 베넷이 다아시에게 건네는 조언이었다. 언제나처럼 당돌한 태도로 "과거를 떠올리려거든 유쾌하게 기억되는 부분만 떠올리라"고 말하는 그 대목. 그런데 이 재치 있는 답변에 나는 순간적으로 양가적으로 반응하며 멈칫하고 말았다.

불현듯 우리 세대 여성들은 그런 조언을 적당히 가려들어야 한다는 자각에 정신이 번쩍 들었다. 우리들 상당수에게는 맨 먼저 떠오르는 기억이 행복한 기억이 아니지 않은가. 사랑이니 결혼이니 하는 것에 품는 초기의 낙관이 결혼 생활의 현실을 만나 호된 시험을 치르는 걸 똑똑히 보았으니 말이다. 나만 해도 행복한 기억을 떠올리려면 멀리 연애 시절로 거슬러 올라가야 할 판이다. 『노생거 수도원』의 캐서린 몰런드처럼 평범하디평범한 아가씨도 주인공이 되려니까 기어이 무슨 일이든 일어나서 눈앞에 남자 주인공이 등장한다더니, 내 인생에도 그런 시기가 찾아왔었다. 치의대생의 모습으로 등장한 이 남자를 나는 캠퍼스 쿼드랭글에서 처음 만났다. 엘리자베스 베넷처럼 웃기 좋아하는 나의 천성과 그의 재치 있는 입담이 잘 맞았더랬다.

나는 이 남자와 결혼해서 거의 70년을 대부분은 가깝게 한동안은 멀찍이 떨어져 살았다. 내 쪽에서는 로맨스가 싹트기까지 진행이 좀 더뎠다만, 막상 시작되니 웬트워스 대령에게 앤 엘리엇이 느낀 감정만큼이나 소중해지더라. 우리 가족 말고는 같이 있는 게 그렇게 편안한 사람은 처음이었다. 그렇게 많이 웃고 그 정도로 사랑받는다고 느낀 적이 없었다. 젊을 때였고, 누가 나를 좋다고 따라다니니 매일매일이 즐거웠다. 시도 때도 없이 웃음을 터뜨리고 같은 꿈을 꾸고 연애 감정이 천년만년 이어질 것 같고 내가 칼자루를 쥔 것 같던 시절이었다. 뜻밖이다 싶을 정도로 태평했던 거다. 그러면서 내가 품고 있던 세속적인 포부들, 십중팔구 연기자가 되거나 아니면 학자가 되리라는 야심들이 차츰 시들해지기 시작했다.

나는 저널리스트 밴스 패커드가 말한 '숨은 설득자들', 다시 말해 심리적 기법을 동원해 대중을 조종하는 광고업자들이 만들어낸 세계에 말려들었다. 그 시대의 '소셜 인플루언서들'이었던 이 업자들이 아내와 어머니로서의 여성의 역

2장 오스틴이라는 해독제

할을 미화하고 결혼이 소녀기의 자연스러운 결말이자 성인기로 가는 관문이라는 관점을 나에게도 '주입'한 것이다. 클리셰이지만, 지나고 보니 '결혼도 결혼 나름'이더라. 클리셰가 대개 그렇듯이 이 말도 뒤늦게 돌아와 속을 할퀴었다. 단지 개인적인 차원의 문제는 아니었다. 종전 이후 생활이 안정되면서 세상은 올드 노멀로 되돌아갔고 젠더 관계를 재조정하려는 가시적인 움직임들이 나날이 후퇴했다. 지금 생각하면 결혼 생활 초기가 일종의 과도기였던 것 같다. 그때 나는 하룻밤 사이에 사랑하는 남자와 함께한다는 기쁨이 아니라 가장에게 순응을 요구하는 현실에 적응해야 했다.

    당시에는 엘턴 씨의 수수께끼와 별반 다를 것 없는 문화적 명제로 뒷걸음질하는 시대적 역행을 거의 눈치채지 못했다. 진작에 제인 오스틴을 읽고 그의 동반자적 결혼관을 흡수했으면서도 정작 결정적인 상황이 닥쳤을 때, 아이들이 태어나고 남편이 가족을 부양하는 때가 왔을 때, 다른 많은 사람들처럼 나 역시 무의식적으로 그 숨은 설득자들에게 굴복하고 말았다. 이들은 모든 잡지책에 잠복해 있었다. 광고에, 고민 상담 칼럼에, 심지어 남편에게 행복을 선사한 여성을 찾아내서 칭찬하는 보도 기사 따위에. 그때는 아니고 나중에 가서 나 자신에게 물어봤다. 엘턴 씨의 수수께끼가 황당무계하다고 큰소리치던 기세는 다 어디로 갔느냐고. 나는 자율과 독립이 당연히 보장되는 것이라고 믿었고 우리 어머니 세대에게는 어림도 없었을 대학 교육을 당연하게 받은 입장이었는데도, 가만 보니 내가 불이익을 당한다는 생각이 들었다. 가장인 남편은 절대적인 자유를 누리는 데 비해 엄마 노릇의 즐거움은 쪼그라드는데 목청 높여 항의하기는커녕 시간이 갈수록 본래의 내 목소리를 유지하는 것조차 힘들어졌다. 억울하다고 따져서 될 일이 아니었다. 정확히 말하면 이건 현실과의 대립이었다. 페미니즘 역사에서 잘못된 쪽에 태어난 자의 굴레라고 해야 하나.

우리 세대 부부들은 상당수가 전업주부 아내와 「매드맨」*에 나올 것 같은 남편의 조합이었다. 그런 결혼 생활에서 캐낼 행복한 기억이라 봤자 많지는 않을 것 같다. 남편들이 업무와 관련이 있는지 없는지 불확실한 심야의 볼일을 마치고 귀가하기를 기다리며 쓸쓸하게 밤을 보냈던 배우자들에게는 더더욱 그렇겠지. 차라리 모르는 게 약이려니 아니면 가정을 지키기 위해 알면서도 모르는 척 평생을 견딘 아내들이 얼마나 많았나.

1950년대와 1960년대, 그 시절 내 주변의 여자들은 하나같이 인생이 던져놓은 예상을 빗나간 패를 받아 들고 그걸 어찌 처리하나 고심하고 있었다. 가까운 여자 친구들 대부분이 대학 교육을 받고 곧바로 결혼을 했다. 자진해서 이혼을

* Mad Men. 1960년대 미국 광고업계를 배경으로 하는 미국 드라마 시리즈.

2장 오스틴이라는 해독제

진지하게 고려하는 사람은 거의 없었다. 어떤 커플은 있는 그대로 그럭저럭 만족하며 사는 듯했고, 어떤 커플은 각자 애인을 따로 두고 알면서도 모르는 척 화통하게 웃어넘겼다. 자식에게 열중하는 여자들도 있었다. 정서적 박탈감에 결국 극단적 선택을 내리는 이들도 있었고.

나와 각별히 친했던 디어드리 같은 경우에는 티끌 하나 없는 집안 살림이나 잊지 않고 가득 채워둔 비스킷 통에 연연하던 생활을 중단하더라. 아이들에게 소홀하지는 않았어도 아이들이 학교에 간 시간을 이용해 교회 활동이나 목사와의 플라토닉한 연애 상상에 열을 올렸다. 다른 친구는 딴 집 남편의 불만족을 달래주는 것으로 자신의 욕구 불만을 보상하기도 했다. 불륜이 원인이었는지 증상이었는지 잘 모르겠지만 사방이 불륜이었다. 전업주부였던 우리는 때로는 전화통을 붙들고 때로는 인스턴트 커피잔을 들고 식탁에 마주 앉아 이런 온갖 가능성들을 수다로 풀어냈다.

나는 기질상 어쩔 수 없는 일부일처주의라는 걸 알고 있었다. 그래서 달갑잖은 생각들을 지워버리고 오전 나절은 집안일로 분주하게 보냈다. 오후에는 아이들이 학교에서 돌아오기 전까지 내 심경을 대변해주는 동시대 소설을 읽었다. 마거릿 드래블의 『맷돌 *The Millstone*』이 좀 더 용감해지라고 나를 자극했다면, 퍼넬러피 모티머의 『펌프킨 이터 *The Pumpkin Eater*』는 1960년대의 내 모습을 더 사실적으로 투영하고 있었다. 모티머의 책 제목은 "피터, 피터, 펌프킨 이터 / 그는 아내가 있었지만 그녀를 붙잡아둘 수 없었네"라는 가사의 구전 동요에서 착안한 것이다. 이 책의 여주인공은 어느 날 런던 해러즈 백화점의 침구류 코너에서 "펑펑 쏟아지는 눈물"로 침대보를 적시고 있는 자신을 발견한다. 아일랜드 소설가 에드나 오브라이언은 "내가 아는 한 여성이라면 누구든 이 책을 읽고 싶어 할 것"이라고 말한 바 있다. 나도 몇 번이나 되풀이해 읽었는지 모른다.

방에서 몰래 훌쩍인 날들도 있었고, 한동안은 유명한 요리 강습을 쫓아다니거나 디너파티를 준비하거나 레시피를 찾아가며 크림과 버터가 왕창 들어간 음식을 만드는 것 따위에 시간을 쏟아부었다. 붉은 벨벳 커튼과 조지 왕조 풍을 흉내 낸 마호가니 가구와 도자기 재떨이들이 테이블에 줄 맞춰 놓인 근사한 다이닝 룸에서 손님들을 접대하곤 했다. 그러는 동안 내가 제인 오스틴의 소설을 외면했던 것은 어쩌면 제인 오스틴과 그가 그려내는 동반자적 결혼 관계가 눈앞의 현실과 너무나 동떨어져 보였기 때문인지도 모르겠다.

어느 결엔가 나는 결혼 공화국의 이등 시민이 되어버렸더라.

내가 보았던 가장 인상적인 공연 중에 결혼의 정절이라는 딜레마를 다룬 여성 일인극이 있었다. 천재적인 모놀로지스트* 조이스 그렌펠이 1963년에 오스트레일리아를 방문했다. 그렌펠이라면 라디오에서 그녀의 모놀로그를 들어도 보았고, 발성법 선생님이 눈을 빛내며 칭송하던 위 연배의 모놀로지스트 루스 드레이퍼와 인척 관계라는 것도 알고 있었다. 듣자 하니 그렌펠의 실력이 한 수 위였다. 두 배우를 놓고 그렌펠의 모놀로그가 "루스 드레이퍼 씨 이래 그 분야 최고이며, 차이가 있다면 드레이퍼 씨의 모놀로그는 너무 길고 그렌펠 씨의 모놀로그는 너무 짧다"고 말한 비평가도 있었다. 특히 그렌펠의 일명 유치원 모놀로그는 명성이 자자했다. 유치원 교사를 연기하는데, 교사 업무에 수반되는 오만 가지 감정들, 인내, 상냥함, 유머, 짜증, 좌절감, 단호함, 억눌린 분노의 중얼거림까지를 목소리에 담아내더라. 이 흥미로운 캐릭터의 면면들을 어느 하나 허투루 넘어가지 않고 미덕은 미덕대로 허황된 망상은 또 그것대로 똑같이 정밀하게 잡아내는 것이다. 관찰과 아이러니한 재현을 특장으로 하는 오스틴적인 재능이 충만한 명연기였다.

가까이 지내던 30대 부부들끼리 우르르 시드니 왕립 극장으로 그렌펠의 공연을 보러 갔다. 중간 휴식 시간 전까지 1부에서는 익숙한 레퍼토리들로 객석을 웃음바다로 만들더니 2부가 시작되자 그녀의 목소리가 달라졌다. 날염 천을 씌

• monologist. 독백극 배우.

운 안락의자에 앉아 페이즐리 스카프로 상체를 감싼 채 결혼 생활의 에피소드를 회고하는 목소리에 아련함이 묻어났다. 연애 시절에는 그렇게 사랑과 기쁨이 넘실대더니 그 이후로는 그렇게 불안하고 쓸쓸할 수가 없었다. 회한이나 울분 같은 감정은 전혀 내비치지 않았다. 커다란 스카프로 어깨를 더 단단히 감싸면서 수용이니 한결같은 애정이니 하는 것들을 이야기할 뿐이었다.

부재의 시간들을 곱씹을 마음은 없다, 하고 사색에 잠긴 여자가 말하더라. 다시금 따뜻한 가정으로 돌아오는 순간을 마음에 되새기고 있다, 하고 말하는 여자가 나는 좀 청승맞아 보였다. 내 남편이나 함께 관람한 다른 남자들은 무슨 생각이 들었을지 궁금해졌다. 그네들은 이 모습을 일종의 허용으로, 심지어 그래도 괜찮다는 긍정으로 받아들였으려나? 저 배우가 연기하는 처량하디처량한 역할을 여자들이 기꺼이 수용한다는 뜻으로 이해했으려나? 여자들의 생각도 알고 싶었다. 지인 중에 실질적인 가장으로 가정을 모범적으로 이끈다고 알려진 여장부 어르신이 떠오르면서 퍼뜩 장면 하나가 머리를 스쳐 갔다. 오후 다과회에 여자들을 한 무리 불러 모아놓고 어르신이 자신만만하게 이야기하고 있었다. 자신은 남편이 '바깥에서' 전채 요리를 먹고 다녀도 감당할 수 있다, 왜냐하면 메인 코스를 먹으러 집에 돌아올 걸 알기 때문이다, 그랬던가. 그저 참고 기다리는 것도 미덕이라는 소리였을까?

공연이 끝날 때는 1부에서보다 박수 소리가 현저히 줄어들었다. 다른 여성 관객들도 나처럼 머릿속이 복잡해지지 않았을까 싶었다. 저녁 식사 자리의 대화는 그렌펠의 연기력에 대한 감상으로 겉돌다가 교사 연기에 담겨 있던 날카로운 관찰과 심리적 통찰이라는 주제로 모아졌다. 2부 메인 공연에 내포된 모호성에 관해서는 아무도 입을 열지 않았다. 집으로 돌아오는 차 안에서 이 공연이 던져주는 쟁점을 남편과 토론해볼까 하다가 『설득』의 화자가 일러준 말을 토대로 결과를 그려보았다. "일반적으로 남편과 아내라는 사람들은 서로 반대해봐야 헛수고일 게 뻔한 상황을 잘 알고 있다." 그 문제는 건드리지 않기로 했다.

재회한 이후로 한동안 다이애나와 나는 갖가지 주제로 대화를 나눴는데, 결혼도 그중 하나였다. 학창 시절에는 친구 사이의 대화라 해도 읽고 있던 책이나 교실의 테두리를 못 벗어났다. 어른이 되어서야 우리가 얼마나 서로 죽이 잘 맞는지를 깨달았던 것 같다. 그래서 동창 모임 외에도 가끔은 둘이 따로 만났다. 나는 그 무렵 영어 교사를 그만두고 세대 간 구술사 프로그램을 기획하는 일에 도전해볼까 생각 중이었다. 교육학자 로즐린 아널드의 『공감 지능』에 따르면 이런 프로그램이 아이들의 학습 의욕을 고취하는 데도 도움이 된다더라, 아널드가 어린 친구들의 수리 감각을 향상시키기 위해 개발했다는 최신 프로그램에도 귀가 솔깃해지더라, 내가 이런 얘기를 하면 다이애나는 차분히 듣고 있다가 맞장구를 치거나 조언을 하곤 했다. 다이애나도 나에게 속 얘기를 털어놓았다. 그녀는 존재의 불가사의에 대한 자신만의 해법을 시 쓰기에서 찾는다고 했다. 직업적으로는 보람 있었지만 개인적으로는 곡절이 많은 삶이었는데 글쓰기에서 영감을 얻기도 하고 위로를 받기도 했더란다.

제인 오스틴 다시 읽기를 시작했을 때는 내가 좋아하는 '결혼에 대한 구절' 몇 가지를 다이애나에게 들려주었다. 전후 세대의 아내들로서 동반자적인 결혼 관계를 기대했건만 "두 사람 모두에게 분명히 이로웠을 결합"의 가능성이 좌절된 것에 우리는 같이 한탄을 토해냈다. 엘리자베스와 다아시 커플의 경우에는 **여자 쪽의** "소탈함과 활달함" 덕분에 남자의 고집이 누그러지고 매너도 나아졌을 것이고, 남자의 "판단력과 박학다식함 덕분에 그녀로서도 훨씬 중요한 이득을 보았을 것"이다. 우리도 그렇게 배우자들의 장점과 단점이 서로 상쇄되는 호혜적 관계가 되기를 기대했다. 우리는 어떤 식의 인간관계에서든 곁다리 취급을 받는 것은 억울하지 않느냐며 같이 분통을 터뜨리다가 그래도 불평등한 결혼 생활에 엄마들이 반기를 들어야 장차 딸들에게 득이 될 거라고 의기투합했다. 샬럿 루커스는 결혼 생활의 행복을 "다 운수

소관"으로 받아들여야 한다고 믿었는지 몰라도 다이애나와 나는 전혀 아니었다.

다이애나는 인생의 두 번째 인연을 오래도록 이어가고 싶어 했다. 슬프게도 이 소망은 2010년부터 그녀의 기억력이 흐려지기 시작하면서 물거품이 되어버렸다. 마지막으로 시드니에서 만났을 때 나는 시청역까지 따라가서 그녀가 기차를 맞게 타는지 확인해야 했다. 장소 감각과 방향 감각이 현저히 저하되고 있었다. 그로부터 얼마 지나지 않아 그녀가 시드니를 떠나 딸이 살고 있는 멜버른으로 가게 됐다는 소식을 알렸다. 편지 안에 자작시 한 편이 들어 있었고, 제목은 '브레인'이었다.

전에는 굳건했지
중요한 것들을 걸어두는

단단한 못.
낡은 생각들을
되새기고 되비치는
밑받침.

수집된 증거의 확실한 자원
사라지지 않는 나의 일부,

시도하고 시험한 생각, 신념, 이론,

능숙한 동작, 잘해낸 일들,

나를 하나로 지탱하는 것들.

요즘 좀 흔들리나?

이런 인생을 살았기에 다이애나가 학생들의 듬직한 안내자가 되었구나, 시를 따로 보관해두다가 그런 생각이 들었다. 다이애나에게는 시인 W. B. 예이츠가 길잡이 같은 인물이었다고 들은 적이 있다. 한번은 사랑을 기원하는 자신만의 주문이라며 예이츠의 「그는 하늘의 천을 원하네He Wishes for the Cloths of Heaven」의 마지막 행을 나에게 읊어주었다.

그대 발아래 내 꿈을 깔았으니,

사뿐히 밟으소서, 그대 밟는 것 내 꿈이리니.

늙어가는 처지에 마음만은 여전히 로맨틱한 우리는 동시에 한숨을 내쉬었다. 병세가 진행됨에 따라 어쩔 수 없이 망각의 조각들이 그녀의 삶을 침범하겠지만, 시 쓰기가 망각에 맞서는 해독제가 되기를, 그녀의 편지를 받고 나는 소망했다.

읽기도 읽기 나름

2017년 런던 교외의 바클리스 은행 지점 앞 보도에서 줄을 서서 기다리다가 내 인생에서 오스틴의 소설이 갖는 치유력을 재삼 곱씹어볼 기회가 있었다. 운이 좋으려니, 영국은행에서 제인 오스틴의 초상이 담긴 역사적인 10파운드 지폐를 발행했을 때 나는 마침 런던에 있었다. 성인이 된 뒤로 주로 런던에서 생활하는 아들아이를 보러 간 참이었다. 횡재를 만난 심정으로 나는 은행 앞에서 후대에 물려줄 지폐를 구입하려고 참을성 있게 기다리고 있는 아마추어 화폐 수집가들과 오스틴 팬들의 긴 행렬에 끼어 섰다. 그러다가 내 앞에 선 여자와 말을 섞게 됐다. 이이는 오스틴의 소설은 안 읽어봤지만 유명 작가의 초상이 들어간 신종 은행권은 투자 가치가 있다고 생각했단다.

책으로는 아니어도 오스틴 소설을 각색한 TV 시리즈를 여러 편 봤다는 이 말동무께서 원작과의 차이점을 꼬치꼬치 캐물었다. 지금 그날 대화를 회상하다가 마사 로이드라는 제인 오스틴의 친구가 떠올랐으니 이 말동무를 마사라고 부르겠다. 혹시 그날 이후로 이이도 마사처럼 오스틴의 열혈 독자가 되었을지 누가 아나. 이이는 오스틴 소설의 대체 어떤 점이 나 같은 독자들에게 그토록 중요한지, 굳이 줄을 서면서까지 이 지폐를 사려는 이유가 무엇인지 알고 싶어 했다.

내 대답은 이러했다. "뭐랄까, 이 지폐를 갖고 있으면 우연과 우연이 만난 정말 근사한 스토리가 두고두고 생각날 거예요. 제인 오스틴이 어렸을 때 짧은 운문으로 수수께끼를 지었거든요. 두 개의 음절을 붙여서 단어를 만드는 문제였는데, 문제의 정답이 바로 '지폐bank-note'였어요. 오스틴은 그 시절에 유행하던 품행서들이 썩 탐탁지 않았나 봐요. 그래서 매너를 논하기에 더 영리한 방법을 궁리해낸 거죠. 돈만 보고 결혼하는 아가씨는 결혼할 자격이 없다, 이런 의미가 그 수수께끼 안에 담겨 있어요. 결혼과 돈의 관계는 오스틴의 단골 주제랍니다."

"그러니까 지폐를 보면서 그런 우연을 떠올리려고 사두신다고요?"

"맞아요, 그것 말고도 하나 더 있어요. 1803년에 제인 오스틴이 『수전』이라는 원고를 출판업자에게 팔았거든요. 여러 해가 흘렀는데도 책이 출간이 안 됐어요. 오스틴이 세상을 떠난 게 겨우 마흔한 살 즈음인데, 죽기 얼마 전에 오빠인 헨리가 흥정 끝에 원고를 되사 와요, 그것도 오스틴이 받았던 원고료와 똑같은 가격 10파운드에 말이죠. 그런데 이제 여성 최초로 10파운드 영국 화폐에 오스틴의 초상이 실리잖아요. 이런 우연의 일치라면 돈 주고 살 만하죠."

마사가 웃었다. "좀 웃픈 사연이네요."

이때쯤 우리 뒤쪽의 젊은 커플이 자진해서 대화에 끼어

들었다. 웬일로 남자 쪽이 더 적극적이었다. 이이는 학교 다닐 때 『에마』를 정말 재미있게 읽었단다. 오스틴이 가장 좋아했던 오빠가 헨리였으니, 그를 헨리라고 하자.

"『에마』를 읽고 나서 『오만과 편견』에 도전했는데, 그 작품도 못지않게 좋았어요. 둘 중에 어느 쪽이 더 좋으세요?" 헨리가 나에게 물었다.

"솔직히 우열을 가리긴 힘들어요." 내가 대답했다. "각각 다른 이유로 두 작품 다 좋아하거든요. 오스틴 독자들한테 물어보면 많이들 내가 지금 읽고 있는 책이 내가 제일 좋아하는 작품이라고 말해요. 차라리 각각의 작품에서 어떤 부분이 제일 좋은지는 얘기할 수 있겠네요. 『오만과 편견』에서는 주인공이 남의 마음을 읽는 법을 배우고, 『에마』에서는 주인공이 자기 마음을 읽는 법을 배워요. 잘 읽는 것이 왜 중요한지 각각 다른 측면에서 보여주는 것 같아요. 이제 지폐가 나왔으니 제인 오스틴이 전부 읽기에 대한 이야기다라는 건 온 동네가 알게 되겠네요. 새로 발행된 지폐에 이런 문장이 있거든요. '독서만큼 재미있는 것은 없다.'"

"딱 맞는 말이네요!" 마사가 감탄했다.

나는 어깨를 으쓱했다. "그렇다기에는 문제가 좀 있어요. 소설에서 이 말을 하는 건 눈독 들인 남자에게 잘 보이려고 책을 좋아하는 시늉만 하는 인물이거든요."

마사의 눈이 휘둥그레졌다.

"그렇다면 누가 고른 건진 몰라도 크게 실수한 거 아닌가요?"

"맞아요, 그렇기는 한데 아이러니하게도 실수에 관해서는 또 제인 오스틴이 일가견이 있었어요."

헨리가 말을 받았다. "예전에 우리 선생님도 그 점을 강조하길래 내가 놓치고 지나친 실수를 모조리 찾아내려고 『에마』를 다시 읽었어요."

"그거 참 잘했네요." 내가 그에게 말했다. "우리가 지금 읽기에 대해 말하고 있지만, 오스틴 소설을 이해하는 진짜 비결은 다시 읽기니까요."

"자, 그렇다면 저처럼 그 사람 책을 전혀 읽지 않은 사람을 위해서 간단히 한말씀 해주신다면," 마사가 질문을 던졌다. "오스틴의 소설을 읽는 게 영화를 보는 것보다 낫다는 걸 어떻게 설득하시겠어요?"

나는 잠시 생각을 가다듬었다. "아무래도 독서의 장점은 스스로 생각하게 만든다는 점이겠죠. 영화에선 감독과 배우들이 대신 생각해주는 게 많잖아요, 그 사람들은 비평가의 견해 같은 것을 분석하고 심지어는 영화에서 그걸 앞세울 때도 있고요. 그러니까 원작을 안 읽으면 남들이 이해한 걸 얻는 걸로 끝이에요. 하지만 책을 정독하면, 특히 헨리가 한 것처럼 다시 읽기를 하면, 두뇌에 자극이 오면서 이야기 안의 숨은 의미를 알아내야 한다는 도전 의식이 생기죠. 또 소설을 내 인생에 비춰서 해석해볼 수가 있어요. 나한테 가치 있는 게 뭔지, 나한테 우정이 뭔지, 내 주변 사람들의 소중함에 대해서도 생각하게 해주죠. 내 생각에 독서는 두뇌 활동을 더 활발하게 만들어요, 권태를 물리칠 진정한 해독제랄까요!"

이때쯤 되니 우리가 대기 줄의 맨 앞에 와 있더라. 각자 지폐를 구입하고서 뿔뿔이 헤어졌다.

헨리 제임스는 오스틴의 소설을 회의적인 눈으로 읽은 인물들 중 하나이다. 하지만 그의 여주인공들은 오스틴 소설의 캐릭터 변화에 신세를 톡톡히 지고 있다. 『여인의 초상』에서 이저벨 아처가 하는 열에 들뜬 한밤중의 사색은 다아시의 편지를 읽고 엘리자베스 베넷이 하는 좀 더 침착한 사색의 비극적 유사체가 아닌가. 그런데도 제임스는 조지 엘리엇에 대해서는 통찰력이 풍부하게 평한 데 비해 제인 오스틴에 대해서는 플롯부터 뭣 하나 제대로 읽어내지 못하고 칭찬하는 척 외려 헐뜯는다. 오스틴 책의 판매가 되살아나 슬며시 배가 아팠나. "재미있는 제인" 운운하며 오스틴을 얕잡아보고 오스틴의 여주인공들을 "사고방식이 평범하고 편협"하며 "속물근성이 지독한 아가씨들"이라고 폄하하다니 기가 찰 노릇이다.

제임스의 1905년 에세이를 보면, 1871년에 출간된 오스틴 일가 회상록에서 정원 일 하는 오스틴이나 바느질하는 오스틴 같은 가정적인 이미지를 가져다 요목조목 써먹는다. 오스틴의 "가벼운 행복감"에도 불구하고 "오스틴을 읽고 나면, 그의 집필 과정이라든가 그런 감정을 갖게 된 경험에 대한 궁금증이, 정원 나뭇가지에서 제 이야기를 재잘거리는 갈색 개똥지빠귀에 대한 궁금증보다 별반 크게 남지 않는다"나 뭐라나. 그 정도가 여자들의 능력치인데 오다가다 예상 외로 쓸 만한 결과가 얻어진다는 말처럼 들린다. 오스틴의 평판에 흠집이 가지 않도록 가족들이 투사한 여성적인 이미지들 가운데 제임스가 고르고 고른 것이 그녀의 반짇고리와 꽃무늬 자수인데, 그걸 한참 들여다보다가 급기야 빠뜨린 바늘코가 오스틴이 보여주는 "인간의 진실에 대한 가벼운 터치, 언뜻 비치고 마는 확고한 비전, 상상력의 자잘한 기교"와 닮아 있음을 발견하기에 이른다.

    이런 식의 얕잡아보는 어조는 우리 세대 여자들이 남자들 특히 남편들로부터 많이 들었던 소리다. 여자들이 세상살이나 인간관계를 보는 시각을 지나치게 여성스럽고 지나치게 이상주의적이고 현실성이 결여된 것으로 치부한 것이 어제오늘 일인가. 여자들이 깊이 공감하는 인생 드라마는 멜로드라마라고 비웃지 않나. 혹시 내가 지금 제임스의 모욕에 대한 반발심에 지나치게 오스틴을 두둔하고 나서는 건가. 사실 오스틴은 두둔해줄 필요가 없는 작가이다. 어쩌면 제임스의 발언에 대해서 굳이 왈가왈부하지 않아도 괜찮겠다. 가벼운 터치며 어른대는 비전이며 자잘한 기교 같은 말들이 그것들 나름대로 의미하는 바를 가만히 놓고 보면, 고금을 막론한 인습이나 현실에서 벌어지는 과잉과 허영과 위선에 대한 해독제라는 의미에 다름 아니니까.

우리가 읽은 모든 것이 우리 두뇌의 아카이브에 차곡차곡 쌓인다는 것, 거기에 독서의 묘미가 있다. 나는 신기하게도 독서의 기억이 난데없이 수면 위로 올라와 임의의 현재 어느 순간과 연결되곤 한다. 제인 오스틴의 엘리자베스, 베넷 일가, 결혼 이야기를 읽다가 마거릿 드래블과 퍼넬러피 모티머의 시공간으로 들어가는가 하면, 그레이엄 스위프트와 『머더링 선데이』의 여운에 젖어들다가 문득 헨리 제임스의 이저벨 아처와 비교하게 되고, 그러다가 다시 나 자신을 돌아보고 내 인생의 희비고락을 반추하게 되더라. 읽고 있는 책의 논리적 맥락을 찾으려다가 이런 골치 아픈 일에 휘말리고 마는 것이 독서이다. 그래서 많은 이들이 책을 읽으면서 나름대로 자기 인생 스토리도 이해하고 자기 삶과 타협점을 찾아가는 것이다.

이런 식으로 책을 읽어서 그런가 가끔은 내가 태어날 때부터 소설을 손에 쥐고 있었나 싶다. 이제 나는 소설을 통해 요샛말로 일종의 '롱 폼 픽션'으로서의 내 삶을 다시 읽어볼 작정이다. 인터넷 세대 젊은이들은 앞으로 트위터나 문자 메시지보다 긴 글은 아예 못 읽게 될지도 모른다던데, 그런 우려가 사실이 된다면 수많은 오스틴 독자들이 간증하는 지혜와 위로를 발견할 기회조차 놓치는 셈이니 안타까워 그 노릇을 어쩌나.

3장

『오만과 편견』: 명과 암

나의 별거 아닌 별일들 중에
어느 것부터 말해줄까?

제인 오스틴
커샌드라에게 쓴 1808년 6월 15일 자 편지에서

마음의 일사병

오빠가 다섯 살이 됐을 때 부모님이 생일 파티를 열어주었다. 손님 초대는 어머니의 예민한 신경에 극약이나 다름없는지라 우리 집에서는 거의 일어날 수 없는 이벤트였다. 하지만 아버지의 장기 해외 연수를 마치고 부모님이 얼마 전에야 돌아오셨기 때문에 아마 부모 없이 견딘 여섯 달에 대한 특별한 보상이었지 싶다. 파티를 연다니 오빠는 좋아서 어쩔 줄을 몰랐다. 흥분을 주체 못 하고 예루살렘의 외조부모가 올리브나무로 조각해서 보낸 아름다운 낙타 대상 장식을 그릇장 위에 떡하니 진열해놓고 한껏 친구들의 부러움을 자아냈다. 정원 놀이와 베란다 탁자 위에 수북한 간식까지 파티는 오빠의 로망 그 자체였다. 해가 뉘엿뉘엿 지고 손님들이 떠나고 나서 보니 낙타들도 손님들을 따라 사라져버렸더라. 순간 그 눈부신 하루의 기억 위로 툭 그림자가 드리웠다.

이런 선명한 대조를 제인 오스틴보다 잘 아는 소설가를 나는 본 적이 없다. 오스틴은 인간의 경험에 깃든 빛과 그림자를 마치 인생 그 자체처럼 매끈하게 엮는다. 세월이 쌓여 이런 분명한 인식이 생긴 뒤에 돌아보니 내 삶의 빛과 그림자를 수용하고 거기에 적응하는 데에 책이 얼마나 도움이 되었는지 모르겠다. 오스틴 소설 중에서 제일 빛이 쨍해 보이는 작품으로 말하자면, 여주인공의 낙천성이 매력적인 『노생거 수도원』에도 애착이 가더라마는 그래도 역시 『오만과 편견』이겠지.

볕도 들고 그늘도 지는 나 혼자만의 집에서 『오만과 편견』의 생기발랄한 결혼 플롯을 다시 읽을 때는 읽다가 떠오르는 사람들, 사건들 사이를 생각이 마음껏 헤매 다니도록 풀어놓았다. 엘리자베스의 지혜 찾기와 남편감 찾기가 결국은 같은 이야기라는 게 이번에야 제대로 이해가 되더라. 저변의 그림자를 살려둔 채 소설적인 광채를 덮어 통속 연애극을 재해석하는 오스틴의 비상한 관찰력을 고스란히 느낄 수 있었다. 그림자 없는 태양은 밤 없는 낮과 같구나, 그랬다가는 마음의 일사병에 걸려서 감정의 방향감을 상실하게 되겠구나, 이 소설을 다시 읽으며 이런 생각이 들었다.

이를테면 카린처럼. 유년기 기억에서 그늘을 지우고 혹독한 대가를 치러야 했던 나의 성인기 친구. 우리는 아이들이 시드니 노스쇼어의 루돌프 슈타이너 스쿨*에 다닐 때 학부모로 만났다. 카린은 보고만 있어도 사랑스러운 자그마하고 우아한 여자였다. 어려서 꿈꾸던 친구를 드디어 만났다 할 정도로 카린과는 서로 흉금을 터놓는 사이가 되었다. 그때 마침 그녀가 문학 교사가 되려고 준비 중이라 책 이야기도 많이 나눴다.

카린의 어릴 때 장래 희망은 의사, 다음은 음악가였다. 시드니 음악 대학 중등 과정에서 오보에를 전공했지만 졸업과 동시에 집에서도 벗어나고 싶더란다. 그래서 2년제 비서 양성 전문학교에 들어갔는데 거기서도 공부를 곧잘 해서 곧바로 비서 일자리를 구했다. 그러다 결혼하고 아이를 낳았지만 딸이 태어나고 얼마 지나지 않아 이혼했다. 우리가 알고 지낸 몇 년간 그녀는 쉬지 않고 연애를 했는데 번번이 황홀하게 시작해서 환멸로 끝이 났다.

카린이 늦깎이 대학생이 되면서 가끔 그녀의 과제에 대해 같이 논의할 때가 있었다. D. H. 로런스의 연작 소설『무지개』에 등장하는 여성들의 복잡 난해한 관계와 정염, 이런

---

* 유치부에서 초중등 과정까지 교육하는 발도르프 대안 학교.

주제로 토론을 벌이는데 서로 생각이 달라도 너무 달랐다. 오스틴의 여주인공들이 내 기질과 맞는 것처럼 카린의 기질에는 로런스의 구드룬과 어설라가 잘 맞는 모양이었다. 사랑에 빠진다는 건 물불 안 가리고 욕망의 대상을 추구하게 만드는 불가항력 같은 것이라고 카린은 말하더라만, 그런 사랑 철학에 동조하지 않으니까 오스틴의 패니 프라이스나 내가 점잔 뺀다는 소리를 듣는 것이다. 하지만 패니 프라이스가 메리 크로퍼드의 견해에 동조하지 않고도 그럭저럭 친구가 되었듯 카린과 나도 우정에 위협이 됐을 법한 함정을 용케 비켜 갔다.

카린의 유년기는 곡절이 많았다. 부모님이 별거하고, 유대인이었던 아버지가 카린의 언니를 납치하다시피 영국으로 데려가는 바람에 카린은 독일에 남겨졌다. 비유대계였던 어머니는 나치 인종법 아래서 카린이 위험에 빠지리란 걸 알아차렸다. 오스트레일리아에 있는 카린의 삼촌이 마련한 이민 비자로 모녀는 오스트레일리아로 건너왔다. 영국으로 간 큰딸은 훗날 유명한 배우가 되었다더라. 오미,* 카린의 친구들은 손녀를 본 카린의 어머니를 이렇게 불렀다. 오미는 큰딸을 잃은 슬픔을 평생 가슴에 품고 살았고, 카린은 어머니에게 선택권이 있었다면 언니 말고 자기를 보내지 않았을까 하

• Omi. 할머니를 뜻하는 독일어.

는 의구심을 평생 곱씹고 살았다.

직업적 성공에 한 발짝 한 발짝 가까워지고 있었는데 어느 순간 그녀의 삶이 무너져 내리기 시작했다. 초조감, 불안, 공황 발작, 자신감 상실에 시달리다가 정신과 의사를 찾아갔더니 의사가 그간 살아온 얘기를 해보라고 했겠지. 오미와 보낸 유년기를 그녀가 어떻게 서술했을지 짐작이 간다. 나도 들었으니까. 상상 놀이, 자연 산책, 콘서트, 미술관 그런 것들. 의사의 반응은 그녀를 혼란에 빠뜨렸다. 의사가 한 말을 그대로 옮길 때 그녀의 괴로움이 고스란히 전해졌다. "아동기 삶에서 행복한 부분만 말씀하시네요. 그늘도 있었을 텐데요?"

나는 카린만큼 놀라지 않았다. 아버지가 언니를 데려간 결정이 그녀에게 정말 아무런 타격을 입히지 않았느냐고 몇 번인가 묻기도 했으니까. 그럴 때마다 카린은 상관없는 문제라고 일축했다. 아버지가 언니를 선택함으로써 자기를 버렸다는 식으로는 생각한 적 없다, 그 일이 마음에 걸렸던 적은 한 번도 없다, 그런 암묵적인 의미였다.

인생의 그늘을 부인함으로써 카린의 고통이 덜어졌는지도 모르겠다만 거기엔 혹독한 대가가 따랐다. 그녀는 성장하는 내내 슬픔을 깊숙이 파묻어놓고 끄집어내기를 거부했다. 고통은 인간의 조건과 떼려야 뗄 수 없건만 그 고통의 경험에 저항하느라, 그러면서도 사회생활을 가로막는 신체적 정

3장 『오만과 편견』: 명과 암

서적 증상들을 겪어내느라 남은 평생을 몸부림쳤다. 빛과 그림자가 어우러진 게 삶이거늘 끝내 그것을 거부하려니 판단이 흔들릴밖에. 주변을 행복하게 하는 일에 정성을 다했던 사람, 내 삶에도 빛을 전해준 사람이 정작 자신은 우울에서 헤어나오지 못했다. 결국에는 살아갈 가치가 없다는 결론에 이르렀고. 제인 오스틴의 소설에는 카린의 이야기가 들어설 자리가 없겠지만, 내 가슴속에는 비극으로 박혀 있다.

경쾌하고 밝고 반짝거리는

제인 오스틴이 스물한 살이었던 1797년, 장차 그의 어엿한 완성작이 될 소설의 초고를 듣기 위해 저녁이면 가족들이 한자리에 모였다. '첫인상'이라는 제목의 이 원고에서 충분히 깊은 인상을 받은 제인의 아버지는 자비로라도 출판할 기회를 찾아 나섰다. 미개봉 상태로 원고가 반려됐을 때 온 가족의 실망감이 이만저만 아니었을 것이다. 그로부터 14년 뒤 아버지가 돌아가시고 어머니와 자매는 집 없는 떠돌이 신세로 수년을 고생하다가 제인의 오빠 에드워드가 마련해준 보금자리에 안착했다. 에드워드의 영지에 딸린 초턴이라는 소박한 집에서 제인은 기존 원고를 고쳐 썼다. 그리하여 『첫인상』이 처음의 제목을 버리고 『오만과 편견』이 되었던 것.

어디를 어떻게 고쳤는지는 분명하지 않지만, 바뀐 스토리는 하트퍼드셔를 주 배경으로 젠트리 계급의 하층부에 속하는 베넷 일가의 생활에 초점을 맞춘다. 처음 이 시나리오를 접하고 우리 가족에게 대입해봤는데, 우리가 베넷가처럼 마을의 중심축이 아니라는 정도는 나도 알 만한 나이였다. 나는 다섯 자매의 둘째인 엘리자베스와 그녀보다 사회적 지위가 월등히 높은 다아시 씨의 로맨스에 열광했다. 사회적 지위는 낮아도 지적으로는 우월한 여자 주인공이 여자 쪽 집안보다 고매한 품격을 자부하는 남자 주인공의 오만함을 휘어잡는 폼이 어찌나 멋지던지. 여자 주인공에게도 결점이 있다는 건 나중에야 발견했다. 논쟁의 소지가 있는 상황에서 올바른 판단의 근거가 될 만한 증거를 참작하지 않고 속단하는 경향, 즉 편견이라는 결점.

마침내 1813년에 소설이 출간되었는데, 그에 얽힌 일화를 들을수록 작품의 신비감이 더해지는 느낌이다. 오스틴은 언니 커샌드라에게 편지로 갓 출간된 책의 도착을 알리면서 "어여쁜 내 새끼"가 왔다고 적는다. 그녀가 그 뒤에 이어 쓴 문장들은 학문적 논쟁의 사안이 되었을 뿐만 아니라 일반 독자들 사이에서도 꾸준히 회자되고 있다.

이 소설은 지나치다 싶을 만큼 경쾌하고 밝고 반짝거려. 그늘이 좀 부족해. 여기저기를 좀 더 늘리면 좋겠는데, 길게 한 챕터 정도 넣을 수만 있다면 줄거리와는 상관없이 뭔가 이치에 닿는 내용으로, 엄숙하고 그럴싸한 헛소리는 말고 (…) 아니면 전반적인 스타일에 담긴 장난기, 풍자성과 대조를 이루면서 독자들에게 더 큰 재미를 줄 만한 것이라면 좋겠지.

작가 자신의 이런 평결은 세심한 독자들의 호기심을 자극해왔다. 이 말의 진의가 뭘까? 단순히 당대 작가들을 패러디한 것일까? 혹은 진심 어린 자기비판으로 읽어야 하나? 이런 식의 독해를 제안했던 오스틴 연구자 Q. D. 리비스는 1957년판 『맨스필드 파크』 서문에서 오스틴은 『오만과 편견』 같은 성공이 "되풀이되길 원치 않았을 것"이라고 말한 바 있다. 아니면 오스틴의 세계관에 암울하고 심원한 아이러니가 깔려 있다고 줄기차게 역설해온 21세기의 소설가 겸 독서가 힐러리 맨틀이 이 평결의 함의를 더 정확하게 잡아냈다고 봐야 하나? 나는 이것을 현실의 명암을 진실하게 전달하고자 하는 숨은 의도를 주목하게끔 유도하는 일종의 가짜 자기 비하로 읽고 싶다.

오스틴의 밝고 반짝거리는 이 소설이 새삼 놀라운 건 당시 사회상에 대한 예리한 관찰과 묘사에 동화적 요소가 혼재돼 있다는 점이다. 작가 얼레그라 굿먼은 이 작품을 다시 읽다가 사회적 풍자만이 아니라 저속한 어머니와 미련한 자매들을 극복하는 신데렐라형 엘리자베스 베넷을 발견했다며 책에 찬탄을 아끼지 않는다. 굿먼은 가족의 상실을 애도 중이었고 최대한 명랑한 기운이 필요했을 때 이 책을 다시 읽었다지.

다시 읽기가 천성인 나 같은 사람은 『오만과 편견』에 대한 내 반응의 변천사를 따라가면 나의 성장 과정이 추적될 정도다. 시기가 바뀔 때마다 내 독서가 집중적으로 조명하는 나와 내 주변의 부분들이 달라지더라. 어느 정도는 나의 내면과 인간관계에서 무슨 일이 벌어지느냐에 따라 무엇이 텍스트에서 솟아 나와 한동안 내 상상에 머물 것인지가 달라지니까. 『오만과 편견』과 나의 관계를 완벽하게 대언히는 인물을 나는 19세기 작가 윌키 콜린스의 『문스톤』이라는 소설에서 발견했다. 영국 문학사상 최초의 탐정소설로 일컬어지는 이 소설에는 여러 화자가 등장하는데, 그중 게이브리얼 베터레지라는 이가 『로빈슨 크루소』와 자기의 관계를 이렇게 설명한다. "나는 그 책을 수십 년째 펼친다. (…) 인생살이에 없어서는 안 될 온갖 것들이 있지만 어려울 때 내 곁을 지키는 친구는 바로 이 책이다. 기분이 나쁠 때에는—『로빈슨 크루소』가 있다. 조언이 필요할 때에도—『로빈슨 크루소』다. (…) 지금껏 내 치다꺼리로 내 손에서 닳아 떨어진 두툼한 『로빈슨 크루소』가 벌써 여섯 권이다."

게이브리얼의 말인즉슨, 어떤 책들은 읽는 순간에 우리에게 필요한 것이 무엇이든 그걸 내줄 수 있다는 것이다. 이 남자의 담백한 말 속에 나와 『오만과 편견』의 관계가 잘 표현되어 있다. 이 책이 나에게 든든한 벗이 된 사정도 설명되어 있고. 내가 이 책을 몇 번이나 읽었을까? 나는 횟수를 정확히 꼽기가 어려운데, 얼레그라 굿먼은 『펨벌리 사전 방문』이라는 에세이에서 아홉 살부터 시작된 읽기와 다시 읽기의 기억을 일일이 소환하더라. 굿먼은 그것을 "주름 잡힌 옷감처럼 텍스트가 때에 따라 다른 부분의 무늬들을 드러내는" 펼쳐짐의 과정이라고 묘사한다. 책을 새로 펼칠 때마다 텍스트의 접힌 모서리 안에서 지난 기억과 경험을 발견하는 사람이 나 말고도 많은가 보다.

사춘기

열다섯 살에 『오만과 편견』을 처음 읽고 내 삶은 빛으로 환해졌다. 방에 앉아 책을 읽다 보면 오스틴의 언어가 머릿속에서 음악이 되어 울렸다. 그 우아한 소리는 이따금 부모님이 터뜨리는 언쟁의 소음에서 나를 구해주었다. 사춘기에 접어든 나는 베넷가 딸들한테서 편안한 자매애 같은 걸 느꼈다. 엘리자베스 베넷과 나를 동일시한다는 건 당치도 않았지만, 그녀는 내가 그렇게 되기를 바라는 모델이었고, 최소한 친하게 지내고 싶은 부류의 여자아이였다. 그 시절 내가 원하고 필요로 한 것은 우정이었다.

돌이켜 보면 이 책을 처음 읽고 장차 어른의 미래도 나쁘지 않겠다는 희망이 생겼으니 나한테는 은인 같은 책이다. 나는 소설 저변에 흐르는 긴장보다는 롱본의 생동감 있는 삶이 인상 깊었다. 사춘기에 흔히 찾아오는 불안정과 불안감 앞에서 의연해져야 한다고 생각했다. 내 삶을 맴도는 그림자에 대해서 깊이 고민할 준비는 아직 안 되었던 거다. 천성적으로 웃음이 많다는 점 하나는 엘리자베스 베넷과 닮은 점이었다. 엘리자베스는 "어리석고 어이없는 작태나 변덕스럽고 앞뒤 다른 언행이 주는 재미"가 분명히 있다며 "기회가 있을 때마다 비웃어준다"고 인정하지 않나. 베넷 부인과 미련한 동생들을 비웃어주는 건 나한테도 달가운 기분 전환이었다.

오스틴의 여주인공 때문에 책을 읽으면서 그녀의 삶과 내 삶을 비교하느라 오락가락하는 독서법이 길러졌다. 감정과 생각이 자꾸만 이야기에서 내 경험과 기억으로, 그랬다가 다시 이야기로 흘러갔다. 소설의 기저에 깔린 복잡성은 놓치고 지나갔을지 몰라도 엘리자베스의 이야기를 읽노라면 내가 의식하지 못했던 감정과 생각이 깨어났다. 책을 읽을수록 사랑과 인생에 대한 여자로서의 직관 같은 것이 확실하게 형성되고 있었다.

아이 적에는 책 속의 주인공 소녀들이 내가 사는 세계보다 더 재미있고 활기찬 다른 세계로 나를 데려다주리라고 기대했다. 초록 지붕의 앤, 빌라봉의 노라, 그리고 『세븐 리틀 오스트레일리언』에서 나를 웃기고 울렸던 주디, 이들을 쫓아다니긴 했는데 얼마나 깊게 교감했는지는 모르겠다. 아마 『작은 아씨들』 시리즈의 조 마치를 제외하면 어떤 캐릭터도 오스틴 같은 독서 경험을 안겨주지 못했던 것 같다. 오스틴의 소설에는 인간다움의 의미가 무엇인가, 삶의 방식을 선택하는 용단에는 어떤 결과가 따르는가, 이런 질문에 대한 탐색이 담겨 있다. 그것이 식지 않는 인기의 비결이 아닐까.

『작은 아씨들』을 집필한 올컷의 가족은 초절주의 철학자 랠프 월도 에머슨이 이끄는 사상 공동체의 일원이었다. 에머슨의 영향은 작가를 지망하는 조 마치에게 스며들어 있다. 조는 사회적 구속을 의심쩍어하는 인물이다. 몸으로 행동한다기보다는 글쓰기 행위를 통해서 사회의 제약에 도전하고 경계를 넘어선다. 오스틴도 마찬가지다. 미국의 사회 참여 지식인 코넬 웨스트는 오스틴의 시들지 않는 매력의 원인을 이렇게 꼬집는다. 오스틴은 시대의 산물이지만 이야기를 예술로 탈바꿈하는 탁월한 능력으로 자신이 살았던 시대를 초월해 모든 시대와 결부된 픽션을 창조해냈다는 것.

의미는 다르지만 나 역시 시대의 산물이었다. 그 시절에는 성장은 사실상 결혼을 위한 준비 과정이나 다름없었다. 이건 남녀 모두에게 해당하는 얘기였지만, 남자들이 행여나 이 문제를 여자들처럼 길게 고민했을까. 영화도 잡지 기사도 결혼이야말로 여주인공의 이상적인 '해피 엔딩'이라고 입을 모아 선전했다. '천생연분'이라는 슬로건이 무한 반복되어도 아무도 코웃음치지 않았다. 21세기였다면 어림없는 일이지. 시장에 넘쳐나는 값싼 일회용품들과 다르게 결혼은 지속성이 영구적일 거라더라. 하나 비록 시대의 산물이었어도 나는 스스로 생각을 키워가던 사춘기 소녀였고, 오스틴이 제시하는 덜 순응적인 여성상을 알고 있었다. 엘리자베스 베넷이 샬럿 루커스에게 다아시가 무도회에서 자기와 춤추기를 거절했다고 말하면서 웃음을 터뜨리는 순간, 그녀는 나의 여주인공이 됐다. 그런 일을 당하고도 웃는 여주인공이 어디 있었단 말인가? 남녀 혼성 파티나 학교 무도회에서 혼자 우두커니 남겨지는 끔찍한 가능성을 고민하고 있던 나에게 그야말로 필요한 모델이었다. 이 명랑한 여주인공 특유의 배짱을 나눠 갖는다고 생각하니 기분이 날아갈 것 같았다.

인물들의 대화는 또 얼마나 재미있던지. 나한테는 이 소설이 내 현실에서 부족한 대화를 벌충할 대안이었다. 차츰 학교생활이 불편하지 않을 만큼은 친구들이 생기더라마는 풍족함이나 특별한 보람이 느껴지는 관계는 아니었다. 나는 뭔가 더 끈끈한 관계, 아마도 영혼의 단짝 같은 것을 갈망하고 있었는데, 엘리자베스와 샬럿처럼 비밀을 터놓을 수 있는 그런 친구가 안 생기더라. 대신에 나는 단순함을 넘어서서 깊이 숙고할 거리를 던져주는 이 소설 속의 우정에 감응되었다. 자신이라면 하지 않을 결정을 내리는 친구인데도 그를 여전히 존경하는 엘리자베스를 보면서 참된 우정이란 어떤 것인지 조금 더 깊이 고민하게 되었지.

그러고 보면 오스틴은 읽는 사람으로 하여금 자기 삶의 문제를 느끼고 생각하도록 실로 교묘한 방식으로 여지를 남겨둔다. 내가 사춘기에 어떻게 읽었나 곱씹어보는 지금은 더더욱 그런 방식들이 눈에 쏙쏙 들어온다. 이를테면 맏딸 제인이 어머니가 시키는 대로 네더필드까지 말을 타고 가는데 어머니의 소망대로 정말로 비가 쏟아지면서 롱본을 비추던 밝은 빛이 일순간 어두워진다. 인생살이가 처한 조건을 강조하고 싶을 때 필요한 것은 오스틴의 장난스러운 표현마따나 "엄숙하고 그럴싸한" 잔소리나 설교가 아니다. 그보다는 독자의 깨어 있음이랄까, 인생이란 예술과 마찬가지로 명암이 혼재된 것임을 기꺼이 수용하려는 자세가 있어야 한다. 오스틴의 소설 안에는 명과 암의 자리가 제각각 마련돼 있다.

손턴 와일더의 희곡 『우리 읍내』의 작가 서문에 이런 구절이 나온다. 오스틴의 기술은 "비법이 감춰져 있는 신기에 가깝다. 눈에 힘을 주고 들여다보고 흔들어보고 분해해본들 도저히 방법을 알아낼 길이 없다". 나는 오스틴을 다시 읽을 때마다 소설을 다시 흔들어보는 게 재미있더라. 해보니까 글을 조각조각 해체하는 것보다는 이편이 더 유익하고 작가와 작품에도 예우를 갖추는 방법인 것 같다. 요즘 어린 독자들은 학교에서 앞의 방법대로 하라고 배우는가 본데, 그들이 뭘 놓치고 있는지 알기는 하려나.

모듈레이션

계절을 바꿔가며 『오만과 편견』을 '흔들어보고' 있을 때였다. 불현듯 소설 안에서 오스틴이 시연하는 교묘한 명암 조절이 한편으로는 인간이 현실에서 겪는 경험의 뉘앙스를 재현하는 방식이라는 생각이 들었다. 그 순간 갑자기 사고가 열리면서 오래전 발성법 수업에서 배운 내용과 소설의 기법 사이의 연관성이 보이는 것이다. 발성법을 가르친 브레인 선생님이 첫 시간에 음성 모듈레이션이라는 개념을 알려주셨는데, 어릴 때 배운 발성의 원리를 내러티브 창작의 일환으로 치환하기까지 참 오래도 걸렸구나.

나의 발성 훈련이 시작된 날은 어느 금요일 오후였다. 학교에서 집으로 돌아가는 길에 중앙 대로에서 기찻길 조금 못 미쳐 나오는 샛길로 접어들었다. 연립 주택들이 모여 있는 골목길을 자전거를 타고 달리다가 어느 건물 벽돌 벽에 자전거를 기대놓고 좁은 잔디밭을 가로질러 묵직한 유리문을 밀고 들어가서 선생님 집의 단단한 나무 문을 똑똑 두드렸다.

서른 살쯤으로 보이는 날씬한 여성이 문을 열어주었다. 나는 그런 목소리를 태어나서 처음 들었다. 리어왕이 코딜리아의 목소리를 묘사할 때 쓴 표현이라며 몇 년 뒤 이슨 선생님이 내 졸업 앨범 방명록에 적어주신, "온화하고 부드럽고 나직한" 목소리 그 자체였다.

선생님은 나를 응접실로 데리고 들어가서 간단히 자기소개를 하고 교본을 펼쳤다. 교본 첫 장에 유려한 글씨체로 '모듈레이션: 명암 조절, 어조와 분위기에 변화를 주는 기술'이라고 적혀 있었다. 선생님은 목소리, 그러니까 내 목소리가 악기라고 말씀하시더라. 발성법 수업은 피아노나 바이올린 레슨과 비슷할 것이다, 듣는 이들에게 즐거움을 줄 수 있도록 내 악기를 다루는 법을 배우는 것이다, 하고. 따뜻하게 품어주는 선생님의 음색을 잊은 적이 없다. 첫 수업을 떠올릴 때마다 머릿속에서 그 음성이 자동 재생 된다.

선생님은 음성 모듈레이션 개념이 일종의 예술 기법이라고 여러 차례 설명하셨다. 본질적으로 감정 표현과 의미 전달에 맞게 색상 톤을 선택한다는 점에서—나는 속으로 **선생님의 목소리는 따뜻한 색에 해당할 거라고 생각했다**—회화와 비슷하다, 입술, 혀, 치아 등의 발성 기관에 대해서도 배울 것이다, 횡격막으로 호흡하는 법을 비롯해 발성 기관을 움직이고 조절하는 법을 익혀야 이야기나 시, 연극 대사를 낭독할 때 내 목소리가 개인적인 의미와 해석이 담긴 악기로 변신할 수 있다. 그리고 다시 한번 주문을 외듯 말씀하셨다. 발성 전문가의 목표는 모듈레이션이다.

알다시피 『오만과 편견』에 담긴 명암의 모듈레이션에 대해 후대 독자들은 다르게 반응했다. 나는 서신이나 작중 화자의 입을 통해 오스틴이 남긴 논평을 읽을 때마다 이 작가가 얼마나 사람 약 올리기를 좋아하는지 새삼 느낀다. 힐러리 맨텔이 남긴 유명한 말이 있다. "오스틴의 소설을 자세히 읽고도 마음의 위로를 받았다는 사람은 아무도 없었다." 맨텔은 오스틴의 소설을 20세기 중반의 작가 엘리자베스 제인 하워드의 소설에 비유하는데, "만사가 겉으로 보이는 깃처럼 아늑하지 못"하고, 배경을 이루는 경직된 사회 상황 역시 "분주하게 흐르는 불안의 암류가 어떻게 한가한 일상의 표층을 깨뜨릴 듯 위협하는가"를 보여주는 장치라고 말한다.

청소년기에 읽을 당시에는 오스틴의 소설을 자세히 읽고도 여전히 위로받는 게 가능하더라. 맨텔처럼 여성의 구속이 도사리는 암울한 구석으로는 가지 않으면 그만이었으니까. 훌륭한 작가들은 책을 읽을 때 독자가 관심을 어디에 둘지 선택할 수 있게 해주고 다시 읽을 때 마음을 고쳐먹게도 해준다. 제1차 세계 대전 당시 참호에서 읽을거리로 『오만과 편견』을 지급받은 병사들, 전투 중 부상을 입고 치료 시설에서 이 책을 지급받은 병사들을 생각해보라. 그들은 이 소설의 경쾌하고 밝고 반짝거리는 측면들, 무도회와 나들이 같은 것에 호응하면서 당장의 고통이 완화되는 것을 느끼지 않았을까. 그들에게는 경쾌하고 반짝거리는 이 소설의 색조가 유익했던 것이다.

오스틴 문학은 이런 식으로 독자의 필요에 따라 접근해 온 내력을 갖고 있다. 어느 초기 독자는 그 복잡하디복잡한 『맨스필드 파크』를 추천하는 이유로 무도회와 피크닉 장면을 꼽았더라. 이이를 포함해서 많은 오스틴 애호가들이 작품에서 벌어지는 학대, 경쟁, 이 대저택의 고고한 도덕성에 대한 위협이라든지 거기서 흘러나오는 격렬한 감정의 암류 쪽으로는 눈길을 안 주고 싶어 했다. 맨텔 말대로 선택지가 있는 것이다. 교회 앞 결혼식으로 끝나는 오스틴 소설의 결말에 넘어가 저 행복한 커플들의 앞날에 무엇이 기다리는지 요만큼의 의심도 품지 않는 독자가 있는가 하면, 그다지 안온하지 못한 사색을 택하는 독자도 있기 마련이다.

여자, 주인공

베넷 일가 이야기를 처음 읽을 당시 나는 이른바 문학 작품에 관해서는 풋내기였다. 문학적 안목도 작품의 외적 맥락을 추론할 전기적 지식도 없었고, '자세히' 읽기가 무슨 의미인지도 아직 못 배웠을 때다. 그 풋내기 독서가에게 있는 것이라고는 욕구들이었다. 이를테면 나처럼 인기가 별로 없어서 속상한 다른 여자애들도 책에서 위안을 얻는지 확인하고 싶다는 그런 욕구. 아마 메리 베넷을 향한 나의 이상하고도 예상치 못한 동질감은 이 욕구에서 비롯하지 않았나 싶다. 어떤 이들에게는 메리 베넷이야말로 다섯 자매 중에서 제일 우스꽝스럽고 매력 없는 인물이겠지. 나는 작가가 시키지도 않은 감정 이입을 하고 있었던 것인데, 후대 독자들은 이런 감정을 공유하고 행동으로 입증해 보였다.

21세기에 소설을 다시 읽는다는 것은 이전과는 다른 경험이 되었더라. 요즈음엔 각색을 거친 영상물들이 이미 내 뇌리에 깊숙이 박혀서 오스틴의 플롯과 캐릭터들에게 참견을 해대곤 한다. 어디 그뿐인가. 팬픽을 빼놓을 수 없다. 메리 베넷은 이 분야의 최대 수혜자라고 할 수 있다. 『오만과 편견』의 무수한 프리퀄과 시퀄 중에서 메리 베넷을 롱본의 미운 오리 새끼에서 백조가 되는 인물로 재창조한 수정주의 픽션들이 등장한 것이다. 얼핏 제도화된 사회와 개인의 소외를 탐구한 미셸 푸코의 입김이 느껴지는데, 아무튼 이런 픽션 작가들은 창작자의 권한으로 가부장제 사회의 귀퉁이에서 떨고 있던 캐릭터들을 소설적 우주의 중심으로 데려와 몸을 녹여준다. 그리하여 오스틴의 여성 캐릭터들을 피해자에서 자기 삶의 주체로 변신시킨다.

그 시절에 엘리자베스 베넷과 에마 우드하우스라는 캐릭

터를 창조한 오스틴이 해낸 일도 바로 이런 것이다. 후대 작가들은 이런 방식을 메리에게 적용해, 못생긴 얼굴을 책에 파묻은 채 플롯의 귀퉁이에서 배회하던 그녀를 해방시킨 것이고. 그렇게 메리는 독립적인 여성이자 매력적인 연애 상대이자 잊혔던 자기 정체성을 발견한 여동생으로 대접받는다. 그러고 보니 인생 후반부의 내 모습 안에도 변신한 메리의 버전들이 조금씩 보이는 것 같다.

하나 사춘기의 나에게 거의 엘리자베스만큼 비중 있는 인물은 엘리자베스의 아버지와 어머니였다. 첫 번째로 읽을 때는 부부간의 유머가 압권이었다. 1장 말미에 가서 그 유머가 좀 시큰둥해지는 건 눈치 못 챘다. 베넷 씨의 넘치는 위트는 내면의 적의를 감추려는 위장술이더라. 이런 속내까지 물려받은 것은 아니었어도 가장 아끼는 둘째 딸에게 아버지의 위트가 일부 전수된 것은 의심할 여지가 없어 보인다. 나는 베넷 집안에서 펼쳐지는 인간 극장을 순수한 코미디로 받아들였다. 그렇게 읽는 게 나에게 필요했기 때문이다. 금이 간 거울로 가족을 비추면 인물들 간의 관계가 일그러져 보이는데, 나는 우스꽝스러운 이미지들을 상상 속에서 재현하는 게 마냥 재미있기만 했다.

"신경이 예민"해서 가족을 돌보는 책임을 회피하는 어머니, 주기적으로 딸들에게 위무를 요구하는 어머니는 나에게도 익숙했다. 골치 아픈 현실과 비슷한 상황을 보면서 웃을 수 있으니 오히려 좋더라. 물론 우리 어머니가 베넷 부인처럼 야비하고 몰상식하지는 않다는 사실을 인정 못 할 만큼 책에 매몰되진 않았다. "재기발랄함 [등등의] 기질들이 아주 묘하게 뒤섞인" 아버지도 익숙했는데, 어떤 기질은 엉뚱하고 볼수록 유쾌했지만, 어떤 기질은 이해하기 난감해서 차라리 엘리자베스가 아버지에게 하듯이 대부분 무시하는 편이 나았다. 한편으로 우리 아버지가 베넷 씨처럼 내향적이거나 즉흥적이지 않다는 건 알고 있었다. 나는 무의식 중에 주인공 어머니의 예민한 신경, 주인공 아버지의 '재기발랄함'과 '냉소적인 기질'을 작품과 나의 접점으로 고르고 있었고, 처음으로 소설 안에서 인간 경험의 공통적인 속성을 훔금대는 것으로 당장의 위로를 얻었더랬다.

소녀들이 나오는 책을 강박적으로 읽어치운 소녀이고 보니, 나는 여주인공이라는 개념에 관심이 지대했다. 여주인공이 내 상상력에 얼마나 중요한 존재인지를 현실 생활에서 발견한 그날은 살이 타들어갈 듯 뜨겁고 건조하고 먼지 풀풀 날리는, 우리 마을의 전형적인 여름날이었다. 그런 날은 이제나저제나 해가 떨어지기만 기다리게 되는데, 저녁이면 우리 집 현관의 넓은 계단에 어머니와 나란히 앉아 시간을 보내기 때문이었다. 우리는 어떤 시원한 변화가 찾아와주길, 운이 좋으면 먼지를 가라앉혀줄 달짝지근한 비라도 한바탕 쏟아지기를 기대하곤 했다. 내 기억 속의 그날은 1944년 1월의 막바지였고, 여름철을 통틀어서 가장 더위가 극심한 날이자 나의 중등 과정 첫 학년이 시작되는 날이었다.

나는 스물다섯 명 남짓한 남녀 학생들과 함께 조립식 교실에 앉아 있었다. 학교 본관인 붉은 벽돌 건물로 진급하려면, 갈수록 늘어가는 학생들을 감당하기 위해 세운 이 가건물에서 여름엔 덥고 겨울엔 추운 채로 2년을 꼬박 채워 보내야 했다. 우리 그룹은 우등반으로 임시 배정을 받은 학생들이었고 영어 교사가 나타나기를 기다리고 있었다.

B 선생님이 당도했다. 그는 들고 온 책을 불길한 텅 소리와 함께 교탁에 떨어뜨리고는 우리에게 조용히 하라는 손짓을 했다. 깡마른 체구에 머리숱이 줄어가고 있었고 알이 두꺼운 안경을 썼다. 젊게 보아도 중년은 되어 보였는데, 당시 우리 학교 남교사들은 전부 그 나이대였다. 젊은 남자들은 전쟁터에 나가고 없었다. 1941년 12월 일본군이 진주만을 폭격했고, 유럽보다 훨씬 더 교전지에 근접한 위치였으므로 우리가 사는 지역도 이미 분쟁에 휘말려 있었다.

근엄한 인상을 풍기는 이 남자 교사는 출석을 부른 뒤에 칠판에 자기 이름을 적더니 이름 밑에는 책의 제목들을 써 내려갔다. 전부 다 기억나지는 않지만 『모히칸족의 최후』는 오빠와 라이시엄 극장의 토요일 오후 상영으로 봤던 카우보이와 인디언 영화에서 '모히칸'이라는 단어를 들어봤기 때문에 똑똑히 기억하고 있다. 오빠 책꽂이에서 본 제목들도 몇 개 눈에 띄었는데, 이름에 관심이 갔던 『올리버 트위스트』를 제외하고는 『보물섬』, 『데이비드 코퍼필드』, 『내륙의 풀린』 같은 책들은 궁금하지 않아서 책장을 들춰보지도 않았다. 칠판에 적힌 제목은 대략 열 개였는데, B 선생님은 그중에서 최소한 절반 이상 읽지 않은 사람은 우등반에 남을 기대도 하지 말라고 통고하는 게 아닌가. 나는 당황했다.

하지만 하급반으로 강등될지 모른다는 두려움과 당황스러움보다 더한 건 분개심이었다. 간략한 줄거리를 듣고 보니 이 책들의 주인공은 하나같이 남자애들이었다. 나는 교실을 둘러보았다. 교실 한쪽 책상에는 남자애들이 앉아 있었지만 반대편 책상은 우리 여자애들이 차지하고 있었다. 여자애들이 이렇게나 많은데 이들의 관심을 끄는 여자 주인공들은 다 어디로 가고? 먼지 풀풀 날리는 마을에서 태어나 어쩌다 한번 벗어나는 게 고작인 나를 바깥으로 데리고 나가준 앨리스, 앤, 노라는 어디 있다는 건가? 그 덕에 나는 앨리스의 이상한 나라에 가서 기이하고 근사한 친구들과 뒤죽박죽 모험도 해보고, 앤의 푸르고 비옥한 프린스에드워드섬에서 황홀한 노을도 보고 이름에 'e'가 들어가는 앤이 기발하게 묘사해주는 사람들도 만나고, 모험심이 투철한 말괄량이 노라 린턴이 사는 곳에 따라가 오스트레일리아 목장에서 남자애들과 나무를 타고 가축들과 신나는 난리법석도 떨어보지 않았

나. 나는 너무나도 이 여자애들을 본받고 싶었고, 다른 세상을 발견하고 다른 미래의 가능성을 찾아내고 싶었다.

내가 좋아한 소녀들 책에도 '계집애들의' 스테레오타입이 빠지지 않았다는 것, 그리고 나에게 노라를 소개한 빌라봉 책들은 자신들의 땅에서 삶과 문화를 침해당한 선주민 부족의 역사에 관해서는 아무런 통찰도 제시하지 않았다는 것은 나중에서야 알게 됐다. 아무튼 그때 나는 우등반에서 강등되지 않은 것만으로도 가슴을 쓸어내렸다. 더 기뻤던 건 최종 시간표를 받고 보니 B 선생님이 우리 반 영어 교사가 아니라는 사실이었다. 다음 날 교실 문이 열렸을 때 우리를 반긴 건 방긋 웃는 이슨 선생님의 얼굴과 그분이 우리 반 영어 수업을 맡을 거라는 소식이었다. 내가 꼭 만나야 했던 여주인공을 장차 나에게 소개할 바로 그 선생님이다.

성장

『오만과 편견』은 작중 인물들이 어떻게 이야기를 뛰어넘어 더 큰 상징성을 띠게 되는가를 보여주는 좋은 본보기다. 내가 느끼기로는 작품의 어조가 경쾌하고 밝을지라도 도덕적인 진중함이 있기 때문인 것 같다. 다른 캐릭터들과 비교했을 때 엘리자베스는 타인과의 대화를 통해 도덕적으로 성장하는 모습을 보여준다. 기세가 좋을 때나 의기소침할 때나 그녀가 내리는 선택들은 주어진 상황이 제시하는 것보다 더 포괄적인 의미를 함축하고 있다. 사실 이런 주변 상황들로 인해서 오스틴의 소설을 읽을 때 따라오는 모호성이 부각되기도 한다.

가령 어리석고 경박한 동생들 리디아와 키티, 그리고 평범한 외모 대신 똑똑한 척하는 것으로 위안을 삼는, 노상 억울한 메리는 두 언니들의 매력을 돋보이게 하는 인물들이다. 아름답고 온화한 제인은 그 시절 유행하던 감상소설의 여주인공으로도 손색이 없는데, 놀랍게도 이런 제인마저도 엘리자베스와 선명한 대비를 이루면서 엘리자베스를 더욱 밝게 빛나게 만들어준다. 엘리자베스의 말을 빌리자면, 제인은 다른 사람의 결점을 보지 않고 지나칠 정도로 모든 사람을 좋게 보려고 한다. "언니 눈엔 세상 사람들이 다 선량하고 괜찮은 사람 같지." 이런 게 오스틴 특유의 수수께끼다. 지금 화자가 무조건 제인을 칭찬하고 있는 걸까, 아니면 엘리자베스의 입을 빌려 독자가 스토리를 헤쳐 나가는 데 필요한 도덕의 나침반을 제시하고 있는 걸까?

맨 처음 읽었을 때는 엘리자베스가 언니인 제인의 행동을 품평하면서 순수하게 언니의 장점을 칭찬하고 있다고 생각했다. 언니한테 이렇게 부르짖지 않나. "언니처럼 양식 있는 사람이 남들의 한심하고 허튼 짓거리를 그렇게 까맣게 모르다니! 순수한 척하는 사람이야 수두룩하지. 어디를 가든 있어. 하지만 (…) 어떤 사람한테서든 좋은 점을 집어내서 그걸 더 좋게 봐주고 나쁜 점은 입에 올리지도 않는 사람은 언니밖에 없어." 하지만 오스틴의 캐릭터 구현 방식에 익숙해질수록 과연 이런 말이 완벽한 인정인지 의심하게 만드는 패턴이 보이더라.

『에마』의 여주인공은 꽤나 실수가 많은 인물이다. 그럼에도 그녀가 웨스턴 씨를 가리켜 그 불쾌한 엘턴 부인을 위시해서 거의 모든 사람을 무비판적으로 대하는 탓에 그의 인품이 다소나마 손상된다고 지적할 때만큼은 작가와 그녀가 한마음이다. 오스틴의 마지막 완결작 『설득』의 경우, 앤 엘리엇은 인간의 모든 품성 중에 진실성을 최고로 여기는데, 구혼자인 윌리엄 엘리엇 씨는 "지나칠 정도로 누구에게나 상냥"하고 지나칠 정도로 누구하고나 스스럼없이 친해지는 타입이다. 오스틴을 읽으면 읽을수록 나는 그의 조언을 가슴에 새기게 됐다. 인덕의 과시보다 분별을 우선시할 것, 이따금 사람들에게 반감이 드는 건 악감정이라기보다 선호의 문제로 인정할 것.

1940년대에 성장기를 보내면서 나는 그런 딜레마와 씨름했다. 교실에 줄줄이 들어오는 더 많은 각양각색의 여자애들과 나 자신을 비교하기 시작한 것이다. 중등 과정에 들어간 순간 이제부터 관계 맺기에 관한 한 새로운 국면이 전개되리라는 감이 왔다. 늘어난 학생 수만큼 선택지가 늘었으니까. 원칙이랄 게 있었을까? 아직 제인 오스틴의 여주인공들을 만나기 전이었지만, 루시 모드 몽고메리의 좀 단순하다 싶은 소녀 캐릭터는 시시하게 느껴지고 있었다. 넘치는 활력과 에너지에도 불구하고 초록 지붕의 앤이나 랜턴힐의 제인은 분별하기 내지는 식별하기 같은, 때때로 나를 난감하게 만드는 문제들로 골머리를 앓지 않더라. 그들의 세상에서 벌어지는 풋풋한 짝사랑이나 유치한 다툼들은 순순히 풀려나가기 마련이었고. 그들의 인격 발달에서 가장 선한 영향력을 발휘하는 건 대자연일 때가 많았다. 대개는 모든 걸 한 방에 정리해 주는 전지적 화자가 있었고.

내가 어느 동급생에게 집착을 보인 건 아마도 그 애가 여러 면에서 나 내가 아는 다른 여자애들과는 달랐기 때문일 것이다. 고등학교 1학년 생활에 적응을 마치자마자 나는 현실판 여자 주인공처럼 그 애를 파고들었다. 앞에서 한 번 이름을 언급했던, 이저벨이라는 이 친구는 읍에서 몇 킬로미터 떨어진 작은 부락의 외딴 농장에서 살았다. 동네 학교를 다니다가 우리 같은 읍내 아이들이 다니는 중등 과정에 들어온 여럿 중 하나였다. 그러나 이저벨은 특별했다. 이저벨의 집안은 오스트레일리아 시골에서 어쨌거나 '상류층'이라는 범주에 가장 근접했던 것 같다. 고위 장교였던 아버지는 전쟁터에 나가시고 이저벨과 언니는 어머니와 결혼 안 한 고모랑 같이 살았는데, 들리는 말로는 이 고모가 조카들의 숙제 감독은 물론이고 흠잡을 데 없이 단정한 용모와 최상위 성적을 유지시키는 일에 지극정성이었다. 나는 이저벨의 모든 점이 남들과 다르면서도 엄청나게 부럽기도 한 어떤 특권과 성공의 징표로 보였다. 동생이 들어왔을 때 졸업 학년이던 이저벨의 언니는 전교 회장이었다. 둘 다 매력이 흘러넘쳤다. 키도 크고 날씬한 데다 윤기 나는 머리를 길게 땋아서 넓은 리본을 풍성하게 둘러 완벽한 나비매듭으로 묶고 다녔다. 자매의 블라우스는 눈처럼 새하얗고 교복에는 주름 하나 얼룩한 점 없었다. 비 오는 날이면 체육 수업이 취소되고 강당에 모여 장기자랑 같은 즉흥 공연이 펼쳐졌는데, 자매는 모차르트나 슈베르트의 피아노 듀엣곡을 연주했다. 둘 다 공부도 잘했음은 말할 것도 없고.

세월이 이렇게나 흘렀는데도 찬탄과 동경이 뒤섞인 그때의 북받쳐 오르던 감정이 순식간에 되살아난다. 우리 집은 유대계 혈통이었어도 중산층에 나름 특권을 누리는 위치였는데, 내가 느끼기에 이저벨처럼은 아니었다. 나는 그 애 주위에 모여드는 무리에는 끼지 않고 멀찌감치 그 애를 관찰했다. 모두들, 심지어 교사들조차 그 애를 특별한 사람으로 대우하고 있었다. 여러모로 특별한 것도 사실이었다. 그 애는 쓰는 펜도 달랐다. 우리들 대다수는 아직도 책상에 옴폭 파인 잉크 구멍에 매일 아침 반장이 큰 단지를 들고 다니며 채워주던 잉크를 펜촉으로 찍어 사용하고 있었다. 나의 여주인공은 근사한 만년필을 반듯하게 쥐고 글씨를 썼다. 나는 그런 것들에 눈길이 갔다. 사람을 끌어당기는 그 애의 재능은 물론이고 그 애의 의복과 소지품 같은 것들까지.

그러다가 정확히 언제부터인지는 모르겠지만 나는 관찰만이 아니라 생각이란 걸 하기 시작했다. 에마가 했던 것처럼, 그러려니 믿어버린 것들을 차츰 의심의 눈으로 보기 시작했다. 감상에서 그치지 않고 차이를 분간하기 시작했다. 행동의 세세한 요소들에 신경을 쓰기 시작했고, 완벽함을 당연시하기보다 '만약에 이랬다면 어땠을까?' 질문을 던지기 시작했다. 현실판 여주인공에 대한 나의 독해가 당사자를, 혹은 내 눈에 보이는 그 애를 비현실적일 만큼 근사하게 포장한 건 아닐까? 그런 생각에 내 부러움이 투영되지 않았을까? 이런 질문을 했지만 대답은 알 길이 없었고, 내가―나중에 내가 판단의 기준으로 삼게 될 엘리자베스 베넷처럼―사람살이의 필연적인 미스터리 속에서 허우적대고 있다는 것도 이해할 길이 없었다.

사춘기에 어렴풋이 품었던 질문들을 돌아보자니, 그 무렵 내가 오스틴의 여주인공의 심리에 조금씩 가까워지고 있었구나 싶다. 그 전까지 탐독하던 소녀들의 책에서는 더 이상 편안함이나 흡족함을 느낄 수 없었다. 개인적이고 윤리적인 질문들, 이후 수십 년간 나를 당황시키고 또 매료시킬 질문들로 머리가 핑글핑글 돌아가고 있었다. 그러다가 어떤 변화가 일어났다. 나의 여주 숭배 배후에는 내 열등감, 또 부러움이라고 의심했던 (여전히 의심하는) 감정이 숨어 있었는데, 그런 것들이 뭐랄까 전혀 다른 역동적인 기운으로 바뀐 것이다. 아마 나 자신이 보기에도 괜찮은 사람이 되고 싶다는 야심이 생겼던 모양이다. 그러다 보니 관심의 방향이 달라지고 내 나름대로 나의 앞날을 생각하는 마음가짐이 갖춰지더라. 맥베스의 야망처럼 행동의 추진력이 될 목표가 생겼달까.

약간의 현실 인식도 도움이 되었다. 가지고 싶고 가질 수 있는 자질들이야 내 여주인공을 보면서 따라 할 수 있겠지만, 내 외모와 성격을 바꾸는 건 불가능한 영역이라는 생각이 들었다. 키를 잡아 늘려 몸을 늘씬하게 만들거나 제멋대로인 머리카락을 반지르르하게 길들일 수는 없는 노릇 아닌가. 누군가와 친해지고 가깝게 지내는 일은 아무래도 쉽지가 않았다. 그렇지만 다른 면에서는 나의 여주인공을 본받을 수 있었다. 잡생각을 버리고 수업에 집중했더니 성적이 올랐다. 그런 건 가능한 일인 것 같았다.

그때까지 나는 중간 정도의 학생이었다. 오빠는 별로 노력을 안 하는데도 항상 반에서 1등 자리를 지켰다. 노력을 별로 안 하기는 마찬가진데 나는 10등에서 12등 사이에 머물렀다. 내가 그것보다 잘할 거라고는 나나 우리 부모님이나 기대하지 않았던 듯하다. 그런데 그동안 내 여주 숭배의 원동력이었던 모든 동경과 바람이 이제는 나 자신을 위해 작동하기 시작했다. 나는 공상은 잠자리에서만 하기로 정해놓고 수업에 정신을 집중했다. 숙제를 마치고도 공부를 더 했다.

거의 성공할 뻔했다. 학년말 시험에서 나는 내 과거의 여주인공을 잠깐이나마 긴장하게 만들었다. 최종 점수 차가 아주 근소했기에 내가 열심히 따라잡았다는 걸 아셨는지 담임이었던 이슨 선생님은 치열한 선두 다툼이 있었다고 언급하셨다. 이번에도 최우수 학생은 이저벨이었다. 몇 점밖에 뒤지지 않았어도 나는 2등이었다. 경쟁은 그걸로 끝이었다. 이듬해 이저벨은 도시에 있는 기숙 여학교로 떠났다. 나는 계속해서 열심히 공부하고 좋은 성적을 받았다.

그동안 학습 관련 이론서들을 읽어왔지만, 그때 내가 경험했던 급격한 에너지와 집중력 상승에 대해 설명하는 이론은 못 본 것 같다. 하지만 그런 일이 실제로 일어났고, 두세 달 만에 변변찮은 학생에서 반 1등을 노리는 만만찮은 도전자로 나를 변신시킨 것도 사실이다. 뜻밖의 보너스도 따라왔다. 그로 인해 나는 공부의 재미를 알게 됐으니까. 그렇다면 나의 학업적 변신의 원인은 학습과 인지 발달 이론에서 찾을 게 아니라 어쩌면 더 작은 이야기, 삶이라는 커다란 이야기 속에서 인정을 희구하는 마음에 관한 이야기에서 찾아야 하는지도 모르겠다.

관계성

나와 엘리자베스 베넷과의 관계는 이저벨과의 관계 못지않게 현실적이었고 내 성장과도 연관이 깊었다. 『오만과 편견』을 처음 읽었을 때, 나는 B 선생님의 남성 중심 도서 목록에서 우리를 구원한 이슨 선생님을 떠올렸다. 그 무렵 이슨 부부는 그리피스에 새바람을 몰고 왔다. 빌 이슨은 청소년들의 삶에 직접 관여해서 변화를 이끌어내는 그런 유형의 교사였다. 영어과 주임을 맡아 우리 학교를 대대적으로 바꿔놓더니 거기에서 멈추지 않고 나중에는 대안 학교를 설립해 인도 시인이자 철학자인 라빈드라나트 타고르의 사상에 기반한 자신의 변혁적 교육론을 더 전면적으로 실천하시더라. 우리는 읽고 듣고 쓰고 말하라는 선생님의 격려를 받으며 학교생활을 했으니 그의 빅 픽처 덕을 톡톡히 본 제자들이었다.

　부인인 이슨 선생님은 교실의 멘토에 가까운 타입이어서 기회가 있을 때마다 자신의 문학적 경험이며 연극에 대한 애정을 학생들에게 들려주곤 했다. 셰익스피어를 가르칠 때는 대학 시절 『뜻대로 하세요』의 로절린드를 연기한 경험을 바탕으로 간략한 줄거리 소개에 이어 여주인공이 가진 자질과 특성 들을 설명하시는데 얼마나 꼼꼼하고 구체적이던지. 나는 10대 초반 여자아이에게 흔히 나타나는 자신감 부족에 시달리던 때라 그렇게 자신만만하고 재치 있고 씩씩한 여자

아이가 감탄스러웠다. 시골 의사의 딸 말고 추방당한 공작의 딸이 되는 기분은 어떨까 상상해보기도 했다. 나한테는 공작이 당하는 모함과 당시 반유대주의의 기류 속에서 우리 아버지가 당하던 인격 모독이 등치되었다. 아직은 발성법 수업에서 셰익스피어의 대사를 공부하기 전이었으니—그건 나중에 본격적으로 발성법 공부를 파고들면서 런던 트리니티 대학에서 매년 개최하는 시험을 준비할 때 배웠다—나는 이슨 선생님의 낭송으로 약강 오보격 시형에 입문한 셈이다.

> 공작님께서 아버지의 작위를 빼앗으셨을 때도 저는 아버지의 딸이었습니다.
> 공작님께서 아버지를 추방하셨을 때도 저는 아버지의 딸이었지요.
> 공작님, 반역죄는 대물림되지 않습니다.
> 설령 친지에게 물려받는 일이 있다 한들
> 그게 저와 무슨 관계가 있을까요? 아버지는 반역자가 아니셨습니다.
> 그러니 어지신 공작님, 제가 궁색하다 하여
> 반역을 꾀한다는 오해는 말아주십시오.

나라면 과연 저런 상황이 닥쳤을 때 내 아버지를 옹호할 만한 용기와 배짱이 있을까? 말이 내뿜는 위력이 그렇게 짜

릿할 수가 없었다. 버지니아 울프가 펜의 힘보다도 더 강하다고 말한 자유로운 정신이 바로 저 말 안에 들어 있었다. 울프의 글은 훗날에야 읽었지만, 이슨 선생님이 만든 발표 동아리의 점심시간 모임에서 선배들이 이 주제로 토론하는 걸 얻어들었다. "도서관 문을 걸어 잠그려거든 어디 한번 해보시라. 그런다 한들 자유로운 정신에는 문짝도 자물쇠도 빗장도 지르지 못할 테니까"라고 울프는 말했다지.

셰익스피어의 구절이 나한테는 『오만과 편견』의 첫 독서를 위한 기초 다지기랄지, 이 소설의 주요 장면들을 대면할 준비 운동이 되었던 것 같다. 가령 다아시 씨의 고모인 캐서린 여사와 설전을 벌이는 장면에서 엘리자베스는 한마디도 지지 않는 패기로 이 가공할 상대의 허영심과 편견을 신랄하게 폭로한다. 캐서린 여사로 말할 것 같으면 세습된 지위에 대한 자부심이 대단하고 자신보다 신분이 낮은 사람들에 대해서는 서슴없이 편견을 드러내는 사람이다. 그러니 엘리자베스에게 사리 분별을 할 줄 안다면 자기 분수에 넘치는 결혼을 감히 욕심내지 못할 거라고 엄포를 놓는다. 엘리자베스는 맞장구쳐줄 생각이 조금도 없다. "제가 여사님의 조카분과 결혼한다고 해서 제 분수를 저버리는 것은 아닙니다. 그분이 신사 신분이고 저희 아버지도 신사 신분이니 그 점에 있어서는 동등하지요." 엘리자베스의 대답에 깔려 있는 큰 틀의 계급주의적 전제가 오늘날 문학 담론 내에서 입방아에

오르내리고 있는 것은 사실이지만 그런 문제는 내 관심 밖이었다. 그때는 나도 언젠가 내 아버지를 위해서 저렇게 당당하게 자기주장을 하고 싶다는 외람된 바람을 품기에도 바빴으니까.

갈등이 최고조로 치닫는 엘리자베스와 캐서린 여사의 설전을 처음 읽었을 때, 나는 셰익스피어의 로절린드가 오스틴의 리지 베넷에게 귓속말이라도 하는 건가 싶었다. 오스틴 읽기에 '진심'인 독자로서 기쁜 일 중의 하나는 오스틴의 이름을 셰익스피어의 이름과 나란히 언급하는 학계 인사들의 긴 명단을 발견해나가는 것이다. 테니슨은 제인 오스틴과 윌리엄 셰익스피어 두 사람 다 삶의 소소함에 대해 '완벽한' 이해의 경지에 이르렀다고 평한 바 있다. 나는 좀 더 야심차게 이 극작가와 소설가의 관계성이 두 편의 허구 간의 상관관계만이 아니라 허구와 삶 자체의 복잡한 관계에 대한 증거라고 받아들였다. 이런 시각에서 보면 이들의 관계성은 나라는 사람을, 전부는 아니어도 최소한 어느 정도는, 내가 늘 바라던 모습으로 형성시키는 역할을 해온 것이다. 나는 감정적으로나 윤리적으로나 시의적절하게 언어를 구사하는 사람이 되고 싶었다. 그런 모델이라면 동서고금을 막론하고 별다른 이견 없이 셰익스피어를 꼽을 수 있다.

오스틴이 셰익스피어의 대사에 친숙했다는 건 오스틴의 소설 곳곳에서 확인된다. 오스틴은 그 시대에 교양 있는 영국인이라면 누구나 셰익스피어의 언어를 내면화하고 있음을 잘 알았다. 『맨스필드 파크』에서 헨리 크로퍼드가 에드먼드 버트럼에게 말하지 않던가. 셰익스피어는 "영국인들의 체질"의 일부가 되었고 거의 본능처럼 친숙하다고. 에드먼드 역시 유명한 구절들이 널리 인용되고 있다며, "우리는 다들 셰익스피어풍으로 말한다"고 이야기한다. "어서, 다시, 자네도 춤을 춰야지"라는 『오만과 편견』 속 빙리 씨의 첫 대사에서, "안 되지, 로미오, 너도 춤을 춰야 해"라는 머큐소의 대사(『로미오와 줄리엣』 1막 4장)가 메아리친다는 걸 오스틴 자신은 의식하지 못했을까. 그럴 가능성이 희박하나마 전혀 없다고는 못 하겠지. 아무튼 요즘식으로 말하자면, 셰익스피어와 오스틴, 두 사람 공히 언어라는 막강한 도구를 '무기화'한 것이다.

나도 오스틴 소설을 꽤나 여러 번 읽었지만 평생 제인 오스틴의 애독자로서 오스틴 작품에 조예가 깊은 박식가 앤서니 그레일링에게는 상대가 안 된다. 그레일링은 학창 시절에 매년 부활절 휴일마다 "제인 오스틴과 함께 잠자리에 들었다"고 기억할 정도라니. 그러나 그 사람이나 나나 도달한 결론은 매한가지다. 자고로 위대한 문학은 "인간의 조건에 관해서 무언가"를 드러내 보여야 하며 오스틴이 그 귀감이라는 것. 나한테나 그레일링에게나 최고의 본보기는 『오만과 편견』이다. 그레일링에 따르면, 이 소설은 엘리자베스와 다아시가 "처음에 서로를 오해하다가—남자는 여자가 다소 천박하다고 생각하고 여자는 남자가 지독히도 거만하다고 생각한다—뒤로 갈수록 서로가 상대방을 판단하는 법을 다시 배우고 서로의 도덕적 진가를 재평가"하는 이야기다. 그렇기에 우리가 아는 것을 윤리적 관점에서 인식하는 학습 방법에 관한 소설이라고 결론을 내린 그레일링은 누가 철학자 아니랄까 봐 그것을 도덕적 인식론이라고 일컫는다.

엘리자베스와 다아시의 스토리를 논하는 방법이야 여러 가지다. 그레일링의 경우에는 사고는 철학자스럽지만 글쓰기에서는 꼭 그렇지만도 않다. 그는 일상에서 쓰는 쉬운 말로 엘리자베스와 다아시를 살아 움직이게 만드는 능력이 있더라. 다아시가 엘리자베스에게서 발견한 범속성과 엘리자베스가 혐오하는 다아시의 우월 의식을 구체적인 디테일로 드러내는데, 묘사의 직접성이 읽는 사람으로 하여금 눈을 뗄 수 없게 만든다. 그레일링이 우리에게 시연하는 것은 문학평론가 조지 루이스가 제인 오스틴이 인물의 중의성과 복잡성을 구현하는 방식이라며 찬탄했던 수단의 경제성 그 자체다. 루이스는 전업 소설가의 길을 준비하는 조지 엘리엇에게 오스틴 소설 전권을 읽혔다던데 그레일링의 군더더기 없는 작품 소개를 읽노라니 루이스가 정확히 어떤 이유로 그랬는지 알 것도 같다.

루이스는 자신의 문학적 제자이자 사실혼 관계에 있던 엘리엇을 데리고 런던을 벗어나 어느 한적한 시골 오두막으로 향한다. 아마도 레이크 디스트릭트에 있던 워즈워스의 도브 코티지 같은 안식처가 아니었을까. 난롯불 앞에 모직 담요를 둘러쓰고 앉아 책을 읽는 두 사람을 그려본다. 번갈아 가며 등장인물들의 목소리로 낭독을 하다가 수시로 읽기를 멈추고 '그녀', 제인 오스틴의 작법에 대해 서로 의견을 나누겠지. 루이스는 "목적에 맞게 수단을 구사하는 가장 완벽한 경지"를 설명하는 예시 차원에서 엘리엇이 주시할 구절을 미리 표시해두었을지도 모른다. 가령 다아시의 오만함과 엘리자베스 베넷의 편견이 어떻게 단지 말뿐이 아니라 두 주인공의 성격적 특징으로 나타나는가를 보여주는 대목 같은 것들. 루이스는 소설 초반부에 다아시의 자만심이 엘리자베스의 능청스러운 재치와 맞붙는 장면에서 일찌감치 엘리엇이 다아시의 결점을 잡아내기를 바랐을 것이다.

"간혹가다 좋은 머리로 남들의 비웃음을 사는 경우를 봅니다만 그런 결점에 빠지지 않는 것을 저는 평생의 과제로 여겨왔습니다."

"허영이나 오만 같은 것 말씀이군요."

"그렇습니다. 허영은 틀림없는 결점이지요. 하지만 오만의 경우에는, 정말로 월등한 지력이 뒷받침된다면, 적정 수위를 넘어서지 않을 겁니다."

엘리자베스는 미소를 감추기 위해 돌아섰습니다.

"다아시 씨에 대한 검토를 끝마친 것 같군요. 결과가 어떻게 나왔으려나?" 빙리 양이 말했습니다.

"다아시 씨는 결점이 하나도 없는 분이라고 믿어 의심치 않습니다. 본인도 감추는 기색 없이 그렇다고 인정하시네요."(1부 11장)

엘리자베스의 위트와 매력의 협공이 어떻게 다아시를 무장 해제 시키는지를 놓고 이 소설가 지망생과 비평가는 토론을 벌였을 것이다. 이런 디테일이야말로 독자의 호기심을 유발하기에 제격인 만큼 "엘리자베스에게 지나친 관심을 보여서는 안 되겠다"는 다아시의 직감이 불러올 소급적 효과도 알아차렸을 테지.

엘리엇은 독자를 사유로 이끄는 작가로서의 재능이 뛰어났으니, 다아시가 엘리자베스의 눈에 반하고 점차 그녀의 생각과 품성에 반하는 식으로 감정이 진전하는 과정이나 그녀를 흠모하다가 자기 자신에 대해 몰랐던 부분을 발견하는 과정을 놓치지 않았을 것 같다. 섣부른 판단 때문에 엘리자베스 쪽에서도 패착에 이르는 과정은 비평가였던 루이스가 더 능숙하게 간파했을 것이고. 엘리자베스의 비판적 사고는 그녀의 자기반성 과정에서 빛을 발한다. 그녀는 입수할 수 있는 증거를 수집하고 면밀한 검토를 걸쳐 합당한 결론을 도출한다. 그러다가 정작 자신에 대해 인식하지 못하고 간과한 부분들을 발견한 순간 강한 자기혐오를 표출하지 않나. 엘리자베스가 이렇듯 걸출한 소크라테스식 자아 성찰을 펼쳐 보임으로써 고결한 지성의 여주인공으로 부상한다는 데에 루이스와 엘리엇은 의견의 일치를 보았을 것이다. "지금 이 순간까지 나는 나 자신에 대해서 모르고 있었다"라는 엘리자베스의 말은 또 다른 허구의 세계에서도, 가령 엘리엇 자신의 『미들마치』에 등장하는 근시안적인 여주인공 도러시아의 입을 통해서도 들렸음 직하다.

프라이드

후미진 기억 안쪽을 더듬어 내 성장담의 파편들을 퍼 올리노라니, '프라이드pride'와 '편견prejudice'이라는 단어가 맥락은 다를지라도 오스틴 소설에서만큼 내 삶과도 결부되어 있구나 싶다. 나도 저 두 단어를 가져다가 내 삶의 명암에 투사해보았는데, 다만 오스틴이 쓴 그대로는 아니고 이 단어들에 내포된 다른 의미들을 적용했더니 내 성장기의 경험이 제법 참말 같은 내러티브로 만들어지더라.

내 이야기에서 '프라이드'라는 단어는 오스틴 소설에서

처럼 자기중심적인 사고방식을 뜻하지는 않는다. 소설의 프라이드는 다아시가 깨닫는 것처럼 철저히 자기 관점에서 세상을 보게끔 시야를 제한하고 따라서 교정이 필요한 특성이다. 나는 프라이드를 더 긍정적으로 이해하고 있었는데, 그건 이 단어를 바람직하고 자기 긍정적인 감정으로 나에게 제시한 우리 아버지 때문이었다. 유대인이자 오스트레일리아인으로서 아버지가 느끼던 프라이드는 삶에 안정과 풍요를 더하는 요소였고, 무심결에 내게도 그렇게 내면화되었다.

'편견'도 그렇다. 편견을 엘리자베스 베넷처럼 앞뒤 상황의 고려 없이 판단부터 내리는 성향이라고 보는 것은 편견을 이해하는 한 가지 시각이다. 그러나 나한테 편견은 자랄 때 매일 들려오던 뉴스, 특히나 풍전등화 같던 유대인의 운명과 관련된 뉴스가 투사하던 시선을 뜻했다. 우리는 편견이라는 거센 이안류에 휩쓸려가지 않도록 버티고 버텨 죽음의 수용소의 매캐한 연기가 걷히고 다시 수면 위로 떠올라 숨 쉬는 날이 오기를 기다렸다. 생각할수록 나의 아동기와 청소년기에는 오스틴 소설 안에서 빛과 그림자가 맞물리는 것처럼 프라이드와 편견이 복잡하게 뒤얽혀 있었다.

우리 아버지는 유대계 오스트레일리아인이라는 혼종의 정체성에 대한 자긍심pride이 있었다. 아버지가 좋아하던 작가 이즈리얼 쟁월의 단편집을 같이 읽은 기억이 난다. 『게토의 몽상가들』이라는 이 책에는 조국이 없는 민족의 딜레마를 체현하는 인물들이 등장하는데, 그중에서도 우리는 하인리히 하이네의 스토리를 얼마나 많이 읽었는지 모른다. 자신이 태어난 게토보다 더 너른 영혼을 가진 것을 통탄하는 시인을 보면서 아버지는 당신 자식들이 그렇게 사방이 막힌 공간에서 태어나지 않았다는 사실에 안도했던 듯하다. 시인 도러시아 매켈러*가 노래했던, 태양에 그을린 드넓은 평원이 이 애들이 태어나고 자유로운 영혼으로 배회할 곳이라는 생각에 감개무량했을 것이다.

나는 어릴 적 잠깐 동네 수녀원 부속 학교를 다녔다. 내 아동기의 경험이 어떻게 자긍심과 편견의 조합에서 빚어졌는가를 분명하게 보여주는 그때의 일화가 하나 있다. 내가 고작 네 살이었을 때라 나보다 몇 살 위인 이웃집 소년이 방과 후에 나를 집에 데려다주기로 얘기가 되었다. 학교에 잘 적응해서 다닌 지 일주일쯤 되었는데 담임 수녀님이 교실에 들어오자마자 "아침 기도를 하지 않은 어린이는 자리에서 일어나세요" 하시는 거다. 나는 기도에 관해 뭔가 특별히 재미난 얘기라도 해주시려나 하는 즐거운 기대감에 재빨리 일어나 책상 옆에 차렷 자세로 섰다. 그런데 새로운 이야기는 고사하고 다리에 철썩 매를 맞았다. 이게 무슨 일인가 얼떨떨

• Dorothea Mackellar(1885-1968). 영국 체류 중 고국을 그리워하며 쓴 「나의 조국My Country」으로 널리 알려진 오스트레일리아 시인.

했다. 좀 더 컸을 때였으면 정직하게 말하는 게 잘하는 짓인지 의심이 싹텄을지도 모르겠다만, 그때는 오직 선생님이 이제 나를 싫어하나 보다 이 생각뿐이었다.

간신히 울음을 삼키긴 했는데 어떻게든 선생님의 인정을 되찾고 싶었겠지. 매일 다른 그날의 이야기를 듣기 위해 햇살이 내리쬐는 야외로 나갔을 때 마침 그런 기회가 찾아왔다. 그날은 수녀님 주위에 둥글게 모여 앉아 예수라는 이의 이야기를 들었다. 처음 듣는 이름이었는데 미움받는 내 처지랑은 다르게 틀림없이 수녀님이 좋아하는 사람인 것 같았다. 그때 뜻밖에도 그가 유대인이라는 말이 귀에 들어왔다. 아, 어찌나 반갑던지.

아침 기도로 잃은 점수를 만회하려고 조바심이 난 나는 이야기가 끝나자마자 기회는 지금이다 싶어 수녀님과 다른 아이들에게 방금 들은 이야기의 주인공처럼 나도 유대인이라고 알려주었다. 그 뒤로 무슨 일이 있었는지, 수녀님이 무슨 반응을 보이기는 했는지 아무런 기억이 없다. 그런데 그날 오후 이웃집 소년이 나를 집에 데려다주기 싫다는 거였다. 소년은 나더러 앞서가라고 하더니 다른 친구와 뒤따라오면서 내 발뒤꿈치에 공연히 돌멩이를 던지고 나를 이상한 이름으로 부르더라. 그런데 이 기억에서 아무런 수치심이나 공포심, 심지어 억울한 느낌조차 연상되지 않는다는 점이 나로서는 참으로 놀랍다. 그저 유대인이라는 게 얼마나 기분 좋은 일인데 저들은 왜 이해를 못 하나 어리둥절했던 느낌만 떠오른다.

이 에피소드는 당시 내 발달 상황에 대해 두 가지를 말해준다. 첫째, 네 살에 이미 반감을 못 견디는 기질이 형성되어 있었다는 것. 둘째, 적어도 내 정체성의 한 부분은 이미 확고했다는 것. 나는 나라는 존재에 대한 자긍심이 있었기에 마땅히 인간으로 대우받을 자격이 있다고 생각할 수 있었고, 살아오는 동안 간간이 맞닥뜨린 인종적 편견의 공격을 헤쳐 나가는 힘을 거기에서 얻었다. 어쩌다 보니 나의 '프라이드'와 내가 맞닥뜨린 '편견'이 크게 충돌하는 일은 피한 셈이다.

이것이 거짓된 기억이거나 방어 기제는 아닌지 나로서는 여부를 알 길이 없다. 오빠의 경험은 나와는 사뭇 달랐다. 남자애라서 그랬는지 오빠는 더욱 물리적인 형태의 편견을 겪었고, 꽤 성깔이 있었던지라 으레 따라오는 주먹다짐도 피하지 않았다. 오빠와 비슷한 상황이었으면 나도 어떻게 행동했을지 모를 일이다. 아무튼 수녀원 부속 학교의 일화는 내 기억에 이렇게 남아 있다. 아버지가 보여준 자기 긍정으로서의 프라이드가 감정적으로나 심리적으로나 나를 받쳐주었던 게 아닐까.

요즘의 탈식민적 세계에서는 좀 불편하게 들리겠지만, 우리 아버지가 오스트레일리아인인 동시에 영국 국민으로서 느낀 자긍심 역시 같은 맥락으로 이해할 수 있을 것이다. 마르크스주의식으로 말하면 일종의 허위의식, 곧 지배 이데올로기에 대한 무의식적 순응이었을지도 모르겠다만. 어쨌든 아버지는 그런 마음에서 오빠와 나를 종종 서재에 데리고 들어가 커다란 지구본을 우리 눈앞에서 빙글빙글 돌려가며 넓게 분포된 분홍색 지역 가운데 한 곳에서 살고 있다는 안도감에 감격하곤 했다.

　이런 유의 자긍심은 학교 수업에도 따라왔다. 시를 배우고 낭독할 때면 나는 윌리엄 워즈워스의 잉글랜드 수선화와 헨리 켄들의 오스트레일리아 방울새에게 똑같이 상상의 감정 이입을 했다. 3학년 때 배운 커리 선생님은 수업 시간에 틈만 나면 자신의 뿌리인 스코틀랜드의 문화 유산을 소개하기 바빴다. '보니 프린스 찰리'에 대해 가르친다거나 「스코틀랜드의 초롱꽃」이라는 민요를 신나게 합창하도록 유도하는가 하면 크리스마스 철에는 모든 학생의 책상 위에 산타클로스 초콜릿을 놓아두었다. 내가 유대인 후손이라고 해서 스코틀랜드인의 애국심으로 충만한 수업에서 배제되는 느낌은 들지 않았다. 산타클로스가 내 세계에는 존재하지 않는 허상이라고 부모님이 누누이 말씀하셨어도, 초콜릿 맛은 달콤하기만 하더라.

　유년기의 기억에 젖어들다 보면 사람이 은근히 도취되기도 한다. 그렇다고 분별을 잃을 정도는 아니다. 대영 제국이나 식민주의에 대한 자긍심을 예사로 넘기던 시대는 끝난 지 오래라는 것도, 자긍심이라는 것이 양면적인 감정이라는 것도, 탈근대론의 회의주의가 일러주는 바도, 역사적 진실을 가르치지 못한 우리 세대 교육자들의 과오에 대해서도 잊거나 소홀히 생각하지 않는다. 이민국의 일원으로 인정받았다는 사실에서 아버지가 느끼던 자긍심은 현대의 다문화주의 예찬과는 근본적으로 달랐다. 물론 후자에도 나름의 모순과 문제점이 있겠지. 그래도 아무튼 나는 편견의 뭇매질에 굴하지 않고 피어난 인간으로서의 자긍심, 마법 같은 상상력, 지식에의 갈증을 후대의 감수성으로 폄하하는 것은 용납하기 어렵다. 최악의 시기에도 가끔은 편견을 넘어서는 집단 인간성의 고갱이라는 게 있는 것이니까.

우리 읍으로 피난 온 집들 중에 세 집의 사례가 떠오른다. 첫 번째 가족은 논란이 분분한 단치히 회랑*에서 온 독일계 폴란드인 난민이었다. 그 댁에 패니라는 딸이 있었는데 유럽식의 깍듯한 예의범절로 학교에서 인기가 높았다. 패니는 영어 실력이 일취월장하더니 대학 입학시험에서는 후일 세계적인 석학으로 발돋움한 코럴 랜즈버리와 나란히 영어 최우수자 명단에 이름을 올렸다. 두 번째 가족은 빈 출신

• Danzig Corridor. 폴란드와 독일의 영토 분쟁으로 제2차 세계 대전의 뇌관이 되었던 발트해 연안 지역.

이었다. 고향에서 시계 제작자로 일했던 F 씨는 이곳에 와서 가축을 기르고 이른 새벽 이륜마차로 우유 배달 하는 생활에 잘 적응하시더라. F 씨 부인도 우리 어머니처럼 신경성 두통에 시달렸는데 어머니보다 회복력이 좋은 분이었다. 처음 보는 유럽식 페이스트리를 만들어주실 때면 냄새부터가 얼마나 맛있었는지 모른다. 역시 오스트리아에서 건너온 세 번째 가족에게는 좀 다른 사연이 있었다. N 박사님은 리턴의 통조림 공장에 실험실 설립자 자격으로 이민 허가를 받았다. 유대인이지만 가톨릭으로 개종한 N 부인은 인문학자였고 동네에서 부인 박사님으로 통했다. 나는 이분들을 만나서 유럽식의 교양 있는 대화를 경험할 수 있었다. 내가 영어 우등반에서 읽는 책마다 관심을 보이며 이것저것 물어보시고, 재미만이 아니라 호기심을 갖고 책과 교감하도록 지적인 자극을 제공하셨다.

셋이서 마을 여기저기를 산책할 때면 톨스토이니 체호프니 당시 나로서는 생소한 이름들이 대화에 오르곤 했다. 두 분 다 연극에 관심이 깊었는데 새로운 환경에서 채워지지 않는 갈증이 컸을 것이다. 나는 브레인 선생님이 알려준 제임스 배리의 소설과 희곡을 두 분에게 소개해드렸다. 출생과 유산에 얽힌 우연성과 함의, 제한된 신분 상승의 기회 등등의 주제들이 배리의 작품 『훌륭한 크라이턴 *The Admirable Crichton*』 안에 들어 있다는 걸 무지한 나에게 깨우쳐준 놀랍도록 흥미진진한 대화들이 기억난다. 함께 읽기가 캄캄한 세상을 밝히는 한 줄기 빛이 될 수 있다는 것을, 우정이 싹트고 뜻이 통하는 공동체를 만들어가는 길이 될 수 있다는 것을 그분들이 알려주셨다.

아동기와 10대 후반의 어느 사이엔가 독서가 내 삶을 지배하기 시작했다. 나는 책에 의지해서 인간관계를 이해해나갔다. 소설 안에서는 인생이 다 좋기만 하거나 다 나쁘기만 한 경우가 거의 없더라. 인생은 좋고 나쁨의 혼합이라는 걸 책을 통해서 알게 되었다. 내가 오스틴의 소설 세계에 그렇게 쉽게 진입한 건 우연이 아니었다. 일곱 살에 루이스 캐럴의 『이상한 나라의 앨리스』를 읽고부터 내가 알고 있는 세계 너머를 꿈꾸기 시작했다. 나이얼 윌리엄스는 소설 『행복이란 *This is Happiness*』에서 그곳을 '딴 세상'이라고 하더라만, 아무튼 나를 둘러싼 이곳을 벗어나 어딘가의 저곳으로 빠져드는 것이 익숙해졌고, 내 자리로 돌아올 때마다 길을 잃지 않고 삶을 헤쳐 나갈 새로운 묘안을 얻어 오곤 했다.

도서관 책장에서 『오만과 편견』을 집어 들었을 때, 내 마음은 틀림없이 준비된 상태였을 것이다. 비비언 고닉은 독서 회고록 『끝나지 않은 일』에서 그런 마음가짐을 이렇게 묘사하고 있다. "아, 수용성! 다른 말로는 준비된 상태라고도 한다. 책과 독자 사이에 ─사람과 사람 사이는 말할 것도 없다

—이루어진 모든 성공적인 연결을 책임지는 건 인간의 신비 중에서도 가장 신비로운 수수께끼, 바로 감정적 준비다. 모든 생의 형태는 결정적으로 여기에 달려 있다."(170쪽)

사춘기에 접어든 그때 나는 현실에서처럼 빛과 그림자가 불가분하게 뒤섞인 세상으로 들어가 그것들을 체험할 준비가 되어 있었다. 그것은 신이 창조한 세상이 아닌 한 작가가 창조한 허구의 세계였다. 그가 소리와 인격과 생각을 불어넣어 완성한 정연한 패턴 안에 단순한 결혼 플롯을 뛰어넘는 인생의 비전이 담겨 있었다. 내가 평생 이어갈, 궁극적으로 내 삶의 암흑기에 빛을 비춰줄 허구의 경험 읽기는 그렇게 시작되었다.

줄거리

『오만과 편견』

영국 시골 마을 하트퍼드셔에 사는 베넷 부부에게는 스물두 살부터 열다섯 살까지 결혼을 하지 않은 딸만 다섯이다. 아들이 없으니 그나마 보유한 저택과 자산은 먼 친척에게 상속될 예정이고, 딸들의 경제력은 오로지 안정된 결혼의 전망에 달려 있다. 그리하여 어머니는 딸들의 번듯한 혼처를 찾는 일에 매진하는데, 교양과 덕성이 부족하니 구설에 오르는 언행도 불사한다. 독서가 취미인 아버지는 박식하고 위트가 넘치지만 '무식하고 어리석은' 아내와 딸들을 비웃는 데서 고약한 재미를 얻을 뿐 가족의 안위에는 대체로 무심하다. 둘째인 엘리자베스는 부모의 장단점을 인지할 만큼 명민하고 그것에 좌우되지 않을 만큼 독립적이며 다독과 직관을 무기로 바른말을 하는 데 거침이 없다. 첫째인 제인은 모든 사람의 좋은 점을 먼저 보는 선량하고 온순한 성격이다. 첫째와 둘째는 서로에게 좋은 의지가 되고, 어머니의 기질을 빼닮은 넷째와 다섯째도 죽이 잘 맞지만, 소심한 책벌레 셋째 메리는 사회성을 연마할 교류가 부족해 보인다.

어느 날 마을에 재산이 넉넉한 유력한 신랑감 두 사람이 나타난다. 네더필드 저택에 세를 든 빙리 씨와 그의 절친한 친구 다아시 씨의 등장으로 마을은 들썩이고, 몇 번의 무도회와 저택 방문을 거쳐 빙리 씨와 제인의 로맨스가 급물살을 타는 반면, 다아시 씨의 오만한 첫인상과 무례한 첫마디에 마음이 한번 닫힌 엘리자베스는 차츰 그녀의 활달한 매력에 눈을 뜬 다아시 씨의 호감 표명에도 시종일관 싸늘하다. 게다가 다아시 씨와 악연이 있는 위컴이 나긋나긋한 말씨로 다아시 씨를 중상하는데 똑똑한 엘리자베스가 그 말을 그대로 믿어버리는 바람에 악감정이 날로 심화될 뿐이다. 그러던 차에 베넷가의 유산 상속자 자격으로 콜린스 목사가 롱본을 방문한다. 아둔함과 비굴함과 거드름의 복합체인 이 남자는 엘리자베스에게 청혼했다가 단칼에 거절당하지만, 대신에 그를 실속 있는 남편감으로 점찍은 엘리자베스의 친구 샬럿 루커스와의 약혼에 성공한다. 조만간 큰딸과 둘째 딸을 결혼시키겠다던 베넷 부인의 부푼 꿈이 빙리의 갑작스러운 런던행과 콜린스 목사의 약혼으로 물거품이 되는 장면에서 1부가 마무리된다.

    상심한 제인은 외삼촌 부부를 따라 런던으로 향하고, 엘리자베스는 콜린스 목사와 결혼한 샬럿의 신혼집을 방문하러 헌스퍼드에 갔다가 콜린스 목사에게 성직록을 베푸신 캐서린 드 버그 여사의 로징스 저택에서 여사의 조카인 다아시 씨와 재회한다. 엘리자베스에게 향하는 마음과 베넷 가문에 대한 멸시 사이에서 갈등하던 다아시 씨가 급기야 구애인지 모욕인지 애매한 말로 청혼하지만, 자존감을 포기하며 결혼에 목맬 마음이 없는 엘리자베스는 가슴을 후벼 파는 모진 말로 거절한다. 자신에 대한 심각한 오해가 있다고 판단한 다아시 씨는 장문의 편지로 해명을 시도하고, 엘리자베스는 이 편지를 외우다시피 읽고 또 읽는 사이 성급한 오판과 편견에 치우쳤던 자신을 반성하기에 이른다. 다아시 씨를 보는 엘리자베스의 시각이 또 한 번 교정된 것은 외삼촌 부부와의 여행길에 다아시 씨의 영지인 펨벌리를 방문했을 때이다. 당대 유행하던 인위적인 조경 디자인에 대한 오스틴의 거부감은 엘리자베스의 입을 통해 독자에게 전달되는데, 자연스러움과 품위가 조화를 이룬 펨벌리의 아름다움은 소유주인 다아시 씨의 안목에 대한 감탄과 신뢰로 이어진다. 편견과 오만을 걷어내고 서로를 향한 마음을 확인하려는 찰나, 막내 리디아가 위컴과 도주하는 사건이 발생한다. 온 가족의 수치로 기록될 이 사건을 묵묵히 해결함으로써 다아시 씨는 엘리자베스의 애정을 획득함은 물론이고 차후에 베넷 씨의 결혼 승낙을 무사히 얻어낸다. 자기 딸과 다아시 씨를 맺어주려던 캐서린 드 버그 여사가 이런 사태를 막아보려고 친히 롱본에 방문하지만, 엘리자베스의 기백을 꺾기는커녕 주저하던 남녀에게 희망의 빌미를 제공하는 결과를 낳고 만다. 그사이 리디아와 위컴은 불장난에 대한 대가로 결혼을 하고, 하트퍼드셔에 돌아온 빙리와 제인은 사랑의 결실을 맺는다. 다섯 자매 중 짝을 못 찾은 것은 키티와 메리인데, 키티는 언니들을 따라 더비셔에 가서 살게 되고 가엾은 메리만 마지막까지 롱본에 남는다. 힐러리 맨텔의 미완성 유고가 완성될 수 있었다면, 메리를 주연으로 한 『오만과 편견』의 스핀오프가 일곱 편으로 늘었을 것이다.

4장

『노생거 수도원』: 소설과 우정

> 진짜 친구를 위해서라면 못 할 게 없지.
> 사람을 '적당히 사랑한다'는 건 내 사전에 없어.
>
> 제인 오스틴
> **『노생거 수도원』, 1부 6장**

'그냥' 소설책

오스틴 소설 여섯 편의 다시 읽기를 해보리라 마음먹고 서던 하일랜즈의 시골집으로 들어가서 보니, 무슨 영문인지, 가장 기억이 흐릿해서 제일 먼저 읽고 싶었던 소설이 사라지고 없었다. 『노생거 수도원』은 내 책꽂이에서만 사라진 것이 아니라 기억에서도 거의 통째로 사라져버렸다. 듬성듬성한 줄거리밖에 떠오르지 않는 걸 보면 다시 읽을 마음이 별로 안 들었던 모양이다. 쇠뿔도 단 김에 빼랬다고 나는 결심을 당장 실행하고픈 조바심에 다급하게 언덕을 내려가느라 금방이라도 꽃망울을 터뜨릴 것 같은 야생 능금나무들에 제대로 눈길도 못 주고 마을 상점가까지 종종걸음을 쳐서는 브라운 서점 선반에 단 한 권 남아 있던 그 소설책을 손에 넣었다. 책방 주인 낸시와 손님 한 사람과 몇 마디를 나누는데 듣자 하니 학교 교사인 이 손님도 다음 학기 수업에서 이 작품을 다룰 계획이라더라. 나는 그이와 조만간 커피를 하자고 약속하고 부리나케 다시 나의 독서방으로 돌아와 독서 치유에 돌입할 자세를 가다듬었다.

책을 읽다 보면 어쩌다 노다지를 캤구나 알아차릴 때가 있다. 5장까지 진도가 나갔을 때 나는 잠시 멈추고 앞으로 되돌아가 어느 단락을 다시 읽었다. 이 대목에서 제인 오스틴은 19세기 초 소설가의 기량에다가 요즘 말하는 문학 이론이라는 것을 오묘하게 타 넣고 있었다. 그렇다고 이론가 행세를 하는 건 아니고 어디까지나 소설가로서 자신의 문학적 모델인 새뮤얼 존슨 박사가 질색할 위선 떠는 말들을 경계하면서 자기 소설 안에서 소설을 옹호하는데, 전혀 설교나 강의처럼 들리지 않는다. "젊은 숙녀에게 무슨 책을 읽고 있느냐고 물으면 '아! 그냥 소설책이에요!'라고 대답할 텐데, 이 말인즉슨, '별다른 건 아니고 그저 인간 정신의 가장 강력한 활동이 펼쳐지고 인간 본성에 대한 빈틈없는 지식과 그 다양성에 대한 최적의 묘사 및 더없이 생생하게 터져 나오는 재치와 유머를 최고의 엄선된 언어로 세상에 전달하는 그런 작품'"을 읽는다는 뜻이란다.

이런 것이 오스틴의 연금술이다. 이 젊은 숙녀는 대관절 누구길래 어떻게 이야기 속으로 들어와서는, 소설을 논쟁으로 몰아가지 않도록 작가인지 화자인지를 이토록 영리하게 구해주는가 말이다. 서투른 작가들이 지나치게 심각하게 접근하는 분야에 간혹가다 오스틴도 이렇게 발을 들일 때가 있다. 그러나 그는 장기인 아이러니를 동원해 단 한 문장으로, 점잖은 여성들의 교육에 부적합한 쓰레기라며 소설을 비난하던 당대의 모럴리스트들과 비평가들에 맞서서 소설을 방어하는 것이다. 저 이름 모를 젊은 숙녀분은 독자가 소설에서 무엇을 얻는가를 요목조목 밝히고 있다. 소설, 그러니까 심오하게 진지한 메시지를 던지는 동시에 멋지게 코믹할 수 있는 소설의 정수가 눈앞에 있다고 숙녀는 말한다. 이제부터 당신이 읽을 것이 바로 그런 소설이라고, 강건한 사유와 인간 조건에 대한 이해와 생생한 인물 묘사를, 재치와 유머를 담아 능수능란한 언어로 전달하는 스토리라고 단언한다. 어른이 되어 읽은 『노생거 수도원』의 갈피갈피에서 내 눈으로 확인한바, 이 숙녀의 말은 참말이더라.

오스틴의 초기 독자들이 딱히 그의 강건한 정신에 관심이 있었다고는 하기 어렵다. 그들은 대체로 여성 작가들에게 그런 걸 기대하지 않았다. 강건한 정신에서 생겨나는 원대한 아이디어가 여성에게 있으리라고 생각을 못 했던 거다. 그렇게 경이로운 것들은 전적으로 남성의 것이어야 했으니까. 재능이 특출났던 브론테 자매나 걸출한 지성의 조지 엘리엇조차도 남자의 필명을 쓰는 편이 더 신중한 처사라고 판단하지 않았나. 오스틴은 생전에 가정적인 독신녀로 살았다고 알려졌고 으레 그런 제약이 그의 정신적 자질과 직결된다고들 생각했다. 물론 유력한 비평가 겸 소설가였던 월터 스콧 경처럼 오스틴의 비범한 재능을 알아본 사람이 없지는 않았다. "그러므로 『에마』의 저자가 일상의 사건들과 평범한 계층의 인물들에 밀착하여 이렇게 생생하고 독창적인 스케치를 완성했으며, 그래서 우리는 희대의 사건 서사를 기반으로 우리 일반인들보다 월등히 우월한 사고, 행실, 정서를 고민하는 작품들이 제시하는 지적 자극이 조금도 아쉽게 느껴지지 않는다고 말한다면, 이것은 결코 허투루 하는 찬사가 아니다."

스콧의 말에는 진심 어린 애정이 묻어난다. 이 신예 작가의 비범성에 대해 독자 대중의 주의를 환기해준 것은 감사한 일이다. 하지만 스콧 역시나 한 세기 뒤의 헨리 제임스처럼 제인 오스틴의 정신을 얕잡아보고 있다.

20세기 후반에 오스틴 문학에 쏟아진 페미니즘과 탈식민주의의 폭발적인 관심은 고맙게도 이런 시각에 작별을 고했다. 이때를 기점으로 독자들은 오스틴의 여주인공들이 등장한 이후로 소위 여자들의 용무가 예전과 달라졌음을 알아차리기 시작했다. 오스틴 문학은 서방 세계와 그 너머까지 권력 관계 일반, 특히 젠더 권력에 관한 수많은 사유를 탐색하는 기준점이 되었다.

역사 읽기

나는 대화술에 집착하는 습관이 있는데도 『노생거 수도원』을 다시 읽기 전에는 주인공 캐서린이 이저벨라 소프와 나누는 대화와 틸니 남매와 나누는 대화가 절묘하게 대비된다는 사실을 미처 몰랐다. 진정한 친구들이라고 할 수 있는 틸니 남매와의 대화는 서로의 의견을 나누는 토론이 되곤 하는데, 역사를 주제로 한 이들의 대화는 나의 관심사와도 자연스럽게 이어지더라. 나는 역사소설 특히 월터 스콧 경 시절 이후로 역사소설이 거쳐온 변천사에 관심이 많은 편이다. 스콧 경에 관해서라면 오스틴 역시 존경심의 한편으로 장난스러운 질투심을 드러낸 바 있다. "시인으로서 이미 명성과 이득을 얻은" 사람인데 소설까지 잘 쓰면 안 되는 거라는 볼멘소리를 언니에게 써 보냈지. 스콧의 소설에 나오는 대화와 오스틴의 반짝이는 대사들을 비교해보면, 훗날 20세기에 두 사람의 우수성을 역사가 어떻게 비교하는지 오스틴에게 알려주지 못한다는 게 그저 안타까울 따름이다.

나는 세월이 쌓이고 과거를 기억하는 일이 호락호락하지

않게 느껴질수록 소설 안에서 역사가 다뤄지는 방식에 관해서 관심이 증폭되다 못해 이제는 역사적 호기심의 노예라고 해도 될 판이다. 소설이 어떻게 과거로 현재를 재구성하는지 알아가는 재미가 쏠쏠하고 소설 안에서 인생살이에 대한 신선한 시각을 발견하는 유익한 효과도 따라온다. 하지만 우리의 주인공 캐서린은 역사책이 온통 "짜증 나고 지루한" 이야기뿐이라고 불평을 늘어놓는데, 그 말을 듣고 있던 틸니 양은 친구의 의견을 받아주는 것 같으면서도 역사를 집필하는 사람들 쪽으로 슬쩍 주제를 선회한다. "역사가들은 기꺼이 공상의 나래를 펴지 않는다고 생각하는군요. 흥미를 자아내지 않더라도 그들도 상상력을 발휘하긴 하죠." 이런 식으로 대화가 이리저리 튀며 두 아가씨의 정신세계를 비춰 보인다.

오스틴의 또 다른 작품 『설득』에 보면, 현명하고 식견이 넓으면서 대홧거리가 풍부한 사람들과의 사귐이 최고의 교분이라는 구절이 나오는데, 이 말의 증거가 캐서린과 틸니 양의 대화가 아닐까 싶다. 비록 이 장 서두에 인용된 바와 같은 성급한 우정의 서약을 제시한 인물은 이저벨라 소프 양이었지만, 캐서린에게 '최고의' 교분 상대는 단연코 엘리너 틸니 양이다. 앞서 '젊은 숙녀'의 소설 지지 선언을 예증이라도 하듯 두 사람의 대화에는 오스틴의 강건한 정신이 감춰진 듯 드러나 있다. 캐서린이 문제를 단순하게 정식화할 때는 감춰져 있다가도 대화의 문답을 따라가노라면 어쩔 수 없이 드러나 보인다. 두 사람 중에 더 유식하고 교양 있는 쪽은 언니뻘인 소프 양이지만, 역사소설에 주력하는 현대 작가들에게 이들의 대화가 유의미하고 도발적인 이유는 캐서린의 단순한 접근 때문이다.

리처드 플래너건이 어떤 식으로 역사적 인물을 재상상하는지를 생각해보자. 소설 『원팅Wanting』에서 플래너건은 옛 태즈메이니아의 식민지 총독을 역임한 존 프랭클린 경의 아내, 선주민 부족의 정식 보호 관리인으로 부임한 백인, 그리고 19세기 소설가 찰스 디킨스를 등장시켜 통찰력 있는 이야기를 전개한다. 또 한 사람의 등장인물은 부족의 소중한 존재였다가 소위 '보호 관리인들'로 인해 상품으로 전락하고 마는 선주민 아이 매시나이다.

이 소설은 우리 세대 아이들이 학교에서 주입받은 이야기에 대한, 오래 지연된 응답이라고 볼 수 있다. 우리가 자랄 때 필독서나 다름없었던 『리틀 블랙 프린세스』와 『꿈의 나라에서 온 우리We of the Never-Never』를 쓴 이니어스 건은 노던 테리터리 벽지에 부임한 정부 관료의 아내였다. 현지 선주민 부족에게 배우겠다는 선량한 의도에서 출발했을지 몰라도 그의 의도 자체가 이미 백인의 특권 의식으로 오염되어 있었다. 자기 눈에 비친 대로 선주민 생활의 단면을 가져다 썼으니, 선주민과 비선주민의 관계의 실상이 제대로 담겼을 리가 있나.

한 세기 뒤에 리처드 플래너건이 이런 쟁점들을 제기한 것인데, 플래너건은 틸니 양이 말한 역사가들하고는 달라서 역사적 인물을 소설의 소재로 삼아 흥미를 자아내는 데 성공한다. 역사를 비틀어 과거와 현재 모두를 일정 정도 폭로하는 이런 장르를 전기소설bio-fiction이라고도 부른다. 플래너건의 작품들은 '공상의 나래'를 펼쳐 단순 사실의 경계 너머로 뻗어 나간다. 그는 문학적 스타일의 차이와 뉘앙스를 이해하는 작가이다. 찰스 디킨스의 입에서 제인 오스틴을 무시하는 발언이 흘러나오게 하는 대목을 보자.

"제인 오스틴 책은 한 권 읽어본 것 같군요." 곰곰이 생각하던 디킨스가 말했다. "요즘에 그 이상 읽는 사람이 있겠어요?"

"머컬리라면." 제럴드가 말했다.

"맞는 말씀." 디킨스가 말했다. "더글러스, 당신이라면 모를까 오스틴은 모든 문장 안에 반드시 강하고 빠른 맥동이 들어가야 한다는 점을 이해 못 해요. 그러니까 작고한 이후에 더욱 인기를 구가하지 못하고 갈수록 잊혀가는 거죠……."

디킨스의 지레짐작에 담긴 아이러니야 말을 보태고 말고 할 것도 없다. 그런데 내가 궁금한 것은 왜 플래너건이 찰스 디킨스라는 인물을 보여주는 장치로 오스틴의 소설을 끌어오는가 하는 점이다. 디킨스가 오스틴 소설을 읽었다는 증거가 있는지 찾아봤지만 허탕이었다. 하지만 플래너건이 지어낸 이야기는 만약 디킨스가 오스틴의 문체를 접해봤다면 어땠을까 하는 가정과 잘 맞아떨어진다. 오스틴 책의 판매가 감소 일로에 놓였다가 가족 회상록 출간을 기점으로 오스틴 소설을 재조명하려는 관심이 되살아났다는 세간의 통설과도 맥이 통한다. 다만 오스틴 연구자인 재닌 바채스가 발견한 정황과는 다소 엇갈린다. 바채스에 따르면 디킨스가 문단의 주요 인사로 활동하던 당시에도 오스틴의 작품은 보급판의 형태로 줄기차게 발행되었다더라. 그럼에도 이 발언은 남성으로나 작가로나 디킨스에 관하여 새롭고 흥미로운 점을 시사하고, 우리가 기존에 가지고 있던 증거, 이를테면 머컬리가 제인 오스틴의 열성적인 독자였다든지 하는 사실에도 부합한다. 행복한 상상의 나래임은 분명하다. 그것으로 플래너건이 오스틴까지는 아니어도 최소한 디킨스의 창의적 정신을 꿰뚫어 본 것 또한 사실이고.

캐서린 몰런드는 역사책이 짜증 나거나 지루하다고 말하더라만, 토머스 크롬웰의 흥망을 추적한 힐러리 맨텔의 3부작 소설을 읽고 있으면 지루함이나 짜증이 비집고 들어올 겨를이 없다. 내 기준으로는 이보다 나은 역사소설이 있을까 싶다. 맨텔의 문장에서는 플래너건의 상상 속에서 디킨스가 제인 오스틴의 문장에 결여됐다고 말하는 바로 그런 에너지가 터져 나온다. 내 비록 『한여름 밤의 꿈』을 읽은 이후로 최음제를 경계해온 사람이지만 맨텔의 소설 같은 문학의 최음제라면 기꺼이 마실 의향이 있다. 어디를 펼치든 신선한 충격이 읽는 이의 혼을 쏙 빼놓는다.

맨텔은 오스틴이 그러듯 짧디짧은 대화로도 캐릭터를 드러낼 줄 안다. 오스틴의 소설을 장수하게 만든 천재성을 이해하고 그로부터 배운 사람이 아니던가. "그의 책은 읽을 때마다 스토리가 조금씩 다르게 느껴진다. 다른 강조점, 이전에 놓쳤던 뉘앙스가 눈에 보인다. 작가의 천재성이란 이렇게 텍스트가 내주고 또 내주게 만드는 능력, 결코 완전히 읽히지 않는 텍스트, 계속해서 의미를 증식해가는 텍스트를 만들어내는 능력임에 틀림없다."

나는 이 말을 그대로 맨텔에게 돌려주고 싶다. 맨텔 역시 문학과 역사에 대한 독창적인 상상력의 필터를 거쳐 튜더 왕가의 역사를 들려주고, 미래의 다시 읽기를 위한 선택지를 독자에게 열어놓는다. 그가 형상화하는 이미지에는 여러 가능성이 공존한다. 뱀에게 물린 뒤에 "오히려 더 강해져 빠르게 몸을 숨기고 빠르게 공격하게" 된 크롬웰이 독사 같은 눈을 번득일 때 얼마나 사악해 보이던가. 그러면서도 맨텔이 "인간 본성에 대한 가장 철저한 지식"을 과시하며 독자에게 크롬웰의 또 다른 면모를 내보이는 대목은 『울프홀』 제1권의 백미라 할 만하다. 크롬웰이 아내 리즈와 나누는 대화에서 얼마나 애정이 뚝뚝 떨어지는지, 애견 벨라와 얼마나 잘 놀아주는지 한번 보라. 이 대화를 듣는 순간만큼은 그를 비정하고 무자비한 책략가로 보던 우리의 시각이 수평 이동을 일으킨다.

"감미롭게 마주 보기에는 당신이 전하보다 낫군." 그가 말한다.
"여자한테 하는 칭찬치고 그보다 더 인색할 수도 없겠는걸."
"요크셔에서 돌아오는 내내 생각한 건데," 그가 고개를 가로젓는다. "별수 없지!" 그러고는 벨라를 허공으로 번쩍 들어올린다. 녀석은 신이 나서 다리를 버둥거린다.(1권)

나를 흐느끼게 만들었던 햄릿 왕자와 리어왕의 다정함을 크롬웰에게서 발견하게 될 줄이야.

얼마 전 작가 케이트 그렌빌이 라디오에 나와서 오스트레일리아 역사를 재상상하는 작업을 주제로 인터뷰를 하더라. 여러 편의 전기소설을 발표한 이이가 천착하는 주제는 과거가 배경인 스토리 안에서 현재가 어떤 식으로 조명될 수 있는가

하는 질문이다. 2020년 작 『잎으로 지은 방 *A Room Made of Leaves*』은 서간체 소설의 형식을 빌려 엘리자베스 머카서*의 스토리를 들려주고 있다. 서간체 소설이라면 제인 오스틴도 초기에 실험한 바 있는데, 그렌빌은 혁신적인 시도를 즐기는지라 이 형식을 영리하게 비틀어 역사적 가정에 의문을 제기하는 회고록으로 바꿔놓는다. 이런 책이라면 캐서린 몰런드 양도 짜증 내거나 지루해하지 않았겠고, 엘리너 틸니 양으로부터 독자를 흡족케 할 상상력으로 충만하다는 평을 듣고도 남았겠다.

우리가 자랄 때는 학교에서 오스트레일리아가 양의 등에 올라타 번영에 이르렀으며 그게 다 캠던 파크의 존 머카서 씨 덕택이라고 배웠다. 머카서 씨에게는 엘리자베스라는 부인이 있었는데 부인은 남편의 내조자 내지는 부속물 정도로만 인정받았다. 남편과 부인이 모든 이야기에 나란히 등장하기에 부부가 평생을 붙어 산 것으로 오해하기 십상이었다. 그러나 진실인 줄 알았던 이 통설은 실은 허구였다. 존 머카서의 일생은 목장에서 가족과 양을 기른 시간이 절반, 떠나 있는 시간이 절반이었다지.

우리는 여학생 절반 남학생 절반으로 나눠 앉은 교실에

• Elizabeth Macarthur. 1790년대에 영국에서 이주한 초기 백인 정착민. 목축업과 상업용 포도 재배로 큰 성공을 거둔 존 머카서의 부인으로, 헌신적인 여성상으로 후대에게 추앙받았다.

서 이 이야기를 들었는데 그때 흡수한 성별 구분을 수십 년째 떨쳐내지 못하고 살고 있다. 우리 여자애들에게는 그렌빌의 이야기가 필요했지만 당시는 아직 때가 무르익기 전이었다. 시대가 바뀌어 당도한 그렌빌의 이야기는 엘리자베스 머카서의 과거로 우리를 다시 데려가 이 부인이 이룬 성취의 관점에서 이야기를 새로 들려준다. 실화에 기반한 진실된 이야기임을 주장한다는 점에서, 논픽션을 가장하는 픽션의 초기 모델이라 할 수 있는 대니얼 디포의 『로빈슨 크루소』서문이 연상되기도 한다. 머카서 부인의 가상의 회고록인 이 작품은 역사에 의해 침묵당한 목소리를 해방시킨다. 자기 고양적 편향에서 국가가 생산하는 담론에 대한 도전이고, 구체적으로는 오스트레일리아의 진보를 둘러싼 지배적인 역사 담론에 대한 문제 제기이다.

또한 이 가상의 회고록은 확실히 제인 오스틴 이후로 픽션이 페미니즘적 사유를 다뤄왔다는 사실을 새삼 일깨운다. 그렌빌은 과거를 이용해서 독자들에게 엘리자베스 머카서가 남편에게 시달리고 억압당한 것처럼 여전히 여성의 입에 재갈이 물려지고 괴롭힘당하는 현실을 상기시키고 있다. 시대가 변화하며 개선된 것들이 없지 않음에도 불구하고, 차마 믿기 힘들 정도로 사적인 관계에서나 공적인 관계에서나 여성에 대한 남성의 폭력이 지속되고 있다는 사실은 최근의 미투 운동이 말해준다. 여성이 쟁취한 정치적 개선과, 공적 세계에서—연예계, 경제계, 그리고 어이없게도 정치계에서마저—일어났고 지금도 계속해서 일어나고 있는 여성 학대가 양립하는 상황을 어떻게 받아들여야 하나? 이건 비단 통계의 문제가 아니다. 인간관계가 얽힌 이상 이 문제에는 수학적 사고가 아니라 역설적인 성찰이 요구된다.

소위 전 국민의 이익을 대변하는 입법부라는 오스트레일리아 의회에서조차 남성의 권력 전횡이 여전히 횡행한다는 것은 작금의 역사적 상황으로 알 수 있다. 나는 오스트레일리아 ABC TV에서 방영된 「여성 피대변인Ms Represented」 시리즈를 빼놓지 않고 시청했는데 볼 때마다 감정이 격해지곤 했다. 이 프로그램은 20세기가 되고서야 입장이 허용된 공적 영역 안에서 활약 중인 여성들의 공개적 발언대의 성격을 갖는다. 애너벨 크래브가 진실을 캐는 프로듀서 겸 진행자를 맡고, 초대 손님으로 나온 여성 의원들이 전통적인 가부장제의 사고가 어떻게 아직까지도 자신들의 족쇄가 되고 있는지를 폭로한다. 가부장제의 사고는 여성들을 감정적이고 배려심 강하고 유약하고 순종적인 역할에 묶어두는 반면 남성들을 이성적이고 강인하고 보호심 강하고 결단력 있는 이미지로 투사한다. 이 시리즈가 더욱 특별한 이유는 좌우 정치 진영의 여성 유력 인사들이 합심해서 남성에게 당한 학대의 경험을 증언하기 때문이다. 매회 성공한 여성들이 차례로 나와 그 해묵은 이야기를 검증한다. 사회적 약자의 현실을 공감할 수 있게 전달하는 자신들의 재능이 어떻게 역으로 전형적인 여성의 히스테리나 멜로드라마라는 프레임을 뒤집어쓰고 때로는 선심 쓰는 척 때로는 맹폭하게 자신들을 공격하는 빌미가 되는지.

어떤 대화

학교에 가지 않은 어느 휴일, 어머니가 우리 집 뒤편 베란다에서 H 부인과 담소를 나누고 있었다. H 부인은 주로 당대 여성들이 당하는 수모와는 무관한 일들에 분노를 느끼는 사람이었다. 나는 어릴 때 어른들의 대화를 엿듣는 습관을 꾸준히 갈고닦았다. 저속한 행동이라는 소리를 들을까 봐 나름대로 책에 얼굴을 파묻는다거나 먼 곳을 응시하는 척하며 호기심을 숨기곤 했다. (나중에 한동안 돌발성 난청이 생겨 병원에 입원했을 때는 어린 마음에 내가 벌을 받는 건가 싶었다. 죄의 응보를 가르치는 『구약 성서』와 아버지의 영향이었겠지. 성인기에 난청이 재발해서 결국 그 즐거운 습관은 포기하게 됐지만 유머까지 잃지는 않았다. 독일 작가 예니 에르펜베크의 말마따나 어떤 상황에서든 웃을 거리가 있다는 의미의 유머이겠다만.) 수십 년 전에 엿들은 그 대화에서 제인 오스틴이 떠오르는 건, 그 대수롭지 않은 이야기가 인간의 편협함에 관해 강력한 메시지를 던져주기 때문이다.

오스틴 소설에 데려다 놓아도 어색하지 않을 가식적인 품위의 소지자인 H 부인이 우리 집에 들른 명분은 경품 추첨에서 당첨된 어머니에게 크리스마스 케이크를 배달한다는 것이었다. H 부인의 요리 솜씨는 정평이 나 있었고, 부인의 레시피로 만든 프루트케이크는 우리 고장 여성 연합회 행사에서 블루 리본상을 단골로 수상했다. 찻잔을 사이에 두고 짧게 사교적인 인사가 오가기 무섭게 H 부인은 가톨릭과 관련한 일체의 것들에 대한 반감을 과장되게 토로하기 시작했다. 어느 나라에나 해당하지만 특히 우리 읍에서 두드러진다며 이런저런 사례들을 늘어놓았는데, 교회 건물이 형평성에 맞지 않게 너무 크다는 둥 교회가 우리 읍의 경관에서 유독 잘 보이는 위치를 독점하고 있다는 둥 신부와 수녀들의 관계가 수상쩍다는 둥 하는 것들이었다. 정확히 무슨 뜻인지는 몰라도 아무튼 바람직하지 않다는 느낌은 나에게도 충분히 전해졌다.

나는 좀 어리둥절했다. 왜냐하면 아침 기도 사건과 그것의 여파를 제외하면 나는 수녀원 부속 학교에 대해 충분히 기분 좋은 기억들을 가지고 있었기 때문이다. 오디아 신부님은 종종 운동장을 돌아다니면서 아이들과 수다를 잘 떠는 분이었다. 저녁 식탁에서 H 부인과의 대화가 거론되었을 때 부모님이 이런 말을 하시더라. 차라리 H 부인 같은 사람들이 가톨릭 신자들에게 그런 적대감을 품어서 다행이지 않느냐, 유대계 가족들을 향한 편견에서 주의가 분산될 수 있지 않겠느냐.

제인 오스틴도 가톨릭과 신교도의 갈등을 주축으로 하는 역사물을 쓴 적이 있다. 언니 커샌드라의 일러스트를 곁들인 일명 『잉글랜드 역사』라는 짧은 책에서 스코틀랜드의 메리 여왕과 엘리자베스 1세 간의 포복절도할 피 터지는 대결 구도로 가톨릭과 신교도의 분열을 그려냈는데, 그것은 어디까지나 고약하지만 맛깔난 패러디였다.

수십 년 만에 H 부인과의 대화가 기억에서 불려 나온 것은 『노생거 수도원』을 다시 읽고 있을 때였다. 오스틴 특유의 아이러니가 살아 있는 '예의를 차린 대화'에 한껏 몰입해서 기억과 상상의 고삐를 느슨하게 풀어놓고 있자니 불현듯 의문이 들었다. 이렇게 옹졸하고 악의적이며 편협한 견해에 이의를 제기하지 않았다는 점에서 캐서린은 태만한 것이 아닐까, 그렇다면 오래전 우리 어머니도 태만했던 것이 아닐까? 어머니와 아버지가 가톨릭에 대한 H 부인의 편견을 반유대주의보다 나은 대안이라며 거의 반색하던 일을 돌아보았다. 그때 부모님은 그런 대화를 전혀 비속하다고 여기지 않았다. 지나고 든 생각이지만, 그런 말은 꺼내는 사람만이 아니라 듣는 사람도 같이 속돼지는 게 아닌가. 오스트리아 이민자였던 N 부부와 얼마나 비교되는가. 인간의 본성과 그에 관한 지식을 고찰하는 그들과의 대화는 나를 얼마나 고양시켰던가. 비교하고 말고 할 게 없었다. 편견의 악폐는 내 삶을 관통해온 모티프였구나, 새삼 깨달을밖에.

　요즘 시대에도 이런 딜레마를 흔히 마주치게 된다. 인간의 행동에 대한 나의 신조와 모든 면에서 어긋나는 친구의 편견과 무지 앞에서 과연 나는 어떻게 처신해야 하는지.

공감적 읽기

영어 교사직을 그만두면서 내가 다음으로 택한 일은 '편견에 맞서기Say NO to Prejudice'라는 교육 프로그램을 만드는 것이었다. 그러고 보면 나는 줄곧 내 인생의 편린을 단단하게 엮어줄 실잣기를 이어가고 있었던 모양이다. 이 프로젝트는 학교에서 가르칠 때 제2차 세계 대전 관련 교과 내용을 보강하는 차원에서 내가 기획하고 추진했던 구술사 체험의 자연스러운 연장이었다. 10대 학생들과 홀로코스트 아동 생존자들이 같이 어우러지는 작업이라는 게 참 좋았다. 나는 그 무렵 5년 동안의 해외 생활을 마치고 시드니로 돌아온 참이었다. 귀국으로 뒤숭숭하던 마음에 의욕을 불어넣는 방향 전환이었달까.

　이 프로젝트는 당시 나의 개인적인 욕구에도 부합했다.

대개 그런 특정 욕구들은 기존에 품고 있던 열정과 겹쳐지기 마련인데, 나에게는 편견에 맞설 강력한 스토리와 아이디어를 찾고 싶다는 평생의 소망이 있었다. 동시에 이 프로젝트는 많은 생존자들이 염원하던 바를 실현하는 일이기도 했다. 자신들의 이야기가 기록물로 남겨져야 하고 그럼으로써 20세기 한복판에 가족과 자신들에게 무슨 일이 일어났던 것인지 모든 학생들이 생각해보는 계기가 마련되어야 한다고 토로하는 생존자들이 얼마나 많았는가 말이다. 생존자들은 각자의 분명한 이유를 가지고 이 프로젝트에 참여했다. 인종적 편견이 초래한 결과를 인지하고 그것에 적극 반대하도록 젊은 세대를 격려하고자, 또한 목숨을 무릅쓰고 피해자들의 생존을 도왔던 용감한 이방인들에게 경의를 표하고자.

프로젝트 종료일에 학생들의 공식적인 프리젠테이션이 열렸다. 그날이 내가 인간의 공감 능력을 바로 코앞에서 목격한 날이었다. 구술자 한 사람과 학생 채록자 그룹이 팀을 이뤄 각 생존자가 들려주는 스토리를 기록하는 활동의 마무리로서 이날은 생존자를 관객으로 모시고 학생들이 구두 발표를 하기로 했다. 레온은 아동 생존자의 한 사람이었다. 그가 학생들에게 들려준 이야기에는 자신이 겪었던 일은 물론이려니와 그럼에도 그가 품고 있는 생에 대한 신념, 그리고 더 나은 세상이 가능하다는 낙관이 담겨 있었다. 레온 팀의 학생들은 그에게 네모난 나무 상자를 선물했다. 이어 학생 하나가 청중을 향해 선포하기를, "이것은 공단으로 안을 덧댄 상자입니다. 길고 험난했던 여정의 끝에서 레온 선생님의 삶이 비단결처럼 매끄럽기를 바라는 뜻이 담겨 있습니다".

학생들이 한 사람씩 돌아가며 상자에서 한 가지 물건을 꺼내 그것의 의미를 설명했다. 펜, 이것은 미래 세대들을 위해 레온의 이야기를 기록한다는 의미이다. 가시철사 조각, 이것은 그의 예리한 기억을 상징하는 동시에 그가 게토의 결박에서 풀려났음을 상징한다. 동전 한 닢, 이것은 그의 기억이 풍요롭다는 표상이다. 티슈 한 장, 이것은 '레온의 눈물과 우리의 눈물이 헛되지 않다'는 진실의 증표이다. 평화 기호, 이것은 레온이 인류에게 거는 원대한 희망을 나타낸다. 마지막으로 작은 천사상, 이것은 신의 '가호'를 의심하지 않은 레온의 신앙을 상징한다.

마지막 학생이 상자를 닫아 레온에게 건넸다. 허리가 굽고 머리가 허옇게 센 노인은 만면에 미소를 머금고 있었지만 눈에는 눈물이 그렁그렁했다. 학생이 노인에게 말했다. "나머지는 선생님께서 다른 귀중한 보물들과 꿈들로 채워주세요." 소설의 한 장면이 아니라 실제로 내 눈앞에서 벌어진 일이다. 그러나 저 학생들이 쓰고 레온에게 전달한 말들이 문학이 아니라면 무엇이 문학이랴. 그러므로 이 말들은 문학을 읽듯이 읽어야 한다. 여기에서 자연히 또 다른 물음이 생겨

난다. 과연 문학은 어떻게 읽어야 하는가?

『노생거 수도원』의 소설 변론에서 이 질문에 대한 한 가지 답변이 찾아지더라. 그 젊은 숙녀의 말을 헤아리면, 소설을 읽는다는 건 작중 인물의 감정과 생각과 행동을 추동하는 일련의 관념들을 대면하는 일이다. 아울러 소설의 언어가 읽는 사람 자신의 인식에 미치는 영향도 고려해야겠지. 그리고 처음에는 어렴풋하다가 서서히 명확해진 요소가 하나 더 있다. 홀로코스트 생존자들과 유대를 형성한 학생들의 배움의 여정에서 나는 공감의 힘을 목격하고 그 가치를 인정하게 되었다.

오스틴 세대의 작가들은 아직 '공감empathy'이라는 단어를 접하기 전이었지만, 애덤 스미스의 도덕 감정론이라든지 동류의식 이론에서 언뜻언뜻 이 단어의 취지가 엿보이고, 오스틴이 계승하고 발전시킨 감상소설에도 그런 의식이 스며 있었다. 공감 개념은 최근 들어 문학 연구를 비롯한 여러 학문 분야에서 중요하게 부상했다. 소설을 읽는 독자들은 작중 인물의 생각과 감정에 감응하거나 작중 인물들의 상호 교감 방식에 반응하게 된다는 것이다. 공감이라는 단어 자체는 19세기 말 독일어 'Einfühlung(감정 이입)'의 번역어로 영어에 처음 등장했다. 본래의 독일어 단어는 문자 그대로 다른 현상에 '자신의 감성을 투사'한다는 의미인데, 그 대상은 사람이거나 예술 작품이거나 어떤 상황일 수도 있다. 이것은 동감

sympathy이나 동일시identification 같은 개념과 동류이지만 어느 쪽과도 정확하게 일치하지는 않는다. 동감은 동정심과 너무 가깝고, 동일시는 자아의 상실을 연상시킨다. 생존자들과 소통하는 과정에서 학생들이 이 두 가지 함정에 빠지지 않도록 내가 각별히 신경 쓴 부분이었다.

공감적 읽기의 의미가 무엇일까? 『노생거 수도원』을 다시 읽는 동안 이 질문이 머릿속을 맴돌았다. 나한테 제인 오스틴이 이렇게 살갑게 느껴지는 건 소설의 화자로서 그가 보이는 공감 때문이었을까, 독자로서 내가 느끼는 공감 때문이었을까, 아니면 둘 다였을까? 몰런드 부인이라는, 집안일로 눈코 뜰 새 없지만 자식을 지극히 위하는 어머니나 그의 딸 캐서린이나 어머니가 없는 캐서린의 친구 엘리너 틸니 양에게 독자인 우리의 마음이 향한다는 건 공감에 대해 어떤 사실을 말해주는가? 학습을 통해서 공감적 읽기를 배우는 것이 가능할까? 내 생각은 점점 가능하다는 쪽으로 기울었다. 학생들에게 이런 방식의 읽기를 지도할 수 있다면 정말로 유익한 일일 것 같았다.

일단 공감에 대한 호기심에 발동이 걸리고 나니 일이 이상하게 돌아갔다. 누구랑 얘기를 하다가도 나도 모르게 이 개념을 설명하게 된다든지, 부쩍 늘어가는 독서와 학습에 관한 고민 중에도 어떻게든 이 개념을 끼워 넣고 있었다. 신문이나 잡지를 읽다가도 그 단어가 불쑥불쑥 튀어나오기 일쑤였다. 친구가 신문 기사를 하나 보내줬는데, 거기에 유명한 우주론자 스티븐 호킹 박사의 말이 인용되어 있었다. 어린 질문자에게 조언을 해주면서 박사는 자신이 가장 확장시키고 싶은 자질로 공감을 꼽더라. 공감은 "우리를 평화로운 다정한 상태로 화합"시킨다면서.

엘리 위젤의 자전소설 『나이트』는 공감의 부재가 인간의 도덕의식에 남긴 어마어마한 빈 구멍을 가장 일찍이, 가장 강력하게 증언한 글이다. 위젤은 노벨 평화상을 수상한 인권 수호 활동가이면서 수십 년간 학생들을 가르친 교육자였다. 그는 칸트와 괴테의 후예들이자 지구상에서 가장 교육 수준이 높다는 독일 민족이 인간 개체군을, 유대인만이 아니라 집시, 동성애자, 지적 장애나 지체 장애를 가진 사람, 정신질환자에 이르는 인간 집단을 절멸하려 했을 때 어째서 그들의 그 훌륭한 교육이 그들을 막지 못했는가 하는 문제를 깊이 천착했다. 그러면서 그는 위대한 문학 작품의 교육을 비롯해서 교육 전반의 방향 설정이 잘못되었다는 점을 원인으로 지목했다. 가치와 의식과 양심보다는 이론과 개념과 추상을 강조함으로써 교육의 본래 취지가 와해되었다는 것이다. 이 말을 내 식대로 이해하자면, 그런 교육 방식이 공감 의식의 발달을 저해했다는 의미가 아닐는지.

위젤의 격앙된 주장을 뒷받침할 역사적 사례를 찾기는

어렵지 않다. 가령 철도 시스템을 활용해 최대한 많은 학살 예정자들을 최대한 효율적으로 수송할 방법을 산출하는 연습 문제 따위를 생각해보라. 이것의 궁극적인 목표가 인간 개체군의 대량 살상이라는 사실은 뒷전이고 그저 추상적 사고 훈련만을 내세웠겠지. 학교의 독서 교육 역시 이론 적용 훈련이 되어버렸다. 호라티우스가 문학의 본질이라 일컬었던 유익함과 즐거움을 찾지 못하게 된 것이 정녕 이런 사정과 무관하다고 말할 수 있을까?

나는 구술사 프로젝트를 통해 만난 훌륭한 이들과 친구가 되었는데, 서비나도 그중 한 사람이었다. 서비나는 그때껏 홀로코스트와 관련한 경험을 아무에게도, 심지어 자식들에게도 말하지 않고 살았다. 그 일들을 기억에서 지우려고 애쓴 세월이 얼마인지. 그러던 그녀가 이 프로젝트에 참여하겠다고 결심한 것은 이제는 그 역사적 사건들과 그것이 남긴 인간의 도덕성에 관한 회의심을 공유할 때가 되었다고 느꼈기 때문이다. 그녀와 나는 그런 심경에 대해, 엘리 위젤이 굳게 믿은 생존자로서 증언할 의무에 대해 서로에게 생각을 털어놓았다. 게다가 문학과 철학적 사유에 관심이 깊다는 공통점이 있고 보니 대화를 나눌수록 사이가 돈독해졌다. 내가 보기에 서비나는 더 나은 시대에 살았더라면, 정상적으로 교육을 받았더라면, 틀림없이 학자의 길을 걸었을 사람이다. 그러나 열두 살부터 사람들 눈을 피해 은신처를 전전하느라 학교에 다니는 건 꿈도 못 꾸었다.

서비나는 남들에게 선물을 받기보다 노상 먼저 선물을 주는 어른으로 성장했다. 한번은 나에게 앤 패디먼의 에세이집 『서재 결혼시키기』를 사주길래 무슨 특별한 날이냐고 물었더니 그냥 책 좋아하는 마음을 사색하는 보석 같은 글이라 같이 읽고 싶었다는 거다. 나는 답례의 뜻으로 우리 지자체에서 발행하는 노인 회고록집에 서비나에게 헌정하는 에세이를 기고했다. 패디먼의 글처럼 세련되고 수려한 글은 못 되더라도 진심을 꾹꾹 눌러 담아 서비나가 내 인생에 미친 영향을 써냈더니 상을 하나 주더라. 살면서 글쓰기로 상을 받기는 손을 꼽을 정도이다.

전쟁 중에 서비나는 어머니와 아버지와 형제의 죽음을 겪었고 내내 숨어 지내야 했다. 어쩔 때는 생판 모르는 사람들의 집에 얹혀 지냈고 어쩔 때는 지하의 은신처들을 떠돌아야 했다. 전쟁이 끝났을 때 정신을 차리고 보니 유품 몇 개가 든 가방을 움켜쥔 채 어느 공원에 앉아 떠들썩한 승리의 외침을 듣고 있더란다. 거기까지 어떻게 갔는지는 아무런 기억이 없었다. 영 안 어울리는 천을 덧대 기장을 늘인 원피스를 입고 있었다는 것도 나중에서야 알았다. 그사이에 무슨 일이 있었는지, 누가 옷을 수선해주었는지, 아무것도 생각나지 않았다.

어린 서비나가 폴란드에서 살아남기 위해 안간힘을 다하고 있었을 때 나는 오스트레일리아에서 일상의 자잘한 걱정거리들을 안고 천진난만한 어린 시절을 보내고 있었다. 나는 에세이에서 두 아이의 상반된 경험을 나란히 비교한 다음 이렇게 글을 맺었다. "기억이 황금빛 일색인 우리들 다수에 비해서 서비나가 더 운이 좋았다고 말할 수야 없을 것이다. 그럼에도 그녀는 더 축복받은 사람이다. 우리는 서비나가 겪은 시련을 모면했을 뿐이다. 그러나 그녀는 악을 견디고 살아남았고 의미와 평화를 찾으려는 의지로 자신의 삶을 새로이 일으켰다. (…) 나는 온화함으로 우리의 미래를 밝히는 새 친구를 한 사람 얻었다."

서비나는 어머니에게 배운 예의와 신의라는 양식이 있었기에 도덕적으로 무너지지 않을 수 있었다고 말한다. 구술사 프로젝트를 통해 소중한 손주 세대의 어린 학생들에게 자신의 경험을 들려줌으로써 그녀는 비로소 과거를 매듭지었다. 이것은 그녀의 인생에서 새로운 국면이 열리는 전기가 되었다. 서비나는 이제 수많은 학생들에게 시간과 기억을 아낌없이 내어주는 훌륭한 강연자가 되었으니까.

2005년에 서비나는 국제 무대에 섰다. 베를린 홀로코스트 기념관 개관식에서 6백만 희생자를 대표하는 연설자로 선정된 것이다. 그녀는 회한도 복수도 아닌, 가해자 자녀들의 결백함을 이야기했고, 더 깨우치고 더 바르고 더 나은 세상을 향해 온 세대가 함께 나아가기를 촉구했다. 그녀의 회고록이자 자기 힘으로 일으킨 충만한 삶을 기록한 책의 제목은 『살아낼 운명: 한 여성이 기억하는 전쟁과 삶과 사랑』이다. 이 회고록을 읽으면 서비나라는 사람을 읽는 것 같다. 사랑과 용기와 신의와 공감에 대한 가르침이 읽힌다.

다시 읽기

이따금 새로 산 『노생거 수도원』을 들고 마당으로 나갔다. 판석이 깔린 아담한 안마당에 오후 햇살이 넘쳐흐를 때 그 속에 앉아만 있어도 참 좋았다. 내 고리버들 의자가 놓인 자리에서는 야트막한 생울타리 너머로 오스틴 일가의 회상록에 묘사된 것 같은 너른 잔디밭이 내다보였다. 오스틴의 조카는 제인의 형제자매들이 나고 자란 스티븐턴 목사관의 정경을 재현하면서, 소설의 주인공 캐서린 몰런드가 어린 동생들과 놀아주며 몰런드 저택 앞 잔디밭을 데구루루 굴렀던 것처럼 소녀 제인 오스틴도 잔디가 깔린 비탈을 데구루루 구르지 않았을까 상상하더라. 내 집 잔디밭은 서던하일랜즈의 잘 가꾼 여느 집 잔디밭처럼 파릇파릇한 평지이지만, 나도 캐서린이 내 눈앞에서 뛰어노는 모습을 혼자 속으로 그려보며 흐뭇해하곤 했다. 물론 아직은 앨런 부부의 바스 여행길에 따라나설 만큼 나이가 차지 않은 말괄량이였을 때다.

처음으로 집을 벗어난 소녀의 모험만큼 설레는 일이 또 있을까. 이 소설을 다시 읽을 때 나를 사로잡은 것이 바로 이 근사한 모험이었다. 열여섯 살로 되돌아가는 흥분과 새로운 지평이 열리는 즐거운 상상 속으로 나도 한데 휩쓸려 들어갔다. 이 나이에 시간의 회전목마를 한 바퀴 더 타게 되었으니 뜻밖의 횡재가 아닌가. 캐서린의 경험에서 무엇이든 배울 것을 찾게 될는지도 모를 일이었다.

따지고 보면 우리는 현실에서 쾌락을 얻기 위해, 또 쾌락 이상의 무엇을 얻기 위해 책을 읽는다. 인생과 관계를 헤쳐 나갈 단서를 던져주지 않을까, 우리 자신과 주변 세상에 대한 이해를 한 뼘쯤 확장해주지 않을까 기대하며 읽는 것이다. 독서 치유의 일환으로 『노생거 수도원』을 다시 집어 들자마자 나는 이 책이 오스틴의 다른 작품들처럼 그런 효과를 발휘하리라는 확신이 들었다. 과거에 놓치고 지나친 것들이 앞날을 밝히는 등대가 될지 모르는 일이니 정신을 바짝 차리고 소설을 음미해보라고 책이 나를 쿡쿡 찔러대고 있었다.

학교에서 오스틴의 소설을 가르치는 교사들은 간혹 소설이 본래 어떤 것인가를 망각하거나 무시하라는 유혹을 받을 때가 있다. 시험과 점수와 등급에 대한 집착에 깜박 속아 넘어가면 소설의 잠재적 재미를 방해하는 것들에서 독서의 이유를 찾기 십상이다. 브라운 서점에서 영어 교사와 마주쳤을 때에도 이런 느낌을 받았다. 일주일쯤 뒤, 그녀와 나는 못다 한 대화를 이어가기 위해 팰럿 플레저라는 달콤하고 먹음직스러운 디저트를 파는 카페에서 다시 만났다.

나의 새로운 지인은 학생들에게 이 소설을 소개하는 나름의 방식이 있었다. 무엇보다 『노생거 수도원』이 오스틴 당대의 고딕소설을 어떤 식으로 패러디하는지에 초점을 맞춰야 한다고 말하더라. 그래야 틸니 저택을 방문한 캐서린의 과열된 상상을 학생들이 이해할 수 있다는 것이다. 그것이 강의 요강의 주안점이라고, 요즘 쓰는 표현으로, 학생들이 이런 렌즈로 작품을 읽도록 권장한다고 그녀는 설명했다. 본인은 이런 식으로 이 작품을 읽지 않았지만, 그간 살펴보니 학생들이 갈수록 작품의 스토리보다 강의 요강의 내러티브에 주목하는 경향을 보인다면서.

우연의 일치치고는 좀 기이했다. 어린 독자였던 나의 흥미를 뚝 떨어지게 만들었던 이 소설의 특정한 측면이 요즘 학생들에게는 관심의 초점이라니. 고딕적 상상의 중요성은 나도 이해하고 있다. 잠시나마 소설사에서 위세를 떨친 장르이기도 하거니와 『제인 에어』나 『폭풍의 언덕』의 강렬한 정서적 매력을 설명하는 데에도 적잖이 도움이 된다. 고딕적 상상의 정점이 다름 아닌 메리 셸리의 SF 『프랑켄슈타인』 아닌가. 에드거 앨런 포의 공포 단편들이며 여타의 미국 근대 소설에도 고딕소설의 그림자가 어른대고 있다. 게다가 현대에 들어와서는 대중문화의 단골 소재로 재등장하면서 무수한 뱀파이어를 양산하고 있으니, 완전히 맥이 끊긴 적이 없다는 말이다.

그렇다 하더라도 제인 오스틴의 소설을 읽는 데 이것이 가장 핵심적이라는 생각은 전혀 들지 않는다. 그런 식의 소설 읽기는 과거를 통해 현 시대의 문화를 조명하기보다는 무작정 현재를 과거에 덧씌우려는 노릇이다. 결국 독서의 재미를 가장 일차원적인, 그러나 결코 가장 풍부하다고 할 수 없는 수준으로 미끄러뜨리고 말 것이다. 이론과 추상을 경계하라는 엘리 위젤의 경고가 귀가 들리는 듯하다. 렌즈를 낄 때는 주변이 더욱 또렷하게 잘 보여야 렌즈로서 쓸모가 있는 것이거늘. 바스 여행에서 캐서린에게 벌어진 사건들의 요체는 우정과 연애의 속성과 진실성이다. 아무려면 이런 사건들이 청춘 남녀의 삶과 더 연관이 깊겠지, 문학의 장르적 변천과 더 연관이 깊겠는가? 오스틴의 고딕소설 패러디가 탁월한 것은 사실이지만, 그것을 앞세운 책 읽기에는 공감이 들어설 자리가 없다. 이 복잡하고 뒤숭숭한 시대에 길을 찾아가려는 젊은이들에게 이런 책 읽기가 무슨 도움을 줄 수 있을까?

친구 찾기

친구보다 더 중한 게 뭔가? 『노생거 수도원』의 초반부를 끌고 가는 것은 이 한 문장이다. 앨런 부인 같은 인물도 여행지에서 우연히 옛 친구 소프 부인을 마주쳤을 때 기쁨이 이만저만이 아니다. 나한테는 친구 찾기, 한 축으로는 캐서린과 소프 남매의 관계, 다른 한 축으로는 캐서린과 틸니 남매의 관계야말로 이 소설의 다음 장을 궁금하게 만드는 후크 포인트이다. 소설가이자 문학 연구가였던 E. M. 포스터도 다음에 일어날 일에 대한 궁금증을 자극하느냐 마느냐에 소설의 성패가 달려 있다고 강조하지 않았던가. 나는 학교 선생님에게 들은 이야기가 내내 마음에 걸렸다. 엘리 위젤이 지적한 문제도 다시금 생각해보았다. 학교 현장의 독서 교육이 어떻게 이뤄지는지 새삼 궁금해졌다. 수년 만에 처음으로 신선한 호기심이 발동하고 있었다. 아주 오랜만에 느끼는 자극이었다. 아직 명확히 이렇다 할 만한 것은 잡히지 않았지만 내게는 선선한 마당과 방해받지 않는 시간이 있지 않나. 나는 소설의 재미에 대해, 우정의 성질에 대해, 이야기에 이입할 기회를 흘려보내는 것에 대해 찬찬히 궁리해보기로 했다.

오스트레일리아의 저널리스트 니키 제멀이 우정의 의의를 돌아보며 쓴 칼럼이 마침 내 고민과 비슷한 울림을 주더라. 제멀은 코로나19를 전환점 삼아 친구 관계의 순도를 측정하고 정제할 필요를 느낀다. 시대와 장소는 다를지언정 그의 사정은 『노생거 수도원』의 관계도를 연상시키는데, 캐서린과 이저벨라의 관계가 진전되다가 거짓된 우정에 의문을 품게 되는 과정과도 일맥상통한다. 팬데믹을 계기로 제멀은 사람들이 자신의 영혼에 양분을 주는가 '소음'을 주는가 숙고하는 시간을 갖게 된다. 특히나 친구 관계에 있어서는 생각을 정리하기에 제법 주효한 구분법이다. 제멀은 '친구들'과의 대화에서 진짜 우정의 가능성을 차단하는 나르시시스트 성향의 신호들을 주루룩 적어 내려간 다음 참된 우정의 치유력에 대한 사색을 들려준다. 그러면서 토니 모리슨의 『빌러비드』에서 한 대목을 인용한다. "그 여자는 내 마음의 친구야. 그 여자는 나를 하나로 모아줘. 조각난 나를 모아서 제대로 맞춘 다음 돌려주지."(444쪽)

내 인생의 첫 번째 친구는 우리 오빠였고, 두 번째 친구는 코니였다. 코니는 내가 지어낸 내 영혼의 단짝이었다. 매리언 엥걸의 소설 『루너틱 빌라』에는 이런 헌사가 실려 있다. "언젠가 화단에 막대기 네 개를 나란히 꽂아 세워놓고 '얘네에게 이름을 지어주렴, 그러면 같이 놀 친구가 생기는 거야'라고 말씀하신 나의 어머니 메리 패스모어 여사에게." 나는 내 친구에게 코니라는 이름을 지어주었다. 부모님의 지인인 코니 W 부인을 향한 애정에서 고른 이름이었다. 그 댁 부부는 내가 자랄 때 우리 부모님이 자주 어울리던 작은 친목 모임의 일원이었다.

아버지가 총각 시절에 이들 부부를 알게 되었는데 음악을 매개로 급속히 가까워졌다더라. W 부인은 청력 소실로 활동을 중단한 피아니스트였고, 남편 W 씨는 아마추어 첼리스트였다. 부부가 살던 농가에서 종종 저녁 음악회가 열리고 W 부인이 피아노 연주를 맡았다. 총각 시절 아버지는 감미로운 테너 음색으로 가는 곳마다 환영을 받았다지. 아버지의 장기는 「나무Trees」「인디언 러브 송」 같은 서정적인 노래였는데, 자동차를 타고 가족 여행을 갈 때마다 아버지의 노래를 듣는 게 큰 즐거움이었다. 어쩌면 그때의 노래들이 내 상상력에 서정의 씨앗을 뿌려두었는지도 모르겠다.『이성과 감성』의 메리앤 대시우드 같은 까다로운 품평가에게는 나의 문학 취향이나 음악 취향이 어떻게 보일지 모르겠다만, 아무튼 이런 음악을 듣고 자란 경험이 내 취향의 뿌리가 아니었나 싶다.

보기 좋게 오동통한 W 부인에게서는 온화한 매력이 풍겨 나왔지만, W 씨는 완전 딴판이었다. 체구는 커다랗고 인상은 위협적이고 태도는 고압적인 데다 목청은 어찌나 쩌렁쩌렁했는지. 남자들이 과수원 산책을 겸해 분류와 발송을 기다리는 감귤류 상자들이 쌓인 포장 창고를 점검하러 나가고 나면, 어머니와 W 부인은 농가 응접실에 남아서 각자가 보유하거나 마을 사설 도서관에서 대여한 책들을 비교하고 추천하며 이야기꽃을 피웠다. 양쪽 다 로맨틱 드라마를 즐겨 읽었는데, 코르셋을 착용한 당시 여성들의 공통된 취향이었는지 보기와는 다르게 자극적인 소설을 좋아하시더라.

어머니가 언급한 책들 몇 권은 아버지 서재의 전면이 유리로 된 책장 선반에 꽂혀 있었다. 조금 더 자랐을 때 나는 책장 열쇠를 용케 손에 넣어 그 책들을 야금야금 꺼내 읽었다. 놀랍게도 아직까지 기억이 나는데, 그중에 래드클리프 홀의 『고독의 우물』이라는 책이 있었다. 이 책에서 나는 당시 음란한 성행위로 간주되던 것을 처음으로 어렴풋하나마 주워들었다. 같은 경로로 입수해 수시로 감탄하며 펼쳐 들었던 나의 애독서는 오스트리아 작가 아르투어 슈니츨러의 중단편소설이었다. 이제나저제나 어머니의 브리지 게임 정기 모임일이 돌아오기만을 기다리던 기억이 난다. 어머니의 장시간 외출이 확실시되는 그런 날에는 『엘제 양』을 소리 내 읽으면서 소녀의 의식의 흐름을 따라 성적 자극과 악취와 부르주아 가족의 위선이 뒤얽힌 내러티브 속으로 빠져들었다. 떨리는 심정으로 소녀의 내면으로 들어가, 소녀가 생의 마지막 순간으로 떠내려갈 때 그녀와 함께 죽어가는 상상을 하곤 했다.

내가 깊게 탐독했던 또 다른 책은 마거릿 케네디의 '보헤미안풍' 소설 『영원의 처녀』였다. 이 책에는 예상치 못한 방식으로 인습을 거스르는 인물들이 등장한다. 모르긴 몰라도 W 부인이나 우리 어머니 같은 독자들은 그런 인물들을 통해서 다른 가능성들을, 말하자면 비단 성적 금기의 위반만이 아니라 사회적 체면 자체에 대한 도전의 여지를 엿보았을 것이다. 이 소설은 베스트셀러에 올랐고 세 차례나 영화화되었다. 연극 버전에서 주인공을 연기한 엘리자베트 베르크너는 나치를 피해 망명지에서 제2의 연기 인생을 꽃피웠다. 내가 시드니 팰리스 극장의 맨 앞줄에 앉아 이 대배우가 연기하는 엘제 양을 관람하는 날이 오리라고는, 심지어 공연을 마친 그녀의 분장실에서 셰익스피어의 대사를 읊게 되리라고는 꿈에도 몰랐다. 하나 이 사연은 나중에 따로 다룰 이야기이고.

아무튼 내 기억 속의 그날, 어머니와 W 부인의 대화 주제는 책이 아닌 다른 문제였다. 스토리텔링의 마법을 여느 작가들 못지않게, 그러면서도 그들과는 사뭇 다르게, 이해하는 머리나 워너 작가께서 귀띔해주길, 부모나 여타 어른들의 수다를 유심히 들어보면 가끔 그 안에서 낯설고 새로운 별의별 것들을 생각하지 않을 수 없게 만드는 이야기가 들릴 거란다. 그날 W 부인은 폭력적인 남편과의 농장 생활을 어머니에게 털어놓았다. 책을 읽는 척 멀찍이 앉아 있던 나는 한 마디라도 놓칠세라 귀를 바짝 세우고 이야기를 엿듣다가 부인이 묘사하는 광경에 그만 등골이 오싹해졌다. 남편의 심기를 불편하게 만든 어떤 일 때문에 벌을 받았다고 부인이 어머니에게 설명하고 있었다. 남편은 부인을 저장고에 가둬놓은 채 과수원으로 일하러 나가버렸다. 남편이 돌아와서 점심밥을 차리라고 풀어줄 때까지 부인은 꼼짝없이 그 안에 갇혀 있었다는 거다. 나의 상상이 요동을 쳐댔다. 우리 아버지와 나란히 농가를 나설 때만 해도 W 씨는 내 눈에 특별히 매력적이지는 않더라도 그럭저럭 악의는 없어 보였다. 하지만 다시 돌아왔을 때는 똑같은 고무장화에 헐렁한 스웨터 차림 그대로인데도, 그는 이미 푸른 수염의 사나이로 변해 있었다. 나에게 작별의 뽀뽀를 하러 다가오는데 고개가 절로 돌려지더라.

그런 얘기를 듣고 유독 마음이 힘들었던 건 내가 그 무렵 W 부인을 무척이나 좋아하고 따랐기 때문이다. 나한테는 친할머니의 이름을 따와 베티라고 부르며 애지중지하던 도자기 인형이 있었다. 한번은 부인이 우리 집에 다녀가면서 베티를 유심히 살펴보더니 다음번 방문길에 베티의 몸에 맞춰 곱게 뜨개질한 옷가지들을 선물로 가져오셨다. 한방을 쓰던 오빠가 방을 옮긴 뒤로 밤중에 쓸쓸한 기분이 들어서 오빠의 빈자리를 대신할 친구를 만들어냈을 때, 나는 당연히 이 친구에게 W 부인의 이름을 붙였다. 그날 이후로 오빠가 자던 침대는 코니 차지가 되었다. 상대의 얘기를 어찌나 잘 들어주는지, 코니에게는 나도 W 부인이 우리 어머니에게 했던 것처럼 비밀스러운 속엣말을 털어놓곤 했다. 때때로 우리에게는 바로 그런 친구가 필요하지.

학교에 들어가서 차츰 또래 친구들을 사귀기 시작하면서 코니의 밤중 방문은 끝이 났다. 하지만 어쩐지 학교 친구들로는 친밀감을 갈망하는 나의 욕구가 진정으로 충족되지 않았다. 코니랑 지내다 보니 비밀 얘기를 잘 들어주는 친구를 선호하는 취향이 굳어졌는데, 내 비밀의 상당 부분은 부모님의 잦은 말다툼, 언젠가는 영영 화해를 못 하고 결국 우리 가족이 해체될 것 같다는 불안감이었다.

    집안일을 학교에 가서 남들에게 떠벌리는 건 가족을 배신하는 짓이라고 직감적으로 이해하고 있었다. 유년기 친구였던 루스와는 더 이상 동화 얘기를 하지 않을 나이가 되면서부터 사이가 소원해졌다. 고등학교 시절 문학을 좋아하는 마음이 잘 맞았던 다이애나는 어쩐지 지나치게 가까워지는 걸 경계하는 눈치였다. 어른이 되어 다이애나와 다시 연이 닿았는데, 내가 유대인이라는 사실 때문에 혼란스러웠다는 말을 어렵사리 풀어놓더라. "너를 우리 집에 초대하고 싶었는데 어떤 음식을 내야 할지 잘 모르겠는 거야. 내 열여섯 살 생일 파티도 장소가 교회 건물이라서 네가 오기 싫을 거라고 생각했었어." 초대받지 못한 실망감을 억누르느라 힘들었던 기억이 났다. 세월을 건너건너 도착한 다이애나의 해명에 짧은 순간이나마 뜻밖의 기쁨을 맛보긴 했다마는.

그런 점을 감안하고라도 나는 제법 운이 좋은 편이었다. 학창 시절 마지막 몇 년은 공부에 정신이 팔려서 친구 생각을 할 시간이나 마음의 여유가 거의 없었다. 나는 평소 좋아하던 영어와 역사와 라틴어와 프랑스어 공부에 전력을 기울였다. 수학이랑 과학도 열심히 한다고 했는데 도무지 기본 원리를 파악하기가 힘들어서 그냥 시험 때에만 죽기 살기로 매달렸다. 다행히 내가 '강한' 과목들의 점수가 요즘 말하는 소위 STEM 과목들에서의 약점을 벌충해준 덕에, 총점으로는 우리 주에서 상위 100등 안에 들어서 장학금을 받고 대학에 들어갔다.

첫날 캠퍼스에 갈 일을 두고 얼마나 마음을 졸였는지 지금도 그 기억을 떠올리기만 해도 속이 울렁거린다. 거기까지 어떻게 가나, 건물들 사이에서 길은 어떻게 찾아다니나, 아무도 나에게 말을 안 걸어주면 어쩌나 전전긍긍이었다. 하필이면 전날 밤 낯선 여행을 떠나는 꿈을 꾼 것도 길을 잃고 헤맬 거라는 불안한 전조인 것 같았다. 딴은 고등학생처럼 보이지 않으려고 땋은 머리를 두상에 돌려 감아 묶고, 엘리자베스 테일러 같은 청춘 영화 스타들을 떠올리면서 그들이 착장한 대로 코듀로이 플레어스커트에 앵클 스트랩 샌들을 신고 목에는 느슨하게 스카프를 둘렀다. 버스를 잡아타고 혼자 공상에 젖어 있는데, 내 또래로 보이는 여자애가 옆 좌석에 털썩 앉더니 경쾌한 인사로 자기 존재를 알려 왔다.

"그쪽도 오늘이 대학 첫날이에요?"라고 묻기에 나는 고개를 끄덕였고, 그러자 옆자리 여자애가 말했다. "나는 릴리언이야—릴리언 록슨. 브리즈번에서 왔어. 아는 사람이 아무도 없어. 그쪽은?"

나는 고개를 저었다. 둘 다 서로를 만나서 다행이라고 말했다. 스르르 긴장이 풀렸다. 옆자리 여자애의 통통한 몸, 진한 크림색에 벨벳처럼 곱디고운 살결 같은 특징들이 눈에 들어왔다. 둥그스름하고 예쁘장한 얼굴에 지금 떠올려보면 이국적이면서도 순수한 매력이 있었다. 대화의 물꼬가 트임과 동시에 여자애가 자기와 관련된 얘기들을 속속들이 쏟아내는데, 나로서는 처음 만나보는 범상치 않은 유형이었다. 거의 숨도 돌리지 않고 말을 하는 자신만만한 모습에 외려 내가 숨을 못 쉴 지경이었다. 말은 전부 그 애가 하고 나는 듣기만 했다. 첫 번째 새 친구를 찾았다는 생각에 가슴이 두방망이질을 쳤다. 그때 그 애가 폭탄선언을 했다. 우리 어머니가 즐겨 쓰던 이디시어 관용구가 떠오르는데, 옮겨보자면 '어차피 이렇게 될 운명이다' 정도가 되려나.

"나는 루스라는 이름을 가진 사람을 찾고 있어." 그 애가 말했다. 성은 잊어버렸지만 찾고 있는 인물이 시골 출신이라는 건 확실하다고 했다. 못 찾을 수도 있겠다고 생각하고 있었다.

"찾았네!" 내가 말했다.

우리의 비명 소리가 다른 승객들에게 방해가 되었을지도 모르지만 상관없었다. 이런 우연이 다 있을까, 우리는 기쁨의 탄성을 터뜨렸다. 추리해보건대 그런 말을 해준 이는 우리 둘을 아는 친구일 것이고, 아마도 전년도 여름에 친척 집에 다니러 갔다가 친해진, 나보다 두어 살 위의 브리즈번 아가씨가 유력했다.

릴리언의 열정은 전염성이 있었다. 우리는 순식간에 수다 삼매경에 빠졌다. 물론 『노생거 수도원』의 캐서린과 이저벨라의 대화처럼 "사려 깊은 신중함이나 독창적인 사고나 문학적 취향" 등과는 거리가 먼 수다였지. 어느샌가 나도 허물없이 아마 어머니가 들었다면 아주 창피하게 여겼을 수다를 늘어놓고 있었다. 다른 데도 아닌 버스 안에서! 그래도 아무렇지도 않더라마는.

하지만 우리의 첫 대화가 희망적으로 흘러갔던들 각자의 단어 사용으로 보나 인생의 드라마로 보나 애당초 내가 릴리언의 상대가 되기란 어림없는 일이었다. 릴리언에 비하면 나의 가정사는 하품이 날 정도로 단조로웠다. 그녀가 열정적인 표현력으로, 저명한 수필가 윌리엄 해즐릿의 조언마따나 그야말로 혼신을 다한 연기로 자기 삶의 장면들을 재연할 때 나는 저절로 입이 다물어졌다. 우리는 360번 버스를 타고 도버하이츠에서 센트럴 스테이션까지 이동하는 중이었는데, 릴리언의 인물 소개를 듣고 있으니 흡사 왕립 극장에 앉아서 입센 공연을 관람하는 것 같은 착각이 들었다. 쉽게 살이 붙는 딸의 체질에 노발대발하며 '달걀은 살찐다'고 딸의 아침밥인 스크램블드에그를 치워버리는 폭군 같은 아버지부터 유하고 순한 성격이라 남편의 터무니없는 분노로부터 자식들을 보호해주지는 못하고 쩔쩔매기만 하는 어머니, 누나가 보호막이 돼줘야 하는데 누나마저 집을 떠나버려서 안타까운 남동생까지. 신경 쓰지 말자, 릴리언의 이 말은 자신과 나에게 동시에 하는 말이었다. 지금 당장은 철학을 전공하는 똑똑한 오빠와 같이 지내게 됐다는 흥분에 마냥 부풀어 있었다. 숨막히는 집에서 벗어나 '진짜 인생'을 시작하라고 릴리언에게 강력히 권한 장본인이었다지.

당시에는 낙담하기도 했지만, 사실상 릴리언과 내가 절친이 될 운명이 아니라는 건 충분히 예상 가능한 일이었다. 내가 바라던 친밀한 관계가 실현되지 못하리란 걸 깨닫는 데에는 몇 주일이면 충분했다. 삶을 대하는 나의 태도는 긍정적이고 자신감도 차 있는 편이지만 선천적으로 자기 억제에서 자유롭지 못했다. 치열함, 열성, 삶을 모험으로 뒤바꾸는 정력적인 충동 같은 것이 릴리언에게는 있었고 나에게는 없었다. 게다가 그녀의 자신감에는 확실한 근거가 있었다. 열네 살 때부터 잡지에 글을 발표했으니 저널리스트로 성공할 재능과 운명을 타고났다는 걸 자신도 잘 알고 있었다. 당장

캠퍼스에 갔던 첫날부터 새내기 둘이서 성년기의 정체성을 찾아보겠다고 사이언스 로드를 두리번거릴 때조차 우리의 취향과 성향에서 극명한 차이가 드러났다.

연극회 공지가 붙은 탁자 앞에서 우물쭈물대던 나와 다르게 릴리언은 우리가 멈춰 서는 곳마다 난생처음 보는 사람들과도 천연스럽고 재치 있게 말을 주거니 받거니 하더라. 무슨 말이든 포용하는 자세로 누구하고나 의견을 나누고 있었다. 상대를 가리지 않고 아낌없이 친근감을 발산하는 면에서 릴리언은 『에마』의 웨스턴 씨와 비슷했다. 당시에는 아직 『에마』를 읽기 전이었지만, 그런 성향은 기억에 남았다. 어쨌거나 나로서는 릴리언 덕분에 그 난감했던 첫날을 무사히 넘겼으니 다행한 일이었다. 몇 주 지나지 않아 우리는 오다가다 인사만 나누고 스쳐 가게 되었다.

1학년을 보내는 동안 나는 릴리언이 휘둥그레한 눈으로 새로운 가능성에 감탄하던 순진한 아가씨에서 '푸시' 그룹의 추종자가 된 행보를 어렴풋하게나마 알고 있었다. 푸시는 대학에 적을 둔 아마추어 철학자들로서 중간 계급 가치에 맞서는 대항 세력을 꿈꾸던 급진적인 남성 집단이었다. 2002년에 릴리언의 전기를 펴낸● 로버트 밀리컨은 푸시를 1930년대에

● 릴리언 록슨은 1950년대 후반부터 뉴욕을 기반으로 음악 전문 저널리스트이자 페미니스트 저술가로 활동했다. 1969년 『록 음악 백과사전』을 펴내고 1971년 41세를 일기로 사망했다.

시드니 대학교에 설립된 '자유사상회'의 계승자들이라고 설명하고 있다.

1951년 무렵에는 '자유사상회'가 시들해지고 그로부터 '자유의지론회' 또는 '시드니 자유론자'라는 새로운 그룹이 생겨났고, 이후 이들이 '푸시'라는 이름으로 알려졌다. 일부는 자신들을 '현실주의자'로, 일부는 '다원주의자'로 자처했는데, 모두가 공통적으로 권위주의에 반대했으며, 그것이 교회이든 스탈린주의나 검열, 금욕주의, 음주 시간과 성관계에 대한 국가적 통제이든 대상을 가리지 않았다.

푸시는 철저히 남성의 관점에 입각해서 여자들을 그룹의 일원으로 포섭했다. 70년쯤 지나서 생각해보니 푸시의 여자 회원들은 지성적인 사고의 주체였다기보다는 그룹의 인기에 편승하는 추종자에 머문 느낌이다. 물론 몇 해 뒤에 등장한 저메인 그리어 같은 이에 대해서는 결코 그렇게 말할 수 없겠지만 말이다.

릴리언의 생애를 꼼꼼하게 조사한 밀리컨의 기록에 따르면, 릴리언의 오빠 마일로는 누이동생이 대학 생활에 적응할 수 있도록 만반의 준비를 해주었던 모양이다. 오빠가 "브리즈번에 있는 동생에게 남쪽에서 그녀를 기다리고 있는 신나고 낭만적인 생활을 상세하게 적어 보낸 덕분에 동생은 캠퍼스에 도착하자마자 흥미진진한 일들이 상당수 벌어지는 필로소피 룸이 위치한 쿼드랭글의 모퉁이 건물을 곧바로 찾아갔다." 밀리컨의 전기는 릴리언이 1950년대 초반의 '떨떠름한 숫처녀'에서 1950년대 말 국제적으로 성공한 저널리스트로, 다시 1960년대 뉴욕 문화계의 핵심 인사가 되어 문화 예술 특히 음악계의 변혁 운동에 참여하기까지 그녀의 궤적을 추적해간다.

릴리언과 나의 행보가 한 번 더 묘하게 엇갈린 장소도 그 필로소피 룸이었다. 내가 참여한 시드니 대학교 연극단 Sydney Universtiy Players이라는 신생 연극 동아리의 창단식이 그곳에서 열렸다. 1학년을 마칠 즈음엔 릴리언은 도발적인 재담을 사방에 퍼뜨리는 인물로 교내에서 정체성이 확고해졌다. 주로 피셔 도서관에서 오다가다 릴리언을 스쳤는데, 그럴 때마다 성적인 농인지 풍자인지를 받고채기하고 있었다. 나도 한창 발돋움하던 시드니 대학교 연극단과 왕성하게 활동하던 시드니 대학교 극회Sydney University Drama Society 양측에서 여주인공으로 캐스팅되면서 나름대로 얼굴과 이름이 알려졌다. 우연하게 마주쳐도 릴리언은 나의 이런 근황을 전혀 알은체 안 하던데, 하기야 푸시 회원들에게는 대학 공연을 보러 가는 것보다 더 재미난 일들이 수두룩했겠지.

릴리언와 나의 우연한 만남이 우정으로 결실을 맺지 못한 이유를 어떻게 설명할 수 있을까? 제인 오스틴의 『에마』

를 읽노라면 인간관계가 수수께끼처럼 알쏭달쏭해지거나 경솔한 실수로 난감해지는 일이 있더라마는, 우리 두 사람은 그런 경우는 아니었다. 나는 릴리언의 전매특허인 로큰롤 에너지를 도저히 따라갈 수도 없었지만, 한편으로 적어도 내 판단으로는, 남성의 착취에 취약한 상태로 자신을 몰아가는 릴리언의 순진함을 참아주기가 힘들었다. 돌이켜 생각하니 그녀가 동일시의 대상으로 선택한 무리는 내가 전혀 교감을 못 느끼는 소설과 엇비슷했던 것 같다.

밀리컨의 전기에 따르면, 릴리언의 평생 친구가 된 시드니 최고의 명문 여고 졸업생 세 사람은 "자칭 사회적, 지적, 성적으로 모험심이 왕성한 젊은이들로 나중에 푸시라는 명칭으로 알려진 그룹 내에서도 아무런 이질감을 느끼지 않았다"고 한다. 나는 타고나길 사회적으로나 성적으로나 모험심과는 거리가 멀었다. 섹스에 호기심은 있었는데 정확히 내 몸으로 뭘 하고 싶은지 아직 결정을 내리기 전이었다. 다만 모종의 인정을 받기 위해 내 몸을 거래하고 싶지 않다는 건 확실했다.

옳건 그르건 남녀 간에 오가는 이런 식의 상호 작용이 내 눈에 읽힌 적이 있다. 푸시 그룹 리더에게 초대받아 딱 한 번 가보았던 매닝 하우스의 정기 회합에서였다. 배우로 좀 이름이 났을 때였고, 그것이 초대의 사유였던 것 같다. 일종의 테스트였을지도 모르겠다. 만약 그랬다면, 나는 물어보나

마나 탈락이었다. 그들의 관심 주제를 논하기에는 말밑천이 딸려서 꾸어다 놓은 보릿자루처럼 앉아만 있는 걸 그날 모두가 똑똑히 보았을 테니.

하지만 다른 방면으로는 나는 이미 제인 오스틴의 소설에서 영향을 받은 사람인지라 그 자리에 모인 남녀 간의 애매모호한 관계성이 감지되더라. 학계의 유명인과 섹스라는 화제에서 못 벗어나는 그들의 대화는 독특할 것도 뛰어날 것도 없어 보였다. 오늘날 페미니즘의 현미경 아래 푸시 그룹을 놓고 보면, 모르긴 몰라도 미투 운동의 표적이 될 DNA가 흐를 것이다. 릴리언이 애인과 투닥대다가 눈에 멍이 든 일을 얼마나 재미있는 얘깃거리로 삼았는지 지금도 또렷이 기억난다. 시인 데이비드 말루프는 부모에게 불복종한 릴리언의 도전 정신이 오스트레일리아적 기상에 걸맞은 역량이라며 찬사를 보낸 바 있다. 밀리컨은 릴리언이 "남자들의 공격적인 성욕의 대상으로 고분고분 순응했던 푸시 안팎의 많은 여자들"과는 달랐다고 이야기한다. 당시 나는 끝없이 흘러나오던 그녀의 재담과 남들에게 무안을 주며 희희낙락하던 그녀의 웃음과 한결같이 표출하던 생의 환희 아래 더 어두운 이면이 깔려 있지 않을까 의심이 들었다.

그럼에도 릴리언 록슨에 대한 나의 기억에는 일말의 슬픔과 상실감이 뒤섞여 있다. 최초의 록 음악 백과사전을 집필하고 일각에서는 록의 여왕이라는 칭호를 얻은 인물, 1970년대 초 천식 발작으로 비극적인 죽음을 맞은 인물. 내가 그녀의 친구 기준에 부합하지 못한 것이 안타깝다. 물론 이유는 이해해봄 직하다. 제인 오스틴에 대해 사촌 필라델피아가 묘사한 것처럼 릴리언의 눈에는 내가 "좀 고지식해" 보였으려나. 그런 거라면, 내 고지식한 기질을 알아본 사람은 그녀가 처음도 아니고 마지막도 아니었다. 늘그막에 수차례 받은 상담 치료에서 담당 치료사가 나의 대외적인 페르소나 밑에 비제의 카르멘이 숨어 있을지도 모른다고 말한 적이 있다. 과연 그런가 머리를 굴려봤지만, 도무지 진지하게 받아들여지지 않더라. 억눌렸든 억압당했든 아니면 단지 허상에 불과하든 간에 아무튼 내 혈관에는 카르멘의 피가 안 흐르지 싶다. 그래도 곰곰이, 경직된 사고를 좀 이완하고 돌아보면, 이런 의문이 들기도 한다. 혹시 나에게 카르멘의 격정이 조금쯤 있었더라면, 혹은 릴리언의 열정이 약간이라도 있었더라면, 결혼 생활이 칙칙해져 갈수록 나를 엄습하던 우울감이 얼마쯤 걸러지지 않았으려나.

    대학 졸업 이후로 릴리언을 만난 것은 단 한 번이었다. 뉴욕에 성공적으로 안착한 사실은 어렴풋이 알고 있었지만 얼마만큼 큰 인물이 되었는지는 짐작도 못 했다. 소식은 간간이 전해 들었다. 대학 시절 그녀를 알았던 오스트레일리아 사람이라면 뉴욕 관광의 필수 코스가 릴리언을 찾아가는 것이었으니까. 내 친구인 로버트도 그런 방문객 중 하나였다.

그는 캐나다에서 정신과 의사 수련을 마치고 귀국하던 길이었다. 과연 릴리언이 유명세에 만족했을지 그가 의구심을 품고 있었다는 점이 흥미롭다. 로버트가 생각하기로 그녀는 득의양양하기보다 고민이 많아 보였단다.

내가 릴리언을 마지막으로 본 것은 1970년대 초에 그녀가 시드니를 방문했을 때였다. 더블베이에 있는 코즈모폴리턴이라는 레스토랑에서 우연히 마주쳤다. 재즈 피아노 연주로 유명하고 빈식 슈니첼이나 헤이즐넛이 들어간 헝가리식 크레페 같은 유럽풍 메뉴로도 인기 있는 장소였다. 온 가족이 모인 걸로 봐서 아마 우리 아이들 중 누구 하나의 생일이었지 싶다. 엄마와 딸들은 더블베이에 어울리는 제일 좋은 외출복을 빼입었고, 아빠와 아들은 정장에 넥타이를 맸다. 릴리언은 시끌벅적한 일행들과 함께였는데 식당 저편에서 우리 가족을 발견하고 손을 흔들었다.

릴리언이 우리 테이블로 건너와 아이들에게 인사를 건넨 뒤 우리 둘이 잠시 한쪽 구석으로 비켜서서 짤막하게 근황을 나눴다. 혹시 그녀도 나처럼 오래전 그날을, 우리가 같이 신나게 버스를 타고 미지의 삶을 향해 달려가던 그때를 떠올리고 있었을까? 그녀의 아름다운 연회색 눈동자가 흐려지더니 그녀가 뜻밖의 말을 꺼냈다. 완벽한 우리 가족의 모습을 보고 있으니까 자기 인생에서 어떤 것을 놓쳐버린 게 아닌지 모르겠다는 거다. 정작 내 속마음이 어땠는지 그녀는 짐작도 못 했을 것이다. 이 친구는 세상을 발아래에 두고 있는데 내 가정은 이미 삐거덕거리고 있구나, 나는 이런 생각을 하고 있었다. 하나 그런 속내는 내보이지 않고 앞날에 어떤 계획이 있느냐고 물어보기만 했으니. 만약에 지난날 우리가 진짜로 우정을 쌓았더라면, 각자가 처한 삶에서 다른 진실을 발견할 수 있도록 서로에게 도움이 될 수도 있었으련만.

이런 상념들이 끼어드는 바람에 나의 『노생거 수도원』 다시 읽기는 우정에 대한 사색이 되었다고 해도 과언이 아니다. 서던하일랜즈 생활의 여러 가지 즐거움 중에 새 친구들과의 주간 하이킹이 빠지지 않았는데, 이곳 생활의 덜 매력적인 측면을 달래주는 효과가 있었다. 이 지역의 'A급 인사들'과 어울리려는 목적으로 주말마다 바우럴*로 달려가는 집주인들을 볼 때마다 나는 『맨스필드 파크』에 그려진 도시 생활과 시골 생활의 간극이 연상되더라. 그에 반해 관목 지대 하이킹은 정확히 내가 필요로 하는 것을, 『설득』에서 내려주는 처방 그대로, 현명하고 식견이 넓으면서 대홧거리가 풍부한 사람들과의 동행의 형태로 채워주었다. 우리는 일주일에 한 번씩 공공 수영장 주차장에서 만났다. 바로 그 일대가 벚나무 길이었다. 봄철에 분홍과 하양으로 흐드러진 벚꽃의 폭포

* Bowral. 서던하일랜즈에서 가장 번화한 지역.

수는 우리가 원예로 더없는 호강을 누리는 이 지역에 살기로 결정한 이유를 잊지 않게 해주었다.

그리하여 일주일에 한 번 나는 고요한 내 집과 뜰을 벗어나 최고의 일행들과 주변 관목 지대를 걸었다. 간간이 경사진 좁다란 관목 숲길을 걷고 있으면 갖가지 대화가 섞여 들었다. 식물들과 새들에 관한 지식도 나누고, 영화와 책과 연극에 관한 의견도 교류했다. 대부분 캔버라나 시드니를 자주 다니면서 꼬박꼬박 전시회와 공연을 챙기고 있어서 흥미로운 얘깃거리가 많았다.

우리 그룹의 유일한 커플—더그와 릴리라고 부르겠다—로 금융계 출신이 있어서 예술 외에 가벼운 경제 이슈도 화제에 올랐다. 시드니 동부 교외 지역에서 살다 온 이들 부부의 예전 이웃사촌이 바로 내 친구 서비나와 마음씨만큼 맵시도 고운 서비나의 덴마크인 파트너였다. 서비나에게 참 많은 것을 받았는데 이들 부부를 소개받은 것도 빼놓을 수 없었다. 더그와 릴리라는 친구가 생긴 덕에 나의 서던하일랜즈 생활은 더욱 윤택해졌다. 정원 가꾸기를 좋아하는 부부인 데다 릴리의 창의적인 요리 실력이 더해져서 집이며 정원이며 요리며 전부 부부가 가장 좋아하는 여행지인 프로방스의 분위기가 물씬 났다.

우리 걷기 모임에는 제인 오스틴 학회 회원도 몇 명 있어서 오스틴에 관한 수다는 이들로부터 공급받았다. 오스틴 소설이 각자의 인생에서 중요한 의미를 띠게 된 사연을 나누곤 했는데, 그중 오스틴의 인용문을 기가 막히게 외우는 친구가 있었다. 문맥에서 떼어낸 그런 문장들이 일상의 대화에 얼마나 새로운 활력을 불어넣는지 모른다.

『노생거 수도원』에는 주인공 캐서린의 잠재력을 무심히 툭툭 드러내는 문장들이 곳곳에 박혀 있다. "저는 못 알아듣는 말을 할 정도로 말을 잘하지 못해요"라는 통통 튀는 문장은 가장 재치 있는 오스틴 명문으로 꼽힌다. 독서 재활을 해보겠다고 오스틴의 소설을 학술적으로 설명하고 분석하는 글들을 찾아 읽으면서 이 문장이 얼마나 곱씹어지던지. 그러다가 결국에는 현대 소설론의 난해하고 전문적인 언어와 『노생거 수도원』의 '젊은 숙녀'의 단순 명쾌한 소설론을 비교하는 작업도 해보게 되었다.

캐서린이 바스라는 임시 거주지에 적응하는 과정과 대화를 통해 우정에 진입하는 과정이 겹쳐지는 것도 다시 읽기로 발견한 묘미였다. 특히 이저벨라 소프와의 만남을 그린 장면에서 서로 얼굴을 트자마자 영원한 우정을 맹세하는 대목은 이저벨라라는 인물의 얄팍한 본성을 드러내는 것 이상으로 오스틴의 예술적인 필력이 빛을 발한다. "그들의 대화는 드레스라든가 무도회, 남녀 간의 시시덕거림, 짓궂은 말장난 같은 주제로 넘어갔다. 대개 두 젊은 숙녀 사이에 갑자기 싹튼 친분을 완성해주기에는 그런 스스럼없는 대화가 상당한 역할을 하기 마련이다." 과연 오스틴이 구사하는 안티클라이 맥스는 더러 일상의 지혜로 통하지 않는가 말이다.

호기심과 타이밍

내가 처음에 이 소설에 흥미를 못 가진 이유가 무엇이었을까? 만년에서야 그 이유를 궁리해보았다. 혹시 플롯의 반전 때문이었나? 망아지처럼 상상이 날뛰는 캐서린을 특수 효과가 난무한 틸니 저택으로 유인해 무시무시한 비밀이 있는 것처럼 예고해놓고 기대를 저버려서 흥미가 떨어진 건가? 이제쯤은 소설의 이론과 역사에 관해 아는 것이 꽤 늘었지만, 처음 읽을 당시만 해도 소설이라는 문학 형식이 어떻게 탄생했는지, 교훈적인 감상소설과 현실 도피적인 고딕소설에서 오스틴이 어떤 유산을 물려받았는지, 아무것도 모를 때였다. 오스틴이 20대 초반에 이 두 장르를 패러디한 소설을 썼다는 사실도, 그 소설이 그녀가 요절하기 전까지 출간되지 못했다는 사실도 까맣게 몰랐다.

런던의 바클리스 은행 앞에서 우연히 만난 이들에게『노생거 수도원』의 출간 히스토리를 일부분 전하긴 했는데, 세부 사항들이 조금 더 채워져야 이야기가 완성된다. 커샌드라 오스틴의 회고에 따르면, 수전이라는 여주인공에 관한 소설이 집필된 시기는 "대략 [17]98년에서 [17]99년"이었다. 앞서 말했듯 오스틴은 원고료 10파운드를 받고 원고를 넘겼지만 6년이 지나도록 책이 나오지 않자 출판업자에게 저자 본인이 독자적으로 출판하겠다는 의사와 함께 원고의 반환을 요청했다(서신 끄트머리에는 단단히 화가 난 심경의 표시로 머리글자를 강조한 '애슈턴 데니스 부인Mrs Ashton Dennis'이라는 서명을 남겼다). 오스틴은 책의 연대 표기가 몇 년 뒤떨어져 있음을 해명하는 서문도 써두었다. 그러나 오스틴이 사망한 1817년에야 비로소 헨리 오스틴이 당초 출판업자가 요구한 10파운드를 지불했고, 그리하여 저자 서문이 달린 이 소설이 오스틴의 유고에서 누락되는 불행을 피할 수 있게 되었다.

나는 오스틴 다시 읽기를 시작하면서 가장 발길이 뜸했던 길부터 가보자고 마음먹었고, 그러니 가장 적게 읽은 소설, 일찍 쓰였지만 늦게 발표된 이 작품이 첫 번째 순이 되었다. 하지만 우리가 다시는 읽지 않겠다고 생각하는 여타의 책들이 겪는 운명을 『노생거 수도원』도 피하지 못했던 것인데, 그런 사정이 아니었더라면 내가 그토록 일찍 브라운 서점을 방문할 일도, 서점 주인 낸시와 그렇게 빨리 친분을 맺을 일도 없었을 것이다.

낸시와의 친분으로 내가 얼마나 덕을 보았는지. 낸시의 책 사랑은 퍼넬러피 피츠제럴드의 소설 『북숍』의 열정적인 주인공과 비견할 만했다. 다만 소설 속의 플로런스가 마을에 유익한 서점을 여는 데 성공하고도 오스틴 소설에 나올 법한 이웃들의 허영심과 경쟁심에 부딪쳐 좌초한 것과 달리 현실의 낸시는 지역 사회의 보물 같은 존재로 누구에게나 인정받고 있었다. 전문 서적상으로서의 오랜 경력과 애서가 고객들을 챙기는 세심한 배려로 칭찬이 자자했다. 나에게 지역 '도서관 친구들'과 손잡고 과거 시드니의 여성 단체와 시도했던 기획을 추진해보라고 설득한 이도 낸시였다.

낸시의 지원을 등에 업고 우리는 '책으로 하는 대화'라는 프로그램을 발족하고 발족식 기념 행사에서 트레이시 슈발리에의 『진주 귀고리 소녀』를 소개하기로 했다. 핵심적인 작품 해설은 향후에 다룰 테니 그날은 먼저 내가 소설의 배경을 발제하고, 지역의 예술가 한 분이 페르메이르의 화풍 및 네덜란드 미술 황금기와 페르메이르의 관계를 주제로 발표한 데 이어, 심리 치료사 한 분이 작품 안에서 예술가와 모델이 맺는 관계를 분석하는 시간을 가졌다. 그날의 대화는 강력한 아이디어, 회화와 빛, 빛을 외면하는 등장인물에 관한 이야기로 이어졌고, 행사를 주최한 인근 포도원에서 무한정 제공된 네덜란드 쿠키와 샤르도네 한잔으로 마무리되었다. 제인 오스틴도 함께했다면 즐거워했을 만한 자리였다.

낸시는 내가 근래 엮어 펴낸 『묻기의 어려움: 인터뷰어를 인터뷰하다』의 홍보에도 도움을 주었다. 무슨 이유에서

인지 1990년대에는 라디오와 TV 인터뷰가 정보의 원천이자 오락물로 각광받았다. 친목을 도모하는 자리에서도 인터뷰와 인터뷰어, 인터뷰 기술과 요령, 인터뷰어의 음색 등이 뜨거운 화젯거리였다. 나 자신도 인터뷰어들의 장단점을 비교하는 흥미진진한 수다에 열을 올리곤 했다. 우리는 다들 인터뷰어들을 성 빼고 이름으로 부르며 이런 물음을 던졌다. '아무개는 왜 부패한 정치인에게 져줬을까?' '어떻게 아무개는 인터뷰 상대에게서 그렇게 지적인 대화를 끌어내는 거지?'

나는 다소 엉뚱한 계기로 일찌감치 방송에 관심을 가지기 시작했다. 나에게 영향을 미친 인물은 당시 학교 친구의 어머니였는데, 내가 아는 유일한 워킹 맘이었다. 일하는 어머니를 보고 자라서인지 딸인 메이도 독립심이 강해서 고등과정을 이수하자마자 학교를 떠나 단발 비행기 조종을 배웠다. 메이네 집은 우리 집에서 큰길 몇 개 너머에 있었고 우리 집보다는 시닉힐 기슭에 더 가까웠다. 메이네 집에 갈 때 나는 메이의 어머니를 R 부인이라고 불렀다. 하지만 라디오가 놓인 우리 집 식당방 카펫에 앉아서 지역 무선국인 2RG 채널에 귀를 기울일 때 나에게 그녀는 캐럴이었다. 캐럴은 우리 지역에서 벌어지는 모든 일을 놓고 지역 인사들과 담화를 나누는 라디오 진행자였다.

아홉 살 무렵 나는 일시적인 난청이 생겨 병원에 장기

입원을 했다. (왜 침상에 누워 지내야 했는지 모르겠는데, 그 시절에는 모든 질환에 절대 안정을 처방했던 모양이다.) 아버지가 매일 회진을 돌 때마다 내 병실에 들러서 매캐한 액체를 적신 탈지면을 내 콧구멍에 집어넣고 자외선인지 적외선인지 아무튼 무슨 램프를 내 얼굴 한가운데에 쬐게 했다. 듣기론 아버지가 해외 연수 기간에 메이오 클리닉에서 배워 온 방법이라더라. 타이머가 울리면 간호사가 탈지면을 제거하고 내 얼굴에 얼룩진 검은 액체 자국을 닦아냈다. 오전 느지막이 병실에 찾아온 어머니는 숱 많은 내 머리카락에 물을 묻히고 가다듬어 땋아주었다. 남은 시간은 종일 혼자 책을 읽고 퍼즐을 맞추고 뭣보다 라디오 진행자 캐럴 흉내를 내며 보냈다. 내가 침대 위에 일어서서 거꾸로 쥔 큼직한 메이슨 피어슨 헤어브러시를 마이크처럼 입에서 몇 센티미터 앞에 갖다 대고 방송 진행 연습을 하고 있으면, 간호사들이 키득키득댔던 것 같다. 그 가운데 누구라도 장단을 맞춰줄 사람이 보이면 낚아채 와서 내 시시콜콜한 질문에 답변을 시키고 가짜 마이크에 대고 자기 얘기를 하게 만들었다.

마침내 나는 온전한 청력과 타인의 삶에 대한 확고부동한 호기심을 갖추고 퇴원했다. 그때 이후로 나의 성향 안에는 호기심이라는 끈질긴 욕구가 줄곧 꿈틀대고 있다. 그것이 책을 읽고 싶은 충동에 불을 붙이고 한번 상상력을 사로잡은 소설을 거듭 읽게끔 내 열정의 불길에 부채질을 해댔다. 이따금 어떤 고통스러운 경험을 잊고자 생각을 딴 데로 돌린다든지, 주변 사정을 헤아려본다든지 노력하며 마음을 달래는 데에도 호기심이 동원된다.

어른이 되어서도 인터뷰에 대한 관심이 여전히 지대한 것은 역시나 호기심 때문이었다. 나는 인터뷰라는 소통 방식이 대중문화 안에서 그렇게 보편화된 이유를 고민하기에 이르렀다. 우리 할아버지가 보셨으면 배짱 좋다고 칭찬하셨을 텐데, 호기심이 불러일으킨 과감함이 있었으니 내가 1990년대 말 공공 방송계의 거성들을 찾아가 그들의 견해를 청해 들을 수 있었을 것이다. 나의 질문 내용은 예컨대 인터뷰란 무엇인가, 구조화된 질문지인가, 정신과 정신의 만남인가, 대화인가, 아니면 하나의 예술 형식인가? 같은 것들이었다. 나는 공적인 인터뷰와 의사, 변호사, 채용 기관 담당자 등이 하는 사적인 인터뷰를 구분하는 가설을 세우고 공공 방송 진행자 15인의 인터뷰 내용을 바탕으로 결론을 도출하고자 했다. 당시 협조해준 이들 가운데 특히 로버트 드세는 관객을 겨냥한 공적인 인터뷰 기술과 소설의 기술을 거의 융합하는 접근을 보여주었다.

책과 저술을 다루는 드세의 라디오 쇼는 내가 하루도 빠뜨리지 않고 챙겨 듣는 프로그램이었다. 나는 그에게 인터뷰가 아이디어를 전달하고 전달받는 가장 대중적인 수단이 된 이유를 무엇으로 생각하느냐고 질문했다. 여기에 그가 제시한 답변은 사람들이 소설을 왜 읽는가라는 질문에 적용하더라도 전혀 무리가 없을 성싶었다.

사람들이 왜 이런 인터뷰를 읽거나 보거나 듣는지는 저도 잘 몰라요. 어느 정도는 관음증적인 관심도 있을 것이고(엿듣는 쾌감이죠) 또 어느 정도는, 예를 들어 데니스 올트먼*처럼 수년간 소외 집단의 문화적 발전을 지켜본 사람이 하는 말에도 관심이 있어서겠죠. 사람들은 통찰을 얻고 싶어 하니까요. 하지만 사람들이 진정으로 원하는 건 **자신들의 삶을 다시 읽는 거예요**[강조는 내 것이다]. 신진 작가들을 위한 세미나에서 저는 늘 이렇게 말합니다. "여러분이 여러분 어머니를 사랑했느냐 아니냐는 아무도 알고 싶어 하지 않죠. 일말의 관심도 없어요. 그러나 사람들은 **자신들이** 자기 어머니를 사랑했는지 아닌지에는 깊은 관심을 갖습니다." (…) 사람들은 자기 자신의 삶을 이해할 단서를 원해요. 그리고 인터뷰는 그걸 찾아가는 훌륭한 방법이죠.

스무 해가 지나 이 답변을 다시 읽자니, 제인 오스틴이 소설 쓰는 조카에게 건넨 조언이 떠오른다. "너는 지금 네 인물들을 만족스럽게 모아가는 중이야. (…) 시골 마을에 사는

• 오스트레일리아의 학자이자 동성애자 권리 운동의 선구자.

서너 가족이면 작업하기에 딱 좋지. 훨씬 더 많이 써보고, 인물들이 적재적소에 배치되도록 그들을 최대한 활용하길 바란다."

드세의 말과 정확히 일치하는 것은 아니지만 오스틴의 조언도 마찬가지로 장인의 경험에서 우러난 간명한 메시지 안에 어떻게 사람들 간의 사회적 관계를 이야기에 입힐 것인가 하는 최선의 방법을 명쾌하게 제시하고 있다.

필립 애덤스와의 인터뷰는 화려한 고고학 수집품으로 둘러싸인 그의 넓은 타운하우스에서 주인의 따뜻한 접객을 받으며 진행되었다. 유명 진행자인 애덤스는 자신을 매일 밤 인기 있는 인물들을 초대해 한담을 나누는 '한량'이라고 소개하더라. 그런데 그날 들은 답변을 다시 읽어보니 애덤스가 인터뷰에서 중요하게 여기는 사항과 내가 제인 오스틴에 대해 중요하게 생각하는 지점의 유사성이 눈에 들어온다. 애덤스는 목소리의 중요성을 언급하는데, 나는 발화자의 음성이 오스틴의 소설 세계로 진입하는 열쇠라고 생각한다. 또한 그는 어조, 다시 말해 인터뷰어와 인터뷰이 사이에 특별한 유대감을 생성시키는 유희성과 친근감이 씨줄과 날줄 같은 역할을 한다고 강조하는데, 작가와 독자 사이에서 일어나는 작용도 마찬가지 아닌가. 권위를 내려놓고 상대가 불손하게 나오도록 유도하는 것이 애덤스의 방식이라더라. "대단히 진지한 문제를 논하면서도 상대가 웃음을 터뜨리게 만들 수 있다면 대성공이죠. 논의의 진지함은 희석하지 않으면서도 더 인간적이고 쉬운 접근이 가능해지니까요." 제인 오스틴이 들었어도 동의했을 것 같다. 엘리자베스 베넷은 말할 것도 없고.

시사 프로그램 진행자 제이나 웬트는 민영 방송의 스타 인터뷰어라는 지위를 내려놓고 소박한 공영 방송으로 자리를 옮길 만큼 원칙을 타협하지 않는 인물로 알려져 있었다. 그는 나와의 인터뷰에서 방송에 나가는 '특별한' 대화에 선행하는 '일상적인' 대화가 중요하다고 이야기했다. 감정적 이완과 지적 자극이 결합될 때 대화가 가장 원활하게 이뤄진다는 것이 그의 지론이었다. 이 지점에서 웬트 역시 제인 오스틴과 연결되더라. 웬트는 자신의 인터뷰 대화에 이완과 자극이라는 상반되는 개념을 함께 끌어오는데, 내가 보기에는 『노생거 수도원』에서 주인공과 친구들이 나누는 대화의 어조나 산책의 분위기를 설명하기에도 썩 들어맞는 방법이지 싶다.

인터뷰를 주제로 한 이 책은 출간 직후 제법 호평을 받았다. 『오스트레일리언』지의 주말판 특별 부록 1면에 컬러로 소개되고 두 페이지에 걸쳐 본문 발췌 기사가 실리기도 했다. 출판의 불확실성이라는 게 이런 것인지, 초반에 반짝 쏟아진 관심이 판매로 이어지진 않았다. 출간된 지 불과 2년 만에 낸시네 서점보다 못한 바우럴의 한 서점에서 재고 몇 부를 2달러에 떨이로 팔고 있었다. 그 굴욕감이라니.

캐서린 몰런드와 동갑이던 열여섯 살에 나는 현재에 충실하게, 현재를 위해 살았다. 하지만 여느 또래 여자애들처럼 미래에 대한 기대감도 어마어마했더랬지. 『노생거 수도원』을 다시 읽을 때 내 나이는 여든에 가까웠다. 다시 읽기의 기쁨이란 다르게 읽을 기회를 제공한다는 것이다. 이제 나는 '여주인공다운 자질을 타고나지 못한' 여자애에서 '여주인공에 어울리는 소양을 쌓아가는' 여자애로 나아가는 캐서린 몰런드의 변모 과정을 보면서, 나도 지난날 친구를 만나고 사귈 때 꼭 저런 심정이었지 하는 마음 상태들이 눈에 들어온다. 캐서린이 얼마나 이저벨라와의 연결에 간절했는지, 이저벨라의 행동을 의심하지 않을 수 없을 때조차 얼마나 그 연결을 포기하기 싫어했는지, 이런 것들에 생각이 머문다.

내 인생에도 연결이라는 게 있었다. 내가 태어난 해에 시드니 하버 브리지가 개통했다는 이유만으로 이 다리와 내가 연결됐다고 느끼는 사정을 나도 딱히 설명하긴 어렵다. 1932년이라는 숫자는 사람 인생과 다리를 잇기에는 미약하디미약한데, 어쩌다 대화 도중에 그 연도가 튀어나오기라도 하면 내 출생의 이미지와 그 옷걸이 모양 구조물의 이미지가 섬광처럼 떠올라 순식간에 머리를 훑고 지나간다. 유년기의 첫 친구 루스와 나를 연결해준 건 우리가 좋아한 동화들이었고, 둘 다 그 우정을 먹고 잘 자라났다. 「오만과 편견」의 첫 관람은 지금도 잊지 못한다. 엘리자베스 베넷의 부모와 나의 부모, 나와 책벌레 메리 베넷, 그리고 엘리자베스, 제인 자매와 나의 이상형이던 소녀와 그 애 언니, 이들 사이의 연결 고리를 찾게 해줬으니까.

"단지 연결하라." E. M. 포스터의 이 조언은 작가와 독자 모두를 향한 것이다. 『노생거 수도원』을 처음 읽을 때 나는 확실히 연결하기에 실패했다. 내가 캐서린처럼 "열다섯부터 열일곱 살" 사이였던 그 시기에 그녀의 변모 과정을 따라갔더라면 꽤나 불안을 덜었을 텐데. 새로워진 마음으로 오스틴 소설 다시 읽기를 결심했을 때 나는 팔순을 앞둔 할머니였지만, 단박에 캐서린과 자신을 연결하게 되었다. 아울러 겉으로 보이는 것만이 아니라 작품 속에 내포된 사유와도 연결이 가능해지더라. 그러면서 퍼뜩 이런 생각이 들었다. 소설을 예찬하는 그 젊은 숙녀는 단순히 오스틴이 지닌 상상력의 산물만은 아니로구나, 다각도로 변신하는 픽션 자체가 형상화된 것이로구나, 이것은 인생을 잘 사는 법에 관한 철학적 탐색의 목소리이기도 하구나.

나는 책꽂이를 뒤져 마르쿠스 아우렐리우스의 『명상록』을 꺼내 들었다. 내가 찾는 말이 거기에 적혀 있었다. 이 스토아 철학자가 조언하기를 우리에게는 오로지 현재뿐이라는데, 나이 여든에는 백번 수긍이 가는 말이다. 하지만 다른 한편으로 레바논계 미국인으로 시인이자 화가이자 철학자인

에텔 아드난은 이런 말을 했다더라. 죽음의 불가피성은 다시 그만큼 불가피하게 우리를 미래로 끌어당긴다고. 내가 겪어본 바로는 이쪽도 역시 일리 있는 말이다.

그리하여 나는 팔십 줄에 접어들어서도 여전히 미래를 꿈꾸고 있었다. 모든 여학생들이 졸업 앨범 방명록을 간직하던 시절, 브레인 선생님으로 짐작되는 이가 내 졸업 앨범 방명록에 대략 이런 의미의 글귀를 남겼다. 공중에 누각을 지은들 어떠랴, 토대만 단단히 세우면 그만이지. 글귀 아래에는 철학자 소로의 이름이 적혀 있었다. 나는 이미 나만의 누각에서 살고 있었고, 어쩐지 앞으로 10년 안에 그럭저럭 토대를 세울 수 있을 것 같았다. 이미 어떤 예감이 찾아오고 있었다. 흔히들 사랑에 빠졌다고 말하는 그런 황홀한 도취가 다시 한 번 나에게 다가오는 느낌. 이번 상대는 인생이라는 것도.

대학 시절은 여러모로 눈부시게 빛나는 현재였다. 그때부터 나는 친구 관계와 가치관에 관한 중요한 결정을 내리기 시작했다. 잘한 결정도 있었고 문제적인 선택도 있었다. 인생 막바지에 『노생거 수도원』을 다시 읽기 한 것은 나로서는 이득이었다. 반백 년 인생을 새로운 관점에서 돌아보는, 새로운 현재를 누리게 되었으니까. 이 새로운 현재의 시점에서 보면 앞으로나 뒤로나 전망이 그리 나쁘진 않았다. 그제껏 내가 당연시하며 받아온 것들이 제법 두둑해서 남은 여정을 계속해나갈 충분한 희망이 남아 있더라. 마르쿠스 아우렐

리우스가 강조한 것처럼 한 단계 한 단계, 아침에 잠자리에서 일어나고, 맑은 정신을 유지하고, 소설과 우정을 넘치도록 채워 그날그날 인생의 맛에 새로움을 더해보리라.

줄거리

『노생거 수도원』

캐서린 몰런드는 외모, 재능, 가정 환경, 어느 모로 보나 소설의 주인공감으로는 안 어울리는 열일곱 살 평범한 아가씨이다. 동생들과 뛰놀기 좋아하는 말괄량이에 음악이나 그림에도 취미가 없고, 책 읽기를 좋아하지만 유용한 지식보다는 재미를 추구하는 편식이 있다. 열일곱이 되도록 가슴 설레는 찬사는 못 들어봤지만, 구김 없이 명랑하며 따뜻한 성정을 가지고 있다. 이 순진한 아가씨에게 부모님의 안락한 목사관을 벗어나 처음으로 외지에 나갈 기회가 찾아온다. 부유한 이웃인 앨런 부부가 통풍 치료차 캐서린을 데리고 바스를 방문한 6주간의 체류기가 소설의 1부를 이룬다.

휴양지로 유명한 바스는 도시 전체가 거대한 사교의 장이다. 낯선 이들 틈새에서 쭈뼛대던 앨런 부인과 캐서린에게도 인연이 찾아온다. 캐서린은 헨리 틸니라는 호쾌한 신사를 우연히 소개받고, 앨런 부인은 15년 만에 옛 동창인 소프 부인과 우연히 재회한다. 알고 보니 소프 부인의 아들 존은 캐서린의 오빠 제임스와 친구이고, 맏딸 이저벨라는 제임스에게 마음이 있는 눈치이다. 캐서린과 이저벨라는 빛의 속도로 가까워진다. 바스에서의 남은 기간은 '소프'들과 '틸니'들 사이에서 캐서린이 서투르게나마 친구와 연인을 찾아가는 시간이다. 캐서린은 예의 바르고 식견도 높은 헨리 틸니와 그의 동생 엘리너 틸니에게 이끌리는데 타이밍이 어긋나 애가 탄다. 계산속이 빠르고 허영에 들뜬 이저벨라 소프와 존 소프가 간간이 훼방을 놓는 탓이다. 투명하게 줏대 있는 캐서린은 존 소프의 실체를 금세 간파하지만, 첫 친구이자 오빠의 연인인 이저벨라에 대해서는 쉽게 의심을 못 품는다. '틸니'들이라고 모두 느낌이 좋지는 않다. 헨리의 형 틸니 대위는 이저벨라와 시시덕대는 바람둥이이고 아버지 틸니 장군은 위압적이고 종잡을 수가 없다. 그런데 무슨 바람이 불었는지 틸니 장군이 캐서린에게 갑자기 지나친 친절을 베풀면서 자신들의 저택인 노생거 수도원으로 캐서린을 초대한다.

그리하여 2부에서는 노생거 수도원에서 캐서린이 보낸 4주가 그려진다. 한창 고딕소설에 빠져 있는 캐서린에게 고풍스러운 수도원과 틸니 부인의 석연치 않은 죽음은 상상력을 폭발시키기에 완벽한 조건이다. 거기에 틸니 장군의 가식적인 친절과 고압적인 태도가 합쳐지니 캐서린의 눈에는 그의 일거수일투족이 그가 잔혹한 악당이라는 명명백백한 증거로 읽힌다. 몰래 수도원을 들쑤시고 다니다 흠모하는 헨리에게 들켜 질책을 당하고서야 캐서린은 모든 게 자신이 만들어낸 망상이었음을 깨닫는다. 고딕소설의 공포를 넘기자마자 제임스와 이저벨라의 파혼 소식이 전해진다. 이래저래 심란하던 캐서린을 다시 들뜨게 한 건 헨리가 부목사직을 맡고 있는 우드스턴 목사관으로의 나들이이다. 불과 몇 주 전만 해도 장엄한 수도원에 설레어하던 아가씨는 그새 소박한 목사관보다 매력적인 공간은 없다고, 그곳에서 보낸 하루가 인생에서 가장 행복했다고 기억하는 사람으로 바뀌어 있다. 그러나 행복감도 잠시, 런던에 다녀온 틸니 장군은 캐서린이 부유한 상속녀일 거라는 착각이 깨지자마자 캐서린을 쫓아낸다. 영문도 모른 채 혼자 집으로 쫓겨 온 캐서린은 가족의 환대를 받지만, 집을 떠나기 전의 활기 있는 모습이 아니다. 뒤늦게 아버지의 만행을 전해 들은 헨리가 부랴부랴 캐서린을 찾아오는 것으로 해피 엔딩을 맞기 전까지는.

그러나 집 떠난 순진한 아가씨의 성장 플롯에만 집중하기에는 이 작품의 화자가 너무 빈번히 독자의 관심을 다른 곳으로 유도한다. 이저벨라와 캐서린이 소설책에 열중해 있을 때 당당히 '나는' 소설책을 무시하는 행태를 좌시하지 않겠다고 목소리를 높이며 뜬금없는 젊은 숙녀를 대화로 불러들이는가 하면, 캐서린이 틸니 남매와의 대화 도중에 자신의 무지를 부끄러워할 때는 여성의 멍청함이 소비되는 행태를 신랄한 위트로 사정없이 비튼다. 그러는 과정에서 독자도 화자만큼이나 이 순진한 주인공과 거리를 두게 된다. 사실 여주인공의 매력을 한눈에 알아보는 균형 잡힌 헨리와 엘리너 남매를 제외하면, 주인공 캐서린은 물론이고 캐서린의 어머니, 앨런 부인, 소프 일가, 틸니 부자 모두 화자의 비웃음에서 자유롭지 못하다. 이런 요소들이 있어서인지 『노생거 수도원』을 읽고 나면 인물보다 화자의 목소리가 더 기억에 새겨진다. 여성의 성장과 자기 인식에 관한 플롯 외에도 소설에 관한 소설, 고딕소설의 패러디, 읽기와 잘못 읽기에 대한 플롯 등등 이 작품을 설명하는 수식어가 길어지는 까닭이다.

5장

『이성과 감성』: 균형에 관하여

본인이 가진 행복을 믿어봐요.
당신에게 필요한 건 인내심뿐이랍니다.
혹은 좀 더 근사한 이름으로 희망이라고 부르든지요.

제인 오스틴
『이성과 감성』, 1부 19장

이주 결심

내 마음은 오락가락하고 있었다. 그러나 주사위는 던져졌다. 1974년 우리는 다른 나라에 가서 살 생각으로 이삿짐을 꾸렸다. 이스라엘로의 무기한 이주, 이것이 우리가 내린 결정이었다. 오스틴 전작 읽기의 둘째 권으로 『이성과 감성』을 다시 집어 들었을 때 내 생각은 1974년 그때의 기억으로 거슬러 올라갔다. 대시우드 씨의 죽음으로 사랑하는 서식스 놀랜드의 집을 빼앗기게 된 대시우드 부인과 세 딸들 역시 변화를 고민하고 있었다. 우리 가족과 다른 점이라면, 그들의 경우는 강제적인 이주였고 다른 나라가 아닌 다른 주로의 이주였다.

그러나 거리가 어떻든 정착지를 옮긴다는 건 소설 초반부에서 예언하다시피 지금까지의 안정적인 생활에 새로운 챕터가 열리게 된다는 의미이다. 다행히 대시우드 가족은 새 친구들과 이웃들로부터 환영을 받는다. 존 미들턴 경이나 제닝스 부인처럼 다소 호기심이 지나칠 때가 있기는 해도 친절하고 인심이 넉넉한 사람들이라, 제인 오스틴도 그런 정도는 눈감아주는 것 같다. 대시우드 일가의 큰딸과 둘째 딸은 새로운 경험 안에서 생각과 감정과 행동이 형성되어가고, 그러는 동안 그들의 희망도 오르락내리락한다.

대시우드 일가와 다르게 우리 가족은 형식적인 의미에서 무엇을 박탈당한 처지는 아니었다. 오히려 우리는 소중한 것들을 자진해서 떠나왔다. 시드니 하버 브리지 북쪽에 자리 잡고 산 세월이 14년이었다. 아이들 어린 시절이 고스란히 그 속에 담겨 있었다. 열한 살부터 마흔세 살까지의 연령대로 구성된 6인 가족, 여러모로 남들의 부러움을 살 만한 생활이었다.

그런데 지난 몇 년간 우리 애들이 사춘기의 관계 맺기를 버거워한다는 사실이 드러났다. 아들은 어릴 때만큼 밝지가 않고 이전보다 공격적이었다. 큰딸은 친구들과 감정적인 갈등이 끊이지 않았고 학업에 관해서는 패닉 상태에 빠져 있었다. 우등상을 받아 오던 아이는 어디로 가버리고, 되레 나는 아이가 수업에 빠질 때마다 학교로부터 전화를 받는 학부모가 되었다. 나는 우리 부모님, 그리고 베넷 부부를 떠올리면서 담담함을 유지하려고 노력했다. 그러나 차츰 고요한 집이 아니라 적막한 집이 되어버렸는지도.

살면서 언젠가 결혼을 후회하는 날이 올 거라고는 한 번도 생각해보지 않았다. 그런데 시간이 지날수록 내 기분은 실망감에서 우울감 비슷한 것으로 변해갔다. 결혼 생활이 이렇게 외로울 바에야 차라리 독립해서 사는 편이 나나 애들에게 낫지 않을까 고민이 되었다. 관습적인 핵가족의 틀거리가 나한테 무의미하다고 생각하면서도 막상 그걸 무너뜨리기는 겁이 났다. 특히나 어머니가 옆에서 내 처지가 궁색해질 온갖 경우의 수를 나열하는 상황에서는. 너는 왜 스스로 더 많은 것을 요구할 줄 모르느냐고 어머니가 묻는데, 어머니와 아버지의 관계를 보고 자라서 불화를 겁내게 되었다고는 차마 입이 안 떨어졌다.

듣자 하니 19세기 역사가 겸 문인이었던 토머스 칼라일과 아내 제인도 그렇게 불화가 심각했단다. 그들의 부부싸움은 모르는 사람이 없었는데, 누구 잘못이 더 큰가를 두고 친구들의 의견이 갈렸을 정도였다. 새뮤얼 버틀러는 누구 편도 들지 않고, "신께서 칼라일과 칼라일 부인을 결혼시키신 건 아주 잘한 일이야, 넷이 아니라 둘만 불행하게 만드셨으니까"라고 말했다지.

아무튼 나는 어머니의 충고를 무시하고 가족을 유지하는

더 나은 방법을 찾아보기로 마음을 다잡았다.

가족을 떠난다고 가정했을 때 가장 힘든 부분은 실패에 대한 나 자신의 두려움이었다. 이따금 되뇌는 맥베스 부인의 대사가 있었다. 까마득한 대학 연극 무대에서 맥베스 부인을 연기하던 시절에는 참 위력적인 대사로 느껴졌더랬다. "있는 힘껏 용기를 쥐어짜요. 그러면 실패하지 않을 거예요"라며 부인이 흔들리는 남편에게 일침을 놓는다. 하지만 무대 밖에서는 대사의 위력이 통하질 않았다. 그도 그럴 것이 맥베스 부부가 계획한 것은 범죄 행위이지 부부간의 별거가 아니었고, 나도 그 점을 알고 있었으니까. 혹시라도 애들이 잘못되면 어쩌나? 그럼 나 자신이 죄인처럼 느껴질 텐데? 그러다 내가 무너지기라도 하면? 애들이 나 없이도 잘 살 수 있을까? 이런 형태의 가족도 가끔은 소중한 것 같지 않은가? 그걸 왜 굳이 내던지려 하나?

다른 나라에서의 새출발이 새로운 가능성을 모색하는 더 창의적인 발상인 것 같았다.

오스트레일리아를 떠나겠다는 결정은 부모와 형제들과 친구들 할 것 없이 모두에게 충격을 안겼다. 우리 가족의 삶에 새로운 챕터가 열리게 된 기점은 아들의 갭 이어*였다. 아들은

- gap year. 고교 졸업 후 1년간 대학 입학을 유예하고 자체적으로 보내는 시간.

대학 입학시험에서 원한다면 어느 학부로든 진학이 가능한 좋은 점수를 받아놓고도 뭘 공부하고 싶은지 통 마음을 정하지 못했다. 내심 유럽 여행을 원했을 텐데 이스라엘의 한 청년 단체에서 1년 지내보라는 우리의 제안을 받아들였다. 우리가 공항에서 아이와 작별 인사를 나눈 것이 1973년 7월이었고, 그해 10월에 제4차 중동 전쟁이 터졌다. 인생이 송두리째 흔들리는 경험이었다. 그런 일을 겪은 젊은이가 어떻게 그것과 비교하면 무미건조해 보이는 이전의 생활로 돌아갈 수 있었겠나? 그해 말에 아들을 만나러 이스라엘을 방문한 우리는 극적인 결단을 내렸다. 아들은 하이파에 있는 명문 테크니온 이스라엘 공과 대학교의 건축 전공 예비 과정에 등록하고 싶다는 바람을 내비쳤다. 큰딸은 큰딸대로 자기가 이스라엘에 남아야만 하는 이유를 피력했다. 부모가 불어넣었다고는 해도 아이들 스스로 유대인의 정체성을 표출한다는 사실에 이끌려서, 아니 어쩌면 흥분해서, 우리는 텔아비브 북쪽의 타운하우스에 보증금을 걸어놓고 이사 준비를 하러 시드니로 돌아왔다.

　물론 이런 간추린 사건들은 우리가 5년 동안 이스라엘에서 살게 된 사정을 전달하는 한 가지 방법에 불과하다. 여기에는 우리의 생각과 대화에 감돌던 미묘한 어감, 의심, 불확실성 같은 것들이 빠져 있다. 오스트레일리아에서 잘 닦아놓은 안정된 생활을 미지의 것과 맞바꾼 이유는 다른 식으로 설명할 수 있을 것이다.

아침 식탁에 앉아 졸지에 낙원을 잃은 대시우드 일가의 심경을 헤아리려는데, 『이성과 감성』의 첫 문장을 본 순간 평정심이 와르르 무너졌다. "대시우드 집안은 오랜 세월 서식스주에서 살아왔다." 화자가 이런 말을 하고 얼마 뒤에 대시우드 세 자매 중에서 가장 흥분을 잘하는 메리앤이 북받치는 감정을 쏟아낸다.

> "사랑하는 놀랜드!" 저택과 함께하는 마지막 날 저녁, 메리앤은 집 앞을 거닐며 이렇게 말하고 있었다. "언제쯤이면 너를 향한 아쉬움이 잦아들까! 언제쯤이면 다른 곳을 집으로 여기게 될까!"(1부 5장)

생각의 초점이 나도 모르게 대시우드 일가에서 우리 가족으로 옮겨 갔다. 새로운 나라에서 새출발을 결정했던 그 일을 오랜 세월 잊고 지냈다. 우리 아이들도 어린 시절 추억이 가득한 집을 뒤로하고 떠났었는데. 어느새 나는 이런 생각에 잠겨 시드니 노스쇼어의 우리 집, 우리 마당에서 아이들이 행복하게 보냈던 14년의 시간을 되짚어보고 있었다.

서던하일랜즈의 가을 아침이었고, 부엌 창문으로 쏟아져 들어오는 부드러운 동쪽 햇살이 펼쳐진 책장을 가득 물들이고 있었다. 고개를 든 내 시야에 커다란 통유리창 바깥으로 구릿빛 단풍나무 잎새들 사이를 빠르게 날아다니는 진홍색과 진녹색 빛깔의 작은 장미앵무들이 들어왔다. 나는 눈을 감고 머릿속에 다른 장면을 그려보았다. 암적색 덧문이 달린 야트막한 흰색 단층집, 높다란 홍가시나무 생울타리 앞까지 펼쳐진 연초록 잔디밭, 한 귀퉁이에서 짙은 자줏빛 꽃을 피우고 있는 목련나무가 보였다. 우리에게 집을 매매한 노부부에게는 그 마당이 자식이나 다름없었다. 부부는 집 앞뒤로 깔린 잔디밭을 완벽하게 손질하고 넓은 테라스에 아름다운 화단을 가꾸었다. 장미꽃이 만발하고 화단 경계석 아래까지 헬리오트로프가 흐드러졌다.

우리는 큰애와 둘째가 아장아장 걸어 다닐 나이에 이 집으로 왔다. 집의 모든 것이 그러했지만 구석구석 비밀 공간이 숨어 있는 마당이 특히나 아이들의 마음을 사로잡았다. 우리 집과 이웃집 사이로 샛길이 나 있었는데 아들아이와 우리 뒷집 꼬맹이 리처드가 장난감 수레로 경주를 하기에 안성맞춤이었다. 큰딸은 주름 장식 오간자 커튼이 달린 자기 방과 멀리 하버 브리지가 보이는 창밖 풍경에 흥분이 이만저만이 아니었다. 아래 두 아이들은 병원에서 곧바로 이 집의 아기 방으로 퇴원했다. 그 애들에게는 이곳이 유일한 집이었다. 자라면서 이 애들도 자기 취향대로 꾸미고 자기 인형과 장난감과 책으로 채운 자기 방이 생겼다. 샛길을 사이에 둔 이웃

집에는 딸들을 키우는 상냥한 대식구가 살았는데, 우리 아이들이 돌아다니다가 뒷문을 두드리면 언제라도 반겨주었지.

결심의 이유

모든 오스틴 소설의 첫째 장들이 그렇듯이 『이성과 감성』의 첫째 장 역시 삶이 흔들릴 때 어떤 문제가 기다리고 있는지를 독자의 눈앞에 펼쳐 보인다. 오스틴이 지닌 수단의 경제성이 빛을 발하는 또 하나의 예시랄까. 오스틴은 언어와 정보와 내러티브를 차곡차곡 엮어서 장차 전개될 이야기 안에 상상의 가능성을 풍성하게 채워놓는다. 아무리 생각해도 이것은 오스틴 일가의 회상록에서 제시하는 것처럼 가벼운 감상에 그칠 작품이 아닌 것 같다. 오스틴의 초기 독자들이 상상한 것보다 한층 더 복잡한 테마들이 소설 안에 촘촘하게 심겨 있다. 그중 재정착이라는 테마는 나도 이전의 독서에서 놓치고 지나쳤었다. 하지만 이 나이쯤 되니 우리 가족에게도 이스라엘에 체류한 강렬한 기억이 있어서인지 잔잔한 울림이 전해지더라.

위로 두 자매 간의 스토리도 정곡을 찌르는 예리함이 있다. 정든 집을 떠나 다른 곳에 정착하게 된 두 자매의 반응이 제각각인데, 이것은 작가가 상상하는 구도 안에서 상반되는 두 가지 행동 양식을 극화하는 장치로 쓰이고 있다. 자제심이 몸에 밴 맏이 엘리너는 타인들 앞에 자연스러운 자기감정을 드러내는 법이 없다. 감정 표현을 삼가야 한다는 철칙을 따르고 있지만 감정이 있다는 사실까지 부정하는 것은 아니다. 남들에게는 몰라도 아무튼 자기 자신에게는 아니다. 어떤 상황에서도 영국인 특유의 꿋꿋한 의연함을 유지하는 것이 그녀가 당면한 목표이고 훌륭하게 목표를 달성하지만, 어느 정도 대가를 감수할 수밖에 없다.

둘째인 메리앤의 감성은 언니와는 정반대로 작동한다. 그녀는 얼굴에 기분이 그대로 묻어나는 타입이다. 감정을 표현하는 데 거리낌이 없고 '적당함을 모른다'. 21세기에 우리가 생각하는 감성과는 어딘가 다른 개념이다. 요즘은 감성이라고 하면 일종의 감수성 내지는 공감의 원천을 의미한다. 공감 지능은 자기 정체성을 잃지 않으면서 사람과 자연에 연결되는 과정에서 발달한다. 아무려면, 우리는 타인에 대해 궁금해하고 타인의 입장에서 상상하려고 노력하지만 자기 입장을 포기하진 않는다. 18세기의 감성은 어째 좀 다른 것 같다. 메리앤은 누군가에게 동조할 때 아예 자기감을 상실하고 감정의 사적인 표출과 공적인 과시에 온몸을 내던진다.

이런 행동의 양극단은 나에게도 익숙했다. 이것을 다른 말로 옮기면 억제와 표현일 텐데, 나 자신에게서도 이 두 가지 행태가 번갈아 나타난다는 걸 부인할 수 없었다. 한편으로는 사람들 앞에서 내 감정을 드러내지 않으려는 의지를 다지고, 다른 한편으로 혼자 있을 때는 격렬하게 감정을 분출했으니 말이다. 양극단을 오락가락하는 일에 에너지를 다 빼앗긴 탓에 나는 감정적으로 고갈되었고 사리를 판단하는 능력까지도 위축되었다. 엘리너와 메리앤이 잘못된 추정으로 얼마나 판단을 그르치게 되는가를 보여주면서 오스틴이 전하는 메시지도 그런 것이 아니겠는가.

소설 첫째 장의 막바지쯤 다다르니 대시우드 일가의 복잡한 가정사가 얼추 머리에 정리되었다. 대시우드 부부와 자녀들이 어쩌다 놀랜드 저택에 살게 되었는지, 대시우드 씨가 죽고 나서 남은 가족들이 왜 바턴 코티지로 이사할 수밖에 없었는지, 이런저런 사정에 다시 웬만큼 훤해졌다 싶었을 때 나는 잠시 읽기를 멈췄다. 대시우드 일가가 서식스의 안정된 생활을 뒤로하고 다른 곳으로 옮겨 가는 건 선택하고 말고의 문제가 아니었다. 하지만 우리 가족의 혼란을 초래한 그 결정에는 내가 연루되어 있었다. 얼마간은 내 책임도 있다는 걸 인정하지 않을 수 없었다. 만약 부모로서 남편과 나 둘 중 한 사람이라도 강력하게 반대했더라면 일어나지 않았을, 우리로서는 이례적인 사안이었다. 그렇다면 짚고 넘어갈 문제가 있었다.

혹시 내가 이스라엘을 여행하며 친구도 사귀고 외가 친척들을 만나러 다니는 데 큰 애들의 열의를 이용한 건 아니었을까? 그랬다면, 얼마간은 무의식적이었을 것이다. 아버지와의 추억이 되살아났다는 점에서 합리화되는 측면도 있었다. 아버지는 예순다섯의 나이에 급작스럽게 돌아가셨다. 아버지의 고향이자 아버지와 자주 읽었던 성서의 땅을 딛으니 가족의 뿌리에 대한 아버지의 자긍심이 새록새록 느껴지는 것이었다. 밤이면 이런 감정과 생각에 휩싸여 마음이 들썩거렸다. 이전까지 막연하게 머리에 맴돌던 아이디어가 성큼성큼 커지면서 하나의 가능성으로 응집되기 시작했다. 다른 나라로 거주지를 옮기는 것이 우리 가족에게 산재해 있는 갖가지 문제들에 해결책이 될 수도 있으리라.

짐작도 못 했는데, 나의 이런 두서없는 밤중 사색은 자유 간접 화법이라 불리는 오스틴의 서술 기법과 공명하는 지점이 있더라. 오스틴이 이 기법을 개척했다는 건 가정일지 몰라도 그것을 완벽하게 발전시켰다는 데에는 의심의 여지가 없다. 자유 간접 화법에서는 화자와 등장인물 간의 경계가 흐릿해진다. 대명사와 시제의 미묘한 긴장과 인용 부호의 생략이 합쳐져 인물의 내면에서 벌어지는 사고 작용을 드러내 보이는 기법이다. 이를테면 엘리너 대시우드가 자기를 대하는 구애자의 행동이 달라진 이유를 고민하는 대목에서 이 기법이 쓰이고 있다.

그 사람에게 활기, 솔직함, 일관성이 부족한 것은 경제적으로 자립하지 못한 데다가 [자기 어머니인] 페라스 부인의 성향이나 속셈을 익히 알고 있기 때문일 터였다. 방문 기간을 짧게 끝내고 돌아가겠다는 생각을 굽히지 않는 것도 역시나 마음의 족쇄 탓이고, 어머니의 비위를 맞춰야 한다는 불가피한 사정 탓이었으리라. 이 모든 것이 자기 의지보다 의무를, 자식보다 부모를 우선시하는 저 유구하고 뿌리 깊은 고충에서 비롯된 것이었다. 언제쯤 이런 난관이 지나가고 이런 반대가 꺾일는지, 언제쯤 페라스 부인이 마음을 고쳐먹어 아들이 자유로이 행복을 찾게 되는지 알 수만 있다면 좋으련만.(1부 19장)

오스틴은 이런 식으로 엘리너의 속마음을 극화함으로써 독자로 하여금 이 인물의 세밀한 내적 고찰을 목격하고 그녀의 빗나간 해석까지도 공유하도록 유도한다. 사실 페라스 부인이 비록 불쾌한 사람이긴 해도 문제의 주범은 아니다. 에드워드의 일관성 없는 행동의 원인은 따로 있는데, 엘리너는 책의 후반부에 가서야 진실을 알게 되고 독자도 그때까지 기다려야 한다.

내가 회고록이 아니라 삼인칭 자전소설을 쓴다고 가정한다면, 나도 이런 기법으로 나의 고독한 밤중 사색을 표현해도 괜찮지 않을까.

밤새도록 루스는 머릿속에서 자신의 감정을 요리조리 뒤집어보면서 이스라엘로 이주해야 하는 이유를 찾고 있었다. 그런 생각을 하면 안 될 이유라도 있나? 위로 두 아이들은 이미 마음이 그곳에 가 있었다. 작은 애들이야 금세 적응할 것이고. 자신으로 말하면, 어쨌든 지금 상태로도 행복하지 않았고, 남편 입장에서는 온 가족의 새로운 도전이니만큼 부인과 함께하는 시간이 늘어날 터였다.

이렇게 써놓으니 나라는 사람을 새로운 시각으로 읽는 느낌이다. 가족의 와해를 피할 방법을 모색하는 나 자신의 속마음을 쫓아가게 된다. 오스틴 특유의 문체를 흉내 내본 것인데, 그것으로 나의 내면이 노출되는구나. 은밀한 욕망과 동기를 폭로하기도 은폐하기도 하는 셰익스피어의 독백들이 떠오르기도 하고.

오스트레일리아를 떠나 타지에 정착한 이유를 드문드문 이어진 사건들로 설명할 때는 이런 종류의 내적 성찰이 누락되기 마련이다. 하나 그렇게 파격적인 결정에 내가 기꺼이 동참한 것은 내 마음 상태의 투영이었을 것이다. 엘리너처럼 나 역시 그런 변동이 우리 식구들 각자에게 이득이 될 거라고 자기 합리화를 하고 있었으니까. 나는 우리 가족이 행복하다고 자신할 수 없었고 모종의 변화를 갈망하고 있었다. 이런 마음이 어느 정도나 그 결정을 좌우했는지 그때 내가 이해했을까 잘은 모르겠다. 내 깊숙한 속마음은 엘리너만큼이나 착잡했다. 나는 무력감과 한 가닥 희망 사이에서 시시각각 흔들리고 있었고, 그때의 결정은 이 동요하는 마음의 투영이었다.

연결인가 선택인가

가족의 재정착에서 내가 정말로 얻고자 한 것이 무엇이었을까? 어쩌면 이 소설 안에 이 문제를 이해할 단서가 있을지 모른다고 생각하며 나는 엘리너와 메리앤의 스토리를 차분히 다시 읽어 내려갔다. 언니는 언니대로 동생은 동생대로 연애 감정이 싹튼 친밀한 관계가 그들의 기대를 저버리고 그로 인해 각자의 타고난 기질이 시험대에 오르는 걸 보면서 나는 양쪽 모두에게 동질감을 느꼈다. 두 사람의 기질은 극과 극을 달린다. 엘리너의 행동은 이성적 사고의 지배를 받고 메리앤의 행동은 감정의 지배를 받는다. 제인 오스틴은 이런 성향을 각각 '이성'과 '감성'이라고 칭한 것인데, 문법의 미세한 지점을 살피다 보니 오스틴이 저 두 단어를 '등위 접속사'로 붙여놓았다는 점이 눈에 띄더라.

나는 문법의 쓸모를 믿는 편이다. 우리 뒷세대 교육자들은 어떻게든 구문 사용에 대한 학생들의 자신감을 떨어뜨려놓더라마는, 문법에 대한 이해가 있어야 언어로 미묘한 차이를 만들어내고 의미의 뉘앙스를 살릴 수 있다는 사실을 그들은 잊은 모양이다. 아니면 애초에 몰랐던 건가. 통설에 따르면 플로베르는* 글의 논지를 살리기 위해 쉼표 하나를 넣느라 오전을 다 보내고 다시 빼느라 오후를 다 보냈다던데. 문학과 생의 다중 의미라는 획기적인 아이디어를 발전시킨 세대가 정작 우리가 전달하고자 하는 바를 더 정확하게 표현하게 해주는 문법의 미세한 지점들을 무용하고 지루하다며 거부하다니 희한한 노릇이다.

  제인 오스틴은 자신이 말하고자 하는 바를 알고 최대한 정확하게 그 말을 하기 위해 자기가 가진 언어 지식을 활용하는 작가이다. 그런 점을 감안할 때 여기서 이성과 감성은 대비되는 관계가 아니라 오히려 상호 보완적인 양태로 다뤄진다고 보여진다. 게다가 독자 개개인에게는 딱히 설명하기 힘든 저마다의 독특한 호기심이 있기 마련인데, 나 같은 경우에는 18세기의 철학적 사고에서 이성과 감성이 무엇을 의미하는 용어였을까 하는 질문에 관심이 쏠린다. 엘리너가 추구하는 선, 도의심, 분별력 같은 가치와 메리앤의 복잡다단한 감정적 반응이 부딪칠 때 무슨 일이 벌어지는가를 찬찬히 들여다보노라면, 내 인생을 고찰하는 데에도 도움이 제법 되

• 오스카 와일드라는 설이 조금 더 유력하다.

더라.

이번 기회에 나는 문법에 관한 오스틴의 사고를 들여다보자고 마음먹었다. 나름의 문법적 직감을 동원해서 내가 선택한 주제는 오스틴이 제목에 넣은 'and'와 오스틴이 쓰지 않는데도 일부 독자들이 언외의 의미로 선택하곤 하는 'or'의 차이를 따져보는 것이었다. 손때 묻은 나의 오토 예스페르센 필수 영문법서를 펼쳐 접속사 부분을 찾아봤지만, 새로운 깨침을 주는 설명은 발견하지 못했다. 등위 접속사와 종속 접속사의 구분처럼 내 주제와는 무관한 항목뿐이었다.

도움의 손길을 보낸 것은 구글이었다. 등위 접속사는 문법적 서열과 중요도에 있어서 **대등한** 두 요소를 이어주는 구실을 한다는 점을 지적한 내용이 보였다. 옳거니, 내 직감이 맞았다. 이건 둘 중 하나를 선택하는 문제가 아니다. 선택의 문제라고 하니 쇠렌 키르케고르의 존재론적이고도 시적인 자기표현을 언급하지 않을 수 없다. 이 덴마크 철학자는 생의 매 순간이 명확한 도덕적 선택을 요구한다고 말하더라마는, 오스틴은 지금 우리에게 선택을 요구하고 있지 않다. 인간의 상상이란 이성이냐 감성이냐의 양자택일보다 더 크다는 것, 이성과 감성 모두를 포괄하고 그럼으로써 발전하고 확장된다는 말을 넌지시 해주고 있을 따름이다.

득과 실, 잃은 것들

기억에 있어서 가장 고약한 점은 신뢰할 수 없다는 것이겠지. 그런데 세계 대전을 다룬 저서에서 폴 퍼셀이 이른바 '현대의 기억'이라는 개념을 소개하는데, 문화와 역사의 변화를 이해하는 방편으로 개인의 기억을 소환한다는 이 발상에 귀가 솔깃해지더라. 생각해보면 내 기억 안에는 1950년대부터 1960년대까지가 긴 연속 구간으로 뭉뚱그려져 있다. 반세기 뒤에 여유롭게 다시 집어 든 제인 오스틴의 소설이 이때의 기억들을 불러내지 않았더라면, 나의 생각과 감정 들이 어떻게 맞물려 있었는지 숙고할 기회가 있었을까 싶다. 덕분에 그 20년간의 인생 장부를 훑어보니 전반적으로는 손해와 이익의 분포가 고른 편이었다.

1955년부터 1963년까지 나는 아이를 넷 낳았다. 두 살 터울로 아들 하나 딸 하나, 그리고 3년의 간격을 두고 다시 이번에도 두 살 터울로 딸 둘. 나에게 동화 같은 경험이 있었다면, 그때 해보았다. 놀랍게도 나는 출산을 앞둔 임부가 될 때마다 엄청난 희열을 느꼈다. 하지만 가정생활이 내 심신의 에너지를 전부 끌어다 써버리는 통에 문화나 역사처럼 폭넓은 주제들이 내 인식 바깥으로 밀려났다는 건 전혀 놀랍지가 않다.

독서를 통한 재활의 시간은 나에게 인생의 손실을 따져

보고 가능하다면 놓쳐버린 시간들을 역주행해서 나 자신에게 소소하나마 보상할 기회를 던져주었다. 가령 음악계의 변혁을 놓쳐버린 것은 나에게 깊은 회한으로 남아 있다. 지금 생각하면 큰 애들과 접촉이 끊어진 순간이 바로 그때였기 때문이다. 주위에서 벌어지는 일들에 어떻게 그렇게 귀를 닫고 살았던 건지, 나는 주야장천 1950년대 히트곡들만 들었다. 프랭크 시내트라, 빙 크로스비, 멜 토르메의 사랑 노래들과 냇 킹 콜의 부드럽고 느릿하고 유혹적인 재즈 선율과 노랫말들. 반면에 큰 애들 둘은 자기들 또래 음악에 열광적으로 반응했다. 애들이 나의 제한된 시야 안으로 바깥세상을 기어이 들이미는데도, 나는 그 음악이 그 애들의 삶에 가지는 연관성을 이해하려고 충분히 노력하지 않았다. 대신에 내 어린 시절을 완전히 바꿔놓았던 소설 읽기 쪽으로 아이들의 취향을 돌려보려고 무던히 애를 썼지만 성공하지 못했다. 아이들은 읽기에 능숙했고 가끔은 엄마와 같이 책 읽고 이야기하는 걸 즐기긴 했어도, 나처럼 자연스럽게 책과 가까워지지 않았다. 애들은 음악에서 자신들의 의미를 찾는다는 걸 내가 못 알아차린 거다. 그 나이에 나한테 소설이 그랬던 것처럼, 애들의 성찰을 돕고 정서적 욕구를 충족하는 건 애들의 음악적 재능과 더불어 자기 세대 음악과의 연결이란 걸 지금에서야 알게 되다니.

아들아이는 트럼펫 연주에 진심이었다. 나는 아이가 피

아노를 접은 것이 안타까웠는데, 결과적으로는 잘한 선택이었다. 새로운 악기가 수년간 엄청난 즐거움을 가져다주었다. 아들은 고등학교 오케스트라만이 아니라 지역 브라스 밴드에서도 활동했다. 우리 집 음악실 겸 오락실에서 연습을 한 덕에 나도 티후아나 브라스*의 사운드를 처음으로 접했다. 허브 앨퍼트의 「테이스트 오브 허니」를 시작으로 다양하게 변주된 트럼펫 독주곡을 연습할 때면 폭발적인 팡파르가 나의 음악적 상상력을 흔들어 깨우곤 했다.

큰딸에게는 다른 재능이 있었다. 노랫말을 기막히게 외우고 화음을 넣는 재주가 빼어나서 우리 집과 차 안에서는 저항 운동과 그 표적과 약물 문화의 메아리가 울려 퍼졌다. 어린 동생들이 유아반에서 배워 온 「퍼프 더 매직 드래건」이 실제로 마약과 관련된 노래라고 우기기에 나는 콧방귀를 뀌었다. 그건 당시에 내가 심각하게 중독돼 있던 우리 아이들의 동화 같은 삶의 이미지를 위협하는 주장이었다. 건전한 인상의 피터 폴 앤드 메리의 노래에 그런 메시지가 담겼을 거라고 믿고 싶지 않았다. 나는 존 바에즈와 밥 딜런의 앨범을 행복하게 들으면서도 그들의 노래가 젊은이들을 새로운 사상의 세계로 실어 나른다는 사실을 깨닫지 못했다. 우리 아이들이 나보다 한참 앞서 나갔다. 아이들은 이미 급격

• Tijuana Brass. 트럼펫 연주자 허브 앨퍼트가 이끈 멕시코 음악 스타일의 밴드.

5장 『이성과 감성』: 균형에 관하여

한 문화의 변화를 몸으로 머리로 알고 있었다. 그들이 듣는 음악은 권위를 의심하는 반항적인 세대, 약물로 고통을 달래고 나처럼 현 상태를 방어하는 자들의 예의범절을 거부하는 세대의 반향이었다. 나는 음악이 하는 말에는 책을 읽을 때만큼 주의를 기울이지 않았다. 비틀스는 좀 달랐으려나. 그 정도로 세계적인 현상을 무시하기는 힘들었으니까. 그래도 나는 그런 음악이 영 좋아지지 않았다. 비틀스의 경우에는 그들이 전달하는 메시지는 똑똑히 알아들었던 것 같은데, 자연스러운 거부 반응이 일어났다. 네 젊은이가 대변하는 세대 차라는 게 너무나 도발적이어서 겁을 집어먹었다. 이들의 음악은 나와 아이들 사이의 괴리를 불러왔다. 나는 물러설 마음도 없었고, 음악을 매개로 아이들과 나 사이에 이해의 다리를 놓으려고도 하지 않았다. 비틀스는 위험의 상징이었다. 내가 애들 나이일 때 쌓아 올린 핵심 가치들과 내 아이들 사이를 공공연히, 성공적으로, 반항하듯 이간질하고 있었다. 이전 시대에는 전쟁의 종식과 함께 무정부주의의 위협을 밀어내고 기존 질서가 복구되는 걸 보면서 다시 안심할 수 있었건만, 더는 세상이 그렇게 굴러가지 않더라.

이것이 얼마나 한심하디한심한 실수였는지 나중에서야 깨달았다. 오스틴 소설 속의 에마 같다고나 할까. 나는 시대의 분위기를 거부하고 있었다. 우리 아이들이 어떤 곳에서 청소년기를 지나고 있는지, 비틀스가 그들에게 그토록 중요한 까닭이 무엇인지 받아들이지 못했다. 애들이 느끼는 청소년기의 두려움과 갈망, 그것에 공명하는 음악적 메시지의 호소력을 못 알아차렸다. 아이들은 한창 반항기, 다시 말해서 젊은이들이 굳이 자기 부모와 똑같이 살고 싶지 않다고 깨닫게 되는 시기를 통과하고 있었다. 비틀스는 그런 모든 것의 표상이었다. 젊은이들의 심경을 대변하는 비틀스의 힘은 노랫말에만 실려 있지 않았다. 음악 자체로, 사운드와 리듬의 혁신으로 전달되었다. 언어와 음악을 조합하는 그들만의 방식은 독특하고 유혹적이었다.

따지고 보면 형태만 달랐을 뿐 행복한 가정을 만들고 지키겠다는 나의 포부 역시 애들과 마찬가지의 충동에서 비롯한 것이었다. 나를 추동한 힘도 내 부모처럼 되지 않겠다는 다짐이었으니까. 이런 사실을 내가 진작에 인정했더라면, 아이들이 힘들어할 때 더 나은 친구가 될 수도 있지 않았을까. 이런 주제로 아이들과 대화하고 공유했어야 했건만, 내 발로 기회를 차버렸다. 아이들과 비틀스에 관한 얘기를 나눴더라면, 아마도 내가 우리 어머니에게서 베넷 부인을, 우리 아버지에게서 베넷 씨를 발견한 순간을, 나중에 나는 이들과 다른 부모가 되겠다고 맹세했던 순간을 기억해냈을 법도 하건만.

내 마음 상태에 대한 감춰진 불안, 행복한 가족이라는 꿈을 향한 집요한 애착, 이것이 내가 로저스와 해머스타인의 음악에 홀리듯 빠져들었던 이유였을 것이다. 폰 트랩가의 이야기는 여성으로서의 내 판타지를 투영하고 있었다. 가족, 특히 흐뭇하게 재능이 넘치는 가족의 필요를 채움으로써 자기 자신의 필요도 채워진다고 인식하는 아버지에 대한 판타지 말이다. 우리 집에서「사운드 오브 뮤직」의 노래들을 얼마나 많이 들었는지 네 아이들이 모두 줄줄 외고 다닐 정도였다. 음악을 좋아하지만 화음은 낼 줄 모르는 부모의 합리적 기대 수준 이상으로 아이들 넷 다 음악에 재능이 있어서, 특별한 날에는 한두 곡쯤 청해 들을 수도 있었다. 아이들이 내가 제일 좋아하는「소 롱, 페어웰」을 부를 때마다 과연 이런 가족 형태를 지키겠다고 아등바등할 가치가 있을까 싶었던 나의 모든 의구심은 벅찬 감상과 자긍심의 무게에 허물어졌다. 이런 것들이 나로서는 소망 성취의 순간이었고, 당혹감에서 헤어나지 못하던 우리 세대 여자들에게는 또 다른 올가미였다.

여기까지 인정하더라도 나는 1960년대 음악이 설파하는 종류의 사랑에 관해서는 여전히 양가적인 감정이 든다. 조앤 디디온처럼 취재 기사와 에세이 안에 시대의 정수를 담아냈던 작가도 재니스 조플린 같은 음악인들에게서 '혼란스러움'을 느끼지 않던가. 디디온의 1968년 에세이「베들레헴을 향해 웅크리다」안에는 중요하지만 잘못된 이해에 기반한 어떤 일이 한 세대 전체에게 벌어지고 있다는 자각이 스며들어 있다. 이 에세이는 디디온이 샌프란시스코 헤이트애시버리

지역에 한동안 머무르며 그곳에서 일어나는 일들을 자기 눈으로 목격한 뒤에 작성한 보도문이자 일종의 진단이었다. 이건 히피들의 얘기가 아니라 불만을 품은 미아들의 얘기라는 것이 그의 결론이었다. 그가 보기에 히피의 시대는 1969년에 일어난 맨슨 살인 사건,* 약물과 성적 일탈과 젊은이들의 희생이 뒤엉킨 대학살 사건으로 막을 내렸다. 한 편의 사회 비평문인 디디온의 에세이를 안타깝게도 나는 모든 사태가 종료된 이후에 읽었다. 그때쯤엔 나의 10대 자녀들과 이 글을 주제로 대화를 시도하기에는 늦어도 너무 늦어버렸지.

득과 실, 얻은 것들

2시 정각, 점심때였다. 이스라엘 생활은 하루 중 가장 주된 식사인 점심 자리에 부모와 자녀를 모두 불러 앉혔다. 학교가 파하면 오후 일정을 재개하기 전까지 휴식, 점심 식사, 낮잠 시간을 가졌다. 그런 이후에 가장은 일터로, 아이들은 숙제와 여가가 뒤섞인 활동으로 복귀했다. 주로 나는 히브리어를 가르치는 과외 선생님이 오기 전까지 비는 시간을 이용

* 찰리 맨슨을 추종하는 일명 '맨슨 패밀리'라는 컬트 집단이 캘리포니아 지역에서 최소 7건의 연쇄 살인을 자행한 사건. 영화감독 로만 폴란스키의 부인도 이때 살해당했다.

해 작은 애들을 데리고 책을 읽었다. 아이들은 이웃에 새로 이사 온 낯선 오스트레일리아 출신 가족을 보러 들르는 친구들과 재잘재잘대며 엄마보다 나은 언어 습득 능력을 증명해 보였다. 나야 오다가다 한두 마디 알아듣는 것이 고작이었지만, 아무튼 말소리보다는 키득거리는 소리가 더 많이 들렸다. 아이들의 활기찬 상태를 알려주는 조기 신호에 나도 기분이 밝아졌고, 재정착이 순조롭게 진행되고 있는 것 같아 마음이 놓였다.

하루는 이스라엘 북쪽의 기숙 학교에 있는 큰 딸아이가 집에 돌아온 김에 우리의 오후 프로그램에 변화를 주기로 했다. 우리는 리처드 애덤스의 우화 같은 이야기 『워터십다운의 열한 마리 토끼』를 만나러 가는 대신 레코드플레이어 앞에 모여 앉았다. 그날 들었던 노래들 가운데 돈 매클레인의 「아메리칸 파이」가 가장 또렷하게 기억난다. 그 시절의 기억 속에는 문화적으로 뜻깊은 음악들이 많이 남아 있다마는 다른 건 제쳐두고라도 이 노래만큼은 더 진지하게 들어두었더라면 좋았으련만.

이 노래를 처음 들은 그날 이후로 혼자서 몇 번을 틀었는지 모른다. 매클레인의 목소리와 노랫말이 내 안의 허기진 부분들, 성공적인 이주를 위해 가족들이 모두 힘을 쏟는 사이 반짝하고 솟구친 에너지에 가려져 있던 그런 감정들을 다시 불러냈던 것 같다. 견디기가 조금 수월해졌을 뿐, 내 인생에서 무엇인가 결여돼 있다는 느낌은 그대로였다. 아메리칸 드림의 상실이 그렇게나 절절하게 가슴에 와닿았던 건 아마도 아이들과 읽었던 동물의 이동에 관한 이야기의 알레고리가 머릿속에 남아 있었기 때문일 것이다.

매클레인은 1절-2절-후렴으로 연결되는 포크 송의 구조를 가져다가 여섯 번의 반복을 거쳐 베트남전 세대의 환멸을 대변하는 노래로 탄생시킨다. 단순함을 가장하고 있지만 의미가 응축된 노랫말은 최고의 시를 방불케 한다. 매클레인은 유능한 작가들이 쓰는 기법이란 기법은 전부 끌어와 쓴다. 인생과 글쓰기를 사색한 아름다운 에세이집 『내 어린 시절의 독서 When I Was a Child I Read Books』에서 매릴린 로빈슨이 이야기하길, 소설의 화자는 세계를 납득 가능한 것으로 전달하기 위해 자신이 가진 자원을 총동원한다던데, 매클레인이 영락없이 그걸 해 보인다. 「아메리칸 파이」는 모든 참조 자료를 동원해서 미국 중산층의 손상된 영혼을 반추하고 있다. 우리 아이들 세대에게 더 이상 아메리칸드림은 없었다.

음악적, 역사적, 정치적, 문화적 암시들이 전달하는 메시지가 있었는데, 나는 암시의 출처에 무지했던지라 못 알아들었다. 너무 오래 가정생활에 파묻혀 지내느라 주의 깊게 읽는 법을 잊고 살았던 거다. 더 광범하게 번져가던 종교적 믿음의 붕괴 신호에도 나는 깜깜했다. 교회 종은 부서지고 성부와 성자와 성령은 대륙의 해안으로 도주해버렸다는데. 『위대한 개츠비』를 읽었으니 무슨 의미인지 알았을 법도 하건만. 국제 정치도 한 줄 언급돼 있다. 우주 개발 전쟁과 핵무기를 둘러싼 긴장은 과거의 약속을 파기하는 사탄의 소행으로 보인다면서. 이것은 매클레인이라는 탁월한 화자가 희망 없는 세대를 대변하는 노래이더라. 얼마나 강력한 메시지인가.

나는 내 인생의 한 챕터를 읽는 마음으로 『이성과 감성』을 다시 읽었다. 그 챕터에는 엘리너와 메리앤처럼 나라는 사람이 삶의 균형을 찾기 위해 새로운 방법을 시도했던 사연이 담겨 있다. 사랑과 상실, 슬픔과 기쁨, 확신과 불확실 등등 인간 경험의 기본적인 측면들이 어떻게 풀려나갔는지 차분히 따져봤더니, 대체로 인생에서 한동안이나마 좀 더 괜찮은 위치에 이르렀던 것 같다.

    고요한 시골집에 혼자 앉아 있으면 이스라엘 생활의 빠른 맥박이 그렇게 아마득하게 느껴질 수가 없었다. 다만 희망을 놓지 않겠다고 다짐하던 내 나름의 결의는 다시 기억해낼 수 있었다. 그것은 나를 위해서가 아니라 우리 가족, 더 야심 차게는, 우리 세대 여성들을 위한 다짐이었다. 돌아보면 모든 일이 내 바람대로 풀리지는 않았다. 들쭉날쭉이었다. 남편은 즐겁게 직장 생활을 하고 있었지만 관료적인 시스템 안에서 하는 일이라 마냥 순탄치는 않았다. 아들은 3년 만에 파트너와 같이 이스라엘을 떠나 둘이 나란히 런던에서 건축학 공부를 이어갔다. 그건 좀 아이러니했다. 큰딸은 공군 장교로 잘 살아가고 있었고, 셋째는 학업과 생활 전반에 적극적으로 임하고 있었다. 막내는 그렇게 운이 좋지 못했다. 달라진 생활 방식이나 새로운 언어에 대한 초반의 열정이 갈수록 시들해졌는데, 영어 커리큘럼을 제공하는 학교로 전학한 이후에야 조금 생기를 되찾았다.

내 경우에는 인생이 달라졌다. 그것도 훨씬 좋은 방향으로. 나는 좋은 사람들과 친구가 되었다. 이웃에 사는 미리는 텔아비브 대학교의 역사 교수였다. 그이는 나를 유심히 지켜보다가 나한테서 불안증의 징후를 알아차리고는 대학 시스템 안으로 나를 잡아끌었다. 미리가 주선해준 영어학과 학과장과의 면담 끝에 나는 영문학 석사 과정에 등록했다. 캔터베리로 향하는 순례자의 일원이 된 기분이었다. 4월이 왔고, 가뭄은 끝이 났다.*

생각지도 못했는데 두 번째 친구가 나타나 나에게 길을 터주었다. 아델 부부는 여러 해 전 남아프리카에서 이주해 온 열혈 시오니스트였다. 아델의 남편은 우리 큰딸에게 꼭 맞는 기숙 학교를 추천해준 것만으로도 이미 우리의 은인이었다. 이따금 아델은 이스라엘에서 태어난 자식들과 자신의 모국

* 제프리 초서의 『캔터베리 이야기』에서는 4월이 감미로운 소나기를 내리는 달로 묘사되어 있다.

어가 일치하지 않아 감정적으로 깊이 있는 소통이 어려울 때가 있다고 털어놓았다. 어떤 열정에는 비싼 대가가 따르기도 한다. 이스라엘에 살면서 자신의 모국어가 아닌 언어로 아이들을 키우고 싶다는 열정 때문에 바람과는 다르게 유대감 형성에 지장이 생겼다는 점을 아델도 인정하고 있었다.

하지만 감사하게도 아델은 교사직 구하기가 하늘의 별 따기인 미국인 국제 학교에서 종신직을 보장받았고, 나까지 그 혜택을 나눠 받는 일이 생겼다. 어느 날 이른 시각에 아델이 전화를 걸어 이렇게 물어 왔다. "정오까지 이쪽으로 와서 『안토니와 클레오파트라』를 주제로 상급반 학생들한테 수업을 해줄 수 있겠어요?" 담당 영어 교사가 갑자기 병역 소집을 받았는데, 아무런 전달 사항도 남기지 않았다는 것이다. 나는 침을 꿀꺽 삼키고 그러겠다고 대답을 해놓고, 수업에서 낭독할 구절을 고르고 표시하느라 한 시간을 보냈다. 이 희곡의 사랑 테마와 학생들이 책이나 영화에서 보아왔던 사랑 테마를 비교하는 식으로 수업을 끌어가겠다는 구상도 세웠다.

학생들은 수업을 재미있게 들어줬고, 이삼 개월 뒤 나는 대학 강의와 겹치지 않게 조정이 가능한 시간제 교사 자리를 제안받았다. 그때 나의 기대감으로 말하자면 바턴 파크의 새로운 생활에 대해 엘리너가 품었던 기대감에 비길 만했고, 나의 뿌듯함으로 말하자면 곧이어 펼쳐질 사건들로 메리앤이 느낄 충족감에 결코 뒤지지 않았다. 문학과 삶에 대한 관심이 새록새록 되살아나고 있었다. 그러면서 머리와 가슴이 예상 외로 기분 좋게 통합을 이루는 것 같았다. 건강이 악화되는 노부모를 보살피기 위해 시드니로 돌아오기로 결정했을 때 나는 쉰 살에 가까워지고 있었다. 해피 랜딩이 되기를 기대했던 우리의 귀국 이후 10년간 대외적으로는 지역 사회 활동가이자 교육자로서 확고한 이미지를 가지게 되었지만 슬프게도 개인적으로는 나날이 당혹감이 증폭되어갔다. 그러니 나이 칠십 줄에 시골집으로 떠난 피정의 시간은 나로서는 절실한 치유법을 찾을, 오래 연체된 기회였다.

줄거리

『이성과 감성』

사랑하는 아버지 헨리 대시우드 씨의 갑작스러운 죽음으로 그의 아내와 세 딸이 오랜 세월 살아온 놀랜드 파크를 떠나야 하는 장면에서 이야기가 시작된다. 아버지는 저택과 유산을 상속받게 된 전처소생 존 대시우드에게 남은 가족의 생계를 단단히 당부해두었지만, 이 약속을 이행하기에는 존과 그의 아내 패니의 이기적인 셈법이 너무나 철두철미하다. 가장을 잃은 데다 자존심마저 크게 다친 대시우드 모녀는 먼 친척이 제안하는 데번셔의 거처로 이사를 결정한다. 매사에 지나치게 신중한 맏딸 엘리너와 매사에 지나치게 감정적인 둘째 메리앤의 상반된 기질은 가족에게 닥친 위기 상황에서 더욱 확연해진다. 엘리너는 어떤 상황에서도 자제력으로 감정을 다스리고 메리앤은 자제력과 감정의 순도가 반비례한다는 믿음을 실천해 보인다. 이런 기질적인 차이는 자매의 남성관에도 반영되어서, 메리앤의 눈에는 언니가 마음에 둔 사돈총각 에드워드 페라스가 매력이라고는 없어 보인다. 누나 패니 대시우드와는 전혀 딴판으로 의기소침하지만 다정한 내향인인 에드워드와 엘리너 사이에는 연애의 감정이 싹트고 있다.

마침내 엘리너 가족은 데번셔의 바턴코티지로 이사하고, 친절하지만 다소 주책맞은 집주인 존 미들턴 경 가족의 환대 속에서 새로운 환경에 순조롭게 정착한다. 어느 날 산책길에 넘어진 메리앤을 윌러비라는 청년이 도와준 인연으로 두 사람의 연애가 시작된다. 메리앤이 젊은이의 활달함과 재치 있는 말솜씨의 윌러비에게 정신없이 빠져들 때, 미들턴 경의 친구인 나이 지긋한 브랜던 대령도 메리앤을 향한 짝사랑을 키워가고 있다. 그러나 좋은 시절도 잠시, 경제적으로 의존하는 친지의 부름을 받고 갑자기 떠난 윌러비는 감감무소식이고, 루시 스틸이라는 아가씨까지 등장해 엘리너에게 에드워드와의 비밀스러운 약혼 관계를 털어놓는다. 그렇게 두 자매가 실질적인 실연을 당하는 데까지가 1부의 내용이다.

이웃 존 미들턴 경의 장모인 제닝스 부인의 제안으로 엘리너와 메리앤은 런던으로 떠난다. 엘리너는 아무에게도 비밀을 발설 못 하고 속앓이 중이고, 메리앤은 런던에 왔다는 기별에도 윌러비의 답신이 오지 않아 노심초사 중이다. 청춘 남녀의 서신 교환에는 약혼이라는 보증이 필요하다는 관습을 근거로 메리앤과 윌러비가 곧 결혼한다는 소문이 떠돌 무렵, 메리앤은 파티장에서 우연히 윌러비와 그가 실제로 결혼할 부유한 상속녀를 맞닥뜨린다. 실연의 충격으로 메리앤은 몸져눕고, 엘리너는 자기 마음의 시름을 숨긴 채 동생을 위로한다. 윌러비의 파렴치한 행각을 진작에 알고 있던 브랜던 대령은 여전히 메리앤 주변을 그림자처럼 맴돌고 있다. 진의가 의심되는 루시 스틸의 속엣말까지 잠자코 듣고 있느라 엘리너의 속이 문드러지고 있을 때, 드디어 에드워드가 나타나고 그의 모친이자 재산을 쥐고 아들을 쥐락펴락하며 이 모든 불행에 원인을 제공했다고 알려진 페라스 부인까지 등장한다. 에드워드와 루시와 엘리너의 삼자대면이 이뤄지는 장면에서 2부가 마무리된다.

3부의 시작과 함께 에드워드의 비밀 약혼이 발각된다. 철 모를 때의 풋사랑일지언정 먼저 약혼을 파기하는 부도덕한 짓을 못 하겠다고 버티던 에드워드는 모친에게 빈털터리로 내쳐친다. 엘리너는 이 청년의 양심적인 결정과 자신의 감정 어느 한쪽을 대놓고 편들지 못하고 쓸쓸한 상념만 깊어진다. 실연의 아픔에서 헤어나려고 애쓰던 메리앤은 런던을 떠나 들른 지인의 집에서 심각한 감염성 열병 증세로 앓아눕고, 엘리너의 지극한 간호와 브랜던의 염려와 어머니의 보살핌으로 어렵사리 기력을 회복해 집으로 돌아온다. 아프고 나서 부쩍 생각이 깊어진 메리앤은 언니가 혼자 감내했을 고통을 비로소 이해하고 충동적인 자신의 지난 언행을 뉘우친다. 그사이 루시 스틸이 빈털터리가 된 에드워드 대신 그의 동생 로버트의 손을 잡는 극적인 전개로 에드워드는 드디어 자유의 몸이 되고, 그런 사정을 모르고 그를 포기했던 엘리너의 눈앞에 에드워드가 나타난 순간 엘리너는 처음으로 기쁨의 눈물을 쏟으며 내내 억눌렀던 격앙된 감정을 분출시킨다. 브랜던 대령의 한결같은 짝사랑에 메리앤이 응답함으로써 두 커플이 맺어진다. 그러나 남녀 두 쌍의 마음이 통하게 된 것보다 더 해피한 엔딩이라면, 성숙해진 엘리너와 메리앤이 서로의 절제된 이성과 정직한 감정을 얼마쯤 나눠 가지며 더 조화로운 소통에 이르게 되었다는 사실일 것이다.

6장

『맨스필드 파크』: 기억과 망각

인간이 타고난 능력 중에서
유독 경이로운 것을 하나 꼽자면,
바로 기억력이지 싶어요.
위력적이면서도 오류를 일으키거나 불균등하다는 점에서
다른 어느 지적 능력보다도
더 불가해한 측면이 두드러지는 것 같아요.

제인 오스틴
『맨스필드 파크』, 2부 4장

추억 마실

시골집의 독립적인 생활에 어지간히 적응이 되었을 무렵부터 나는 삶의 만족 지수를 높이는 차원에서 인근 마을로 정기적인 마실을 다니기 시작했다. 내 독서방 창문에서 곧바로 옥슬리힐 비탈이 내다보였다. 적어도 일주일에 한 번씩은 나를 태운 소형차가 거의 자율 주행 하듯이 옥슬리힐 로드를 올라가 좌회전을 했다. 그 길 남쪽으로 유서 깊은 베러마 타운의 아름답게 보존된 조지 왕조풍의 건축물과 아기자기한 상점가가 자리 잡고 있었다. 내 발길은 주로 1834년에 세워진 석조 건물 단지로 향했는데, 그곳에는 손님이 직접 스테이크를 골라 바비큐 그릴에 구울 수 있는 식당인 서베이어 제너럴 인Surveyor General Inn을 비롯해서 고원 지대에서 서식하는 식물들의 묘목장과 소박한 분위기의 카페와 쇼핑센터 등이 입점해 있었다.

쇼핑센터는 층별로 이런저런 소규모 공방들에 각양각색의 상품이 진열된 알라딘의 동굴 같은 곳이었다. 한 층 내려가면 폭신한 여성용 캐시미어와 알파카 스웨터들, 한 층 더 내려가면 새빌 거리*에서 공수해 온 듯한 남성용 승마 용품들, 그 밑으로는 앤티크 장식품과 장신구, 그리고 내가 가장 좋아하는 공간이 나오는데, 매끄러운 리버티 원단의 폭포수 한가운데 서 있으면 『이상한 나라의 앨리스』 삽화에서 앨리스가 입은 원피스라든지 앨리스 나이였을 때 우리 딸들에게 입힌 옷가지가 떠올라 향수에 젖어들기 그만이었다.

소소한 물건들이 불러일으키는 흥미로운 기억들을 하나둘 끄집어내는 버릇이 생긴 건 『맨스필드 파크』를 다시 읽다가 주인공 패니 프라이스를 따라 하게 되면서부터였다. 나는 먼저 상점에 진열된 물건들을 구경하고 정 못 참겠으면 쇼핑까지 해치우고 나서 떠오른 기억들을 방출하는 시간을 가졌다. 탁자의 모양새가 제각각인 맥파이 카페에 자리를 잡고 앉아 갓 구운 스콘과 예쁜 도기 찻주전자를 앞에 놓고 본격적으로 추억에 빠져들곤 했다.

나는 패니의 말을 듣기 전까지는 기억력을 딱히 인간의

* 런던의 고급 양복점 거리.

지적 능력으로 생각해본 적이 없었다. 그저 과거의 표상들을 보관하는 상자 정도려니 여기고 있었다. 그런데 패니가 하는 말을 한 번 읽고 두 번 읽고 하다 보니 기억에 관한 생각이 달라지기 시작했다. 이것도 하나의 '역동적인 능력'으로— 『관계적 기억』에서 철학자 수 캠벨이 붙인 이름이다—다시 말해서 언제든 발동이 걸리면 개인의 태도 형성이나 행동의 방향에 영향을 미칠 수 있는 자율적인 행위자로 보는 시각이 생긴 것이다. 영특한 패니가 해주는 경고대로라면, 기억에도 제 나름의 생각의 작용이 있을지 모른다. 그러니 강력할 수도 있고, 치우칠 수도 있고, 아예 빗나갈 수도 있는 것이겠지.

패니 프라이스는 지저분한 포츠머스의 집에서 가난한 식구들과 복작대며 살다가 열 살 때 갑자기 먼 친척들이 사는 노샘프턴의 웅장하고 정돈된 대저택으로 보내지게 된다. 그런데 가만 보니 이 아이는 나쁜 기억들은 놔두고 오로지 좋은 기억들만 간직하고 있었다. 오빠인 윌리엄이 보고 싶어 눈물지으면서도 함께 보낸 즐거운 기억들이 있으니 마음에 품은 애정이 조금도 식지 않는다. 또 손위 사촌 에드먼드가 오빠처럼 다정한 보살핌을 베풀 때마다 더 힘을 내서 눈앞의 괴로움을 참아내곤 한다.

패니 얘기를 듣고 있자니 어쩌면 기억에 있어서는 신뢰할 수 있느냐도 중요하지만 유용하냐 아니냐도 중요하지 않은가 의문이 들더라. 나는 전부터 사람들이 자기 기억을 뭉뚱그리거나 편집하면서도 그것이 기억의 본질임을 인식하지 못한다고 생각하곤 했다. 오빠와 나를 보더라도 둘이 공통적으로 겪은 사건인데 서로의 기억을 견줘보면 틀어지는 경우가 적지 않았다. 시골집으로 떠나올 때 나는 내 상실감과 고독의 밑바닥에 놓인 기억들을 되짚어볼 심산이었다. 혹시 패니가 한 것처럼 더 긍정적인 기억들을 찾아내서 기억의 불균등을 바로잡을 수 있다면 더 좋은 노릇이고.

정기적으로 베러마에 마실 다니다 보니 사회에 나가 얻은 첫 직장의 기억들이 적잖이 불려 나왔다. 대학을 졸업하고 나는 모스베일이라는 서던하일랜즈의 작은 타운에 있는 기숙 여학교 교사 자리에 지원했다. 수십 년 뒤에 살게 될 노란 시골집에서 그리 멀지 않은 곳이었지만, 처음부터 이곳의 풍경에 이끌린 것은 아니었다. 절반쯤은 시드니의 부모님 집을 벗어나고 싶은 욕구 때문이었다. 나는 독립이 간절했고, 교직이라면 직업으로 보람이 있겠다는 생각에 기숙 학교 상주 교사 자리를 찾게 된 것이다.

교장은 고전학 박사 출신으로 뉴사우스웨일스의 명문 사립 여학교에 부임한 최연소 여성 교장이었다. 면접을 볼 때만 해도 나는 G 교장에게 퍽 좋은 인상을 받았다. 영어 교사 자격증을 따로 취득하지 않아 마음을 졸이고 있었는데, 교장은 내가 교육학 전공자라는 점에 후한 점수를 주는 눈치였다. 영어와 역사 교과 외에 추가로 런던 트리니티 대학에서 교사 자격증을 따두었던 스피치 수업을 해보겠다고 먼저 말을 꺼냈더니 달가워했다. 나는 교장의 우아한 매너에 홀려 그가 내미는 조건을 그대로 받아들이고 기숙사 한 동에 상주하며 관리하는 책임까지 맡기로 했다.

 이런 우호 관계나 황홀감은 오래가지 않았다. 시간표 작성 경험이 전무한 나에게 친히 방법을 전수해주겠다던 교장의 제안은 제안으로 그쳤다. 노상 너무 바빠서 짬이 나지 않는다더라. 아무튼 나는 상급생 학급에는 금세 적응을 했고, 『맥베스』의 대사를 낭송하거나 『오만과 편견』을 함께 읽는 수업을 하게 되어 신이 났다. 하지만 하급생들은 만만치가 않았다. 특히 캐럴라인이라는 여학생은 그냥 만만치 않은 정도가 아니었다. 수업에 어찌나 방해가 되던지 참다못해 나도 언성이 높아졌다. 목소리 방사는 무대 위에서는 재능으로 쳐줄지 몰라도 학교 복도에서는 썩 환영받는 자질이 아니었다. 교장실까지 내 목소리가 들렸는지 G 교장이 와서 나를 구조하는가 싶었는데 뒤이어 나에 대한 질책이 이어졌다. 문제의 여학생이 새어머니에게 잘 적응하지 못해서 기숙 학교로 보내졌으니 더 부드럽게 다뤄야 한다는 것이 교장의 설명이었다.

 교장은 내 문법 오류도 그냥 넘어가는 법이 없어서 나는 교장과 얘기할 때마다 매번 바짝 긴장이 되었다. 하루는 아침에 차를 마시면서 교장에게 스피치 훈련 수업을 설명하다가 그만 내가 어릴 때 받은 발성법 수업과 '그닥' 다르지 않다는 말이 튀어나왔다. 정확하지 않은 비표준어를 쓰고 만 것이다. 이슨 선생님을 실망시키고도 남았을 실수를 저질렀으니 치욕감을 감수할 수밖에.

그러나 이런 것보다 더욱 나쁜 상황이 기다리고 있었다. 이 학교에서는 일요일마다 교사들이 돌아가며 일요 예배 참석 이후에 학생들의 오후 활동 지도를 맡았다. 내가 당번인 날엔 베러마까지 야외 산책을 가는 활동이 예정돼 있었다. 지도도 나침반도 변변한 방향 감각도 없이 어찌어찌 일동을 이끌고 목적지에 당도해서, 처음 보는 아담한 마을 풍경을 기꺼운 마음으로 눈에 담은 것까지는 괜찮았다. 문제는 돌아오는 길이었다. 길을 헤매다가 날이 어두워지고야 말았고, 결국에는 한 무리의 차량들이 출동해서 우리를 학교까지 실어 온 뒤에야 늦은 저녁을 먹게 되었다. 교장의 심기가 편할 리 없었다.

그러다가 또 한 번 내 이름에 오점이 남는 일이 생겼다. 주말 당번이 아닌 주간이면 나는 금요일마다 시드니로 갔다. 당시 약혼한 사이였던 남자 친구가 시드니 센트럴 스테이션으로 마중을 나왔다. 시드니행 첫 열차는 오후 4시 출발이고 내 수업은 정오에 종료되는 점을 감안해 나는 히치하이킹이라는 묘안을 생각해냈다. 리버풀까지 차를 얻어 타면 거기서부터는 시드니행 정기 열차가 자주 다니는 터라 그 시골 열차가 모스베일역을 출발하기도 전에 센트럴 스테이션에서 남자 친구의 품에 안길 수 있겠다는 계산이었다.

이런 행동이 관습에 어긋난다고는 생각하지 않았다. 한데 교장이 나의 이런 상습적인 행동을 눈치채고는 금요일 오후에 내 수업이 비지 않도록 근무 시간표를 조정해버렸다. 몇 주 지나지 않아 나는 사직서를 제출했다. 사직서는 아무런 이의 없이 수리되었다. 그 순간 내가 느낀 교장의 반감은 흡사 리지 베넷이 진흙투성이 들판을 성큼성큼 걸어 네더필드로 언니를 만나러 갔을 때 빙리 자매가 그녀에게 뿜어내던 그것에 버금갔을 것이다. 제인 오스틴의 여주인공과 마찬가지로 나 역시 손톱만큼의 부끄러움도 들지 않았다. 시드니로 돌아왔을 때는 그새 조금 더 독립심이 길러진 것 같고 부모님 집에서도 그것을 잘 지켜낼 수 있겠다는 자신감마저 들었다.

사적인 기억

『맨스필드 파크』를 다시 읽을 작정으로 침실에 자리를 잡고 앉았던 어느 날 내 앞에는 손바닥만 한 중고책이 펼쳐져 있었다. R. W. 채프먼이 엮은 『제인 오스틴 서신집 1796~1817』이었다. 독서방에서 내다보이는 언덕을 넘어서 유명한 애서가들의 낙원을 구경하러 갔던 길에 이 책이 있길래 냉큼

집어 들었다.

옥슬리힐 로드 드라이브는 이미 습관이 되다시피 했다. 특히나 푸르른 구릉지의 아름다움과 황금빛 주홍빛 구릿빛 단풍의 향연이 어우러져 숨 막히는 절경이 펼쳐지는 가을에는 하루가 멀다 하고 문을 나서지 않을 수 없었다. 언덕 꼭대기에서 내리막을 따라가다가 언제든 마음이 내키면 운전대를 오른쪽으로 꺾어 새 책과 헌책이 망라된 서점 버컬루 책 창고의 끝없는 서가에서 두어 시간 회유하곤 했다. 찰스 디킨스의 소설 몇 권, 브론테 자매 소설 몇 권, 『오만과 편견』과 『맨스필드 파크』의 희귀 판본들에 이르기까지 수년간 그곳을 들락거리며 손에 넣은 책들도 어지간히 많았다.

최근 새 단장을 거쳐 한쪽으로 고급 식당이 들어왔지만 여전히 창고라고 불리는 이 장소에는 그야말로 한 편의 스토리 같은 히스토리가 있다. '스토리'와 '히스토리' 두 단어 모두 탐문을 통한 배움을 뜻하는 그리스어에서 유래한다는 점에서 더더욱 흥미롭다. 책 창고가 들어서기 이전의 토지 기록을 제대로 조사해보면, 퍼스트 네이션의 터전이라든지 수많은 부족과 소수 언어 집단의 존재가 뒤얽힌 기나긴 히스토리가 밝혀진다. 이 부지의 나중 용도를 생각할 때, 이곳이 전통적으로 선주민들이 아이들에게 자기네 신화 속 창세기인 드림타임 설화를 가르치던 장소였다는 사실은 우연의 일치라기에는 참으로 놀랍지 않은가. 선주민어로 '불리오'라고 불리던 지역의 일부 구획을 래클런 매쿼리 총독이 한 민간인에게 하사한 것은 두 세기 전의 일이었다. 그러다 1977년 홀로코스트 생존자였던 네덜란드 출신의 고서적상 가족이 이 부지를 취득해서 자신들이 보유하고 있던 어마어마한 희귀 중고 서적의 보관소를 열게 되면서 주 전역의 애서가들이 모여드는 성지로 탈바꿈했다고 한다.

서점 카페의 커피 맛도 참 훌륭했는데, 구입한 중고 서적 고전들을 탐독하느라 커피도 어지간히 많이 사 마셨다. 나는 특별히 수집가 마인드는 없는 사람이다. 그저 내가 이미 읽은 책 위주로 한 손에 편히 쥐어지거나 중간 크기 핸드백에 쏙 들어가는 형태를 선호하는 취향을 기준 삼아 책을 골랐다. 예를 들어, 채프먼이 엮은 오스틴 서신집은 가로 9.5센티미터, 세로 15센티미터에 두께가 1센티미터이다. 겉표지는 가죽 장정이나 하드커버를, 얇은 내지와 선명한 서체를 선호한다.

이 자그마한 서신집을 손에 넣은 김에 제인 오스틴이 언니에게 쓴 편지로 『맨스필드 파크』의 다시 읽기를 시작해도 좋겠다는 생각이 들었다. 겸사겸사 내가 좋아하는 다른 소설가에게 경의를 표하기에도 괜찮을 것 같고. E. M. 포스터도 변화하는 시대의 요구 앞에 도덕적 입장이 서로 충돌을 빚는 일가족과 그들의 거주 공간에 관한 소설을 남긴 바 있다. 하워즈 엔드와 맨스필드 파크, 두 저택 모두 특별히 빼어난 건

축미를 자랑한다고는 할 수 없지만 생활하기에 충분히 쾌적한 환경이다. 다만 각각의 방식으로 거주자들에게 일종의 도덕적인 도전을 던져주기는 한다.

포스터는 이런 문장으로 『하워즈 엔드』의 서두를 연다. "헬렌이 언니에게 보낸 편지들로 시작하는 게 좋을 것 같다." 그러고는 곧바로 헬렌 슐레겔이 언니 메그에게 보내는 편지 세 통을 소개한다. 내러티브로 직행하기에 아주 기발한 방법이지 않은가. 내가 내 독서에 그의 방법을 적용하여 이 작가에게 경의를 표하고 싶은 이유는 포스터야말로 일부 오스틴 애독자들이 주장하는 내용과 실제로 오스틴이 집필한 소설을 구분해서 사고한 최초의 인물 가운데 한 사람이기 때문이다. 그는 오스틴 자신이 순회 도서관에서 빌려 본 흥미 위주 소설들의 평면적인 캐릭터를 뛰어넘어 복잡하고 다층적인, 그리하여 독자와 영화인과 여타의 창작자들에게 영감을 주는 여주인공들로 문학적 신념의 도약을 이뤄낸 오스틴의 성취에 찬사를 보냈다.

나의 다시 읽기에도 포스터의 첫 문장을 문자 그대로 적용해보자 싶었다. 채프먼의 오스틴 서신집을 빠르게 넘겨 보다가 눈길을 끄는 매력적인 문구에서 손이 딱 멈췄다. "그곳의 라일락은 잎이 돋아나고, 여기 것은 꽃이 만발했어." 1811년 봄 오스틴은 "사랑하는 커샌드라" 언니에게 이렇게 봄소식을 전하고 있었다. 나는 고개를 들어 장미꽃밭과 푸르른 잔디밭 너머 다년초 화단으로 눈길을 주다가 활짝 만개한 내 마당의 라일락나무를 바라보았다. 사랑의 상징이라고들 이야기하는 라일락은 오스틴이 가장 좋아하는 나무였다. 오스틴은 오빠의 켄트 영지에 있는 라일락과 초턴에 있는 라일락의 상태를 비교한 데에 이어 마로니에나무는 "꽤 우거졌고" 느릅나무도 "거의 무성해졌다"고 알린다. 나는 이런 우연에 소름이 돋았다. 내가 얼마 전 지나치게 무성해진 느릅나무 한 그루를 마당에서 내보내고 대신 그 자리에 들여온 것이 마로니에나무였으니 말이다.

편지와 소설과 사적인 기억이 이렇듯 교차하는 순간들은 독서 도중에 건져 올리는 귀하디귀한 발견이다. 나 역시 많은 오스틴 독자들처럼 커샌드라가 편지들을 폐기하거나 자기 잣대로 검열하지 않았더라면 참 좋았겠다고 더러 생각한다. 그렇지만 커샌드라도 이해해줘야 한다. 웃기면서도 신랄한 논평에 재주를 타고난 동생을 두었던 언니 입장에서는 일가친지들을 곤혹스럽게 하고 싶지 않았겠지. 그게 아니라면, 개인적인 서신에 있어서는 사생활을 지켜주는 것이 도덕적으로 옳은 일이라고 여긴 엘리너 대시우드와 생각이 같았을지도 모르겠고. 하여 그쯤에서 나도 소중한 서신집을 덮어두고 제인 오스틴이 초턴 시절에 쓴 첫 번째 소설로 넘어가기로 했다.

1801년 조지 오스틴 씨가 장남인 제임스에게 교구를 물려주고 은퇴를 선언하면서 가족들은 바스에 셋집을 얻거나 휴가 삼아 친척집들을 방문하며 지내게 되었다. 1805년에 오스틴 씨가 세상을 떠난 뒤부터 가족의 지인인 마사 로이드가 이들 모녀와 함께 살기 시작했다. 셋집에 묵기도 하고 친척들에게 신세를 지기도 하며 여자 넷이서 잉글랜드 남부 지방을 전전하고 다닌 지 어언 4년이 흘렀을 때 드디어 사우샘프턴에 사는 프랭크의 가족과 살림을 합치게 되었다. 커샌드라의 동생이자 제인의 오빠인 프랭크는 선원으로 출발해 훗날 해군 제독의 자리에까지 올라간 인물이었다. 동거 생활은 생활비도 절감이 되고 프랭크가 바다에 나가 있는 동안 아내와 아이들 곁에 머물 가족이 생긴다는 점에서 이득이었다. 하지만 오스틴 모녀로서는 영구적으로 거주지를 제공받았다는 안도감이 더 컸을 것이다.

 세 모녀와 마사가 최종적으로 정착한 곳은 에드워드가 보유한 햄프셔주 초턴의 영지 내에 옛 토지 관리인 사택을 개조한 시골집이었다. 어머니와 누이들에게 집을 장만해주는 일에 에드워드가 왜 그리 뜸을 들였는지는 종종 제기되는 질문이다. 짐작건대 열한 번째 아이의 출산 직후 아내 엘리자베스가 사망한 일이 가족들에게 거주를 제안하는 계기였던가 보다. 커샌드라와 제인은 켄트의 고드머셤 파크에서도 에드워드 가족과 함께 지낼 때가 많았는데, 손님으로 와 있으면서 집안일도 어지간히 거들었다고 한다. 조카들과 유대가 돈독한 고모들이었지만 올케에게는 특히 제인의 경우에는 딱히 인기 있는 시누이는 아니었다지.

아무리 고모와 둘도 없는 사이였다고 해도, 엄마가 고모에게 품었던 반감을 장녀인 패니가 어느 정도는 물려받았던 모양이다. 나는 패니가 만년에 여동생에게 쓴 편지를 읽다가 흠칫하지 않을 수 없었다. 에드워드를 입양한 나이트 부인의 지원이 없었더라면 제인과 커샌드라 자매는 "머리나 성격으로는 모자라지 않았더라도 그들 자체만 봐서는 상류 사회의 표준에 부족해도 한참 부족했을 것"이라고 자신 있게 말하는 폼이라니. 고모에게 총애받는 조카였다는데 과연 패니는 고모의 사회 비평을 조금이라도 이해했던 것일까? 사회의 관습을 거부하기는커녕 사회적 통념을 부득불 인정하는 편지에 서명을 남기는 것이 정말 아무렇지도 않았을까? 다음과 같이 적었던 버지니아 울프의 통찰력까지는 바라지도 않는다.

인간적 가치의 완벽한 의미를 이보다 더 잘 살려낸 소설가는 일찍이 없었다. 그녀는 완전무결한 마음, 한결같은 안목, 근엄하다시피 한 도덕성 따위의 평면성에 대항해서, 인간의 친절함과 진실성과 성실함에서 벗어난 일탈 행위들을, 영문학을 통틀어 가장 통쾌한 행동으로 부각시킨다.

자기를 아끼는 비범한 고모와 대화한 시간들이 장장 얼마였던가를 생각해보면, 그 시대의 평범한 여성이었다는 사실로도 패니의 속물근성을 변명해주기는 어렵겠다. 자기 아버지와 고모가 한핏줄이라는 사실조차 망각하고, 고모와의 유대를 계급의 문제로 대체했다고밖에는 보이지 않는다.

패니와 메리

내가 『맨스필드 파크』를 처음 읽은 것은 인문학 학부생 1학년에서 2학년으로 넘어가는 긴 여름 방학 도중이었다. 『오만과 편견』을 청소년기에, 『에마』를 대학 신입생 때 읽었으니 나로서는 세 번째 오스틴 작품이었다. 작품에 대한 비평적 해설은 기억나는 것이 별로 없다. 단, 월터 스콧이 자신의 "독선적인" 문체와 오스틴의 정교한 섬세함을 비교한 유명한 구절 한 줄만 기억에 박혀 있다. 『노생거 수도원』이나 『이성과 감성』이 좀 더 자연스러운 선택이었을 텐데 왜 그것들을 제쳐두고 『맨스필드 파크』를 골랐는지 기억은 나지 않는다만, 당시 나에게 생소한 작품이었던 만큼 더 발전적인 선택이라고 생각했지 싶다.

    소설의 3부 구성이 일반적이던 오스틴 당대의 관습대로 『맨스필드 파크』는 총 3부로 구성되어 있고, 각 파트마다 내러티브의 구심점이 달라진다. 1부 앞부분에서는 어린 패니 프라이스가 여주인공으로 소개되어 있다. 노샘프턴에서 지낸 열 살부터 열다섯 살까지의 처음 5년은 앞의 두 장에서 설렁설렁 훑고 지나간다. 오스틴이 예뻐하던 또 다른 조카 애나에게 말해준 것처럼, 따지고 보면 여자애들은 다 자라기 전까지는 별로 관심을 못 받지 않나. 열다섯 살이 되는 3장 도입부 즈음에는 맨스필드 파크 안에서 패니가 확실히 자리를 잡은 듯 보인다. 하나 그녀에게 정신적 육체적 학대와 착취를 일삼는 큰이모 노리스 부인의 만행에는 무방비로 노출되어 있다. 저택의 안주인이자 패니의 둘째 이모인 레이디 버트럼에게 패니가 받는 처우를 놓고 일각에서는 토머스 경의 노예 노동 착취에 빗대기도 한다. 그러나 '진지한 주목'의 시선으로(문학 평론가 제임스 우드가 동명의 책에서 추천하는 방식이다) 보자면 이런 혐의를 씌우기가 애매한 것이, 토머스 경이 앤티가에서 벌인 투자 사업의 성격에 관해 작품이 구체적인 언급을 피하고 있기 때문이다. 맨스필드 파크의 생활에 대해서 오스틴이 전달하고자 하는 요지는 오히려 집 안팎에서 찾을 수 있을 것이다. 일례로, 에드먼드의 지도 아래 독서와 대화를 통해 차츰 교양을 쌓아가는 패니의 성장과 비교할 때 버트럼 자매가 받는 주입식 암기와 사실 위주의 전통적인 교육이 얼마나 무색해지는가.

패니의 후견인인 토머스 경이 앤티가의 사업을 감독하기

위해 영국을 떠나는 길에 패니에게 작별 인사를 하는데, 그의 말 속에는 동정심과 무뚝뚝함이 묘하게 뒤섞여 있다. 오빠를 맨스필드 파크에 초대하라는 말로 그녀를 기쁘게 해주는가 싶더니 이내 이렇게 덧붙인다.

> 윌리엄이 정말로 맨스필드에 오거든, 너희 남매가 떨어져 지낸 몇 년 동안 네가 아무 발전 없이 시간만 보낸 건 아니라는 걸 보여줄 수 있으면 좋겠구나. 누이가 열여섯 살이 돼서도 열 살 때 그대로라고 느끼는 면이 분명 있을 것 같다만.
> (1부 3장)

과거에 나는 어머니에게 키도 너무 작고 지나치게 포동포동하다는 말을 들었다. 어머니는 내 외모를 적기에 남편감을 찾을 가능성과 동일시했다. 토머스 경의 말을 읽고 그때 일이 떠오르는 나로서는 패니의 눈이 충혈되었던 이유가 이해되고도 남는다. 사촌 언니들이 억측하듯이 떠나는 이모부를 향해 악어의 눈물을 쏟느라 그런 것이 아니다. 간절히 인정받고 싶은 누군가의 기대에 크게 못 미쳤다는 서글픔 때문이었겠지.

나는 패니가 오해한 것이라고 생각한다. 어쩌면 나도 어머니에 대해 오해했는지도 모르겠다. 어머니가 여성의 외모와 결혼의 당위성이라는 통념에 얼마나 깊이 매몰되어 있었는지 나도 나이가 들어서야 깨달았다. 열여섯 살 먹은 패니의 가냘픈 몸이 윌리엄의 첫 방문 때와 별반 달라지지 않았다는 점을 언급할 때 아마 토머스 경도 우리 어머니 같았을 것이다. 1년 뒤에 돌아와서 더 튼튼해진 패니의 모습을 본 순간 그의 얼굴에 떠오른 놀라움과 흡족함이 이런 추측을 뒷받침하는 증거일 것이고.

물론 패니의 신체적 심리적 변화는 이모부가 집을 비운 1년 사이에 벌어진 일들 때문이다. 토머스 경이라는 권위주의적인 존재가 사라지고 가족들의 긴장이 풀어지면서 패니도 집안의 사교 활동에 이전보다 더 깊숙이 관여하게 된다. 맨스필드 파크의 생활에 활력과 복잡성을 불어넣은 것은 새로운 이웃 크로퍼드 남매이다. 메리와 헨리 남매의 출현은 더욱 세련되고 세속적인 교제의 기회는 물론이고 버트럼 일가의 아들딸들이 선선히 항복할 뜻밖의 연애 가능성까지도 제공하고 있다. 새로운 손님들로 인해 야기될 도덕적인 곤경에 대해서 인지하는 사람은 패니와 에드먼드 두 사람뿐이다. 그런 판국에 에드먼드가 메리 크로퍼드 양에게 홀딱 반하고 패니는 갈수록 커져만 가는 에드먼드를 향한 연정에 마음이 산란해지면서 결국은 두 사람조차 도덕의 나침반이 뱅글뱅글 돌아가기 시작한다.

토머스 경이라는 걸림돌이 자리를 비운 동안 내러티브의 동력은 연극을 무대에 올리는 작업에 집중된다. 패니의 사촌들과 손님들이 자기들 흥에 겨워 공연을 준비하는 모습은 제인 오스틴이 자랄 때 오스틴 집안의 풍경을 연상시킨다. 아마 작가가 자신의 과거 경험을 토대로 한층 더 성숙해진 자신의 도덕관을 시험하고 있다고도 보인다. 오스틴 일가 회상록에 보면, 첫째 제임스와 넷째 헨리가 가족들을 헛간에 소집해놓고 역할을 배분하며 벌이는 왁자지껄한 소동이 기록되어 있다. 활달하고 세련된 사촌 일라이자 드 푀이드도 그 자리에 있었는데, 그녀가 결혼을 했든 안 했든 프랑스인 남편이 처형된 이후에 과부가 되었든 아니든 아랑곳없이 서로 그녀의 호감을 차지하려고 경쟁적으로 추근대는 두 오빠들을 제인 오스틴이 얼마나 고소해하며 구경하고 있었을지 안 봐도 알 것 같다. 틀림없이 그때 벌써 제인의 상상력이 꿈틀대고 있었을 것이다. 일라이자의 흔적은 불가항력적인 매력을 지닌 메리 크로퍼드에게서 어렵지 않게 발견된다.

작품 안에서 메리 크로퍼드의 매력과 흡인력을 간파하기까지는 시간이 좀 걸린다. 윌리엄 더레저위츠도 자신의 제인 오스틴 도전기를 풀어낸 책에서(『제인 오스틴 에듀케이션 *A Jane Austen Education*』) 그렇게 설명한 바 있다. 그는 현실에서 자신이 뒤섞여 다니는 고혹적이고 화려한 무리의 면면을 눈치채면서부터 인식이 바뀌기 시작했다고 전한다. 예컨대 "그 사람들이 남들을 대하는 태도"만이 아니라 "그들 자신에게 하는 행태들"이 눈에 들어오기 시작하더란다. 나도 젊은 주부 시절 어울리던 친목 집단에서 목격한 일들이 있었다. 어떤 면으로는 서로 간의 친목이 두터웠다. 아이들 하교 마중을 품앗이한다든지 엄마들이 아프면 서로 식사를 챙겨주기도 했다. 하지만 추파에 관해서라면 룰이 달라지더라. 도덕적 기준과는 무관한 룰이 있었다. 절친의 아내에게 작업을 거는 건 도를 넘는 짓이라고 남자 멤버 중 하나가 엄포를 놓는 정도였달까.

헨리 크로퍼드나 메리 크로퍼드에게는 도를 넘는 상대와 아닌 상대가 따로 없다. 자신들의 만족을 위해서라면 친구라고 부르는 이들에게도 고통을 가할 수 있는 인물들이라는 증거가 줄줄이 있는데도, 많은 독자들이 이들 남매에게서 거부할 수 없는 매력을 느끼는가 보다. 그에 반해, 패니 프라이스는 "따분하고 답답하다"고들 생각한다. 심지어 패니에 관한 한 가장 심한 독설가로 꼽히는 킹슬리 에이미스는 패니가 "흥을 깨고 분위기를 망치고 가족을 분열시키는 데 선수"라고까지 말한다. 이 작품을 수차례 읽고 기록한 더레저위츠의 경우, 맨 처음의 독후록에서 패니를 수동 공격형 인물로, 메리와 헨리를 맨스필드 파크의 진지한 생활에 빛과 활력을 불어넣는 눈부시게 매력적인 자유로운 영혼들로 묘사하고 있다.

이후의 독후록에서는 더레저위츠의 생각이 달라진다. 화려한 삶을 영위하는 사람들과 다양하게 접촉하는 경험이 많아질수록 헨리와 메리에 대한 그의 시각에도 변화가 일어나는데, 그는 이것을 상호 조명 과정이라고 부르더라. 현실의 경험에 관해 실제로 『맨스필드 파크』에서 배운 바가 있었고 역으로 이런 경험들이 작품에 관해 알려주는 바가 있었다는 것이다. 이런 과정이 쌓이고 쌓여 그는 마침내 패니가 가진 다른 자질들, 요컨대 그녀의 "학습" 능력을 비롯해서 "배짱, 회복력, 그리고 필요하다면 체념하는 능력"까지를 알아보기에 이른다. 다시 읽기를 통해 내가 기대한 효과가 바로 그런 것이었다. 과거에 놓쳤을 법한 측면들을 알아차리기, 혹은 내 삶이 달라진 만큼 이전과는 다르게 읽어내기, 그리고 가능하다면 내 앞날을 더 밝고 긍정적으로 만들어줄 통찰을 발견하기.

더레저위츠는 끝끝내 패니가 좋아지지는 않았고 크로퍼드 남매는 생각만큼 싫어지지가 않더라고 털어놓는다. "재미는 재미있고, 매력은 매력적인걸. 우리가 그들에게 끌리는 마음은 어떻게 해도 막을 도리가 없다." 이것은 더레저위츠가 자기 속마음을 드러낸 말이기도 하지만, 더 중요하게는 독서라는 것이 각자의 개성이나 고유한 생활 패턴과 어떻게 맥락이 닿아 있는지를 드러내는 말이기도 하다. 생각의 자유는 독자와 작가 양쪽 모두의 특권이다. 개인으로서 우리는 누구를 좋아하고 누구를 용서할지 각자가 판단한다. 책을 쓰느라 마지막으로 읽었을 때도 더레저위츠가 보기에 패니는 갸륵하지만 따분한 인물이다. 살면서 또래 인간들을 조금 더 접촉하다 보면 그의 시각이 달라지려나, 궁금해진다.

맡겨진 기억

노년의 다시 읽기가 아니었다면, 나와 맨스필드 파크라는 장소를 이어주는 기억 한 자락을 떠올릴 수 있었을까. 그때 나는 무능한 어머니와 무책임한 아버지와 줄줄이 정신없는 형제자매들이 가난하게 복작대며 살던 포츠머스를 떠나 처음 보는 웅장한 저택에서 친척들의 자선에 의탁하게 된 "어린 소녀가 긴 여행을 안전하게 마쳤다"는 대목을 읽고 있었다.

정황과 자세한 내막은 다르지만 어린아이라는 점, 낯선 집으로의 이동이라는 점이 까맣게 잊고 있던 기억 속의 한 장면으로 나를 데려갔다. 은은한 여름 저녁의 해변이었다. 부모님, 오빠, 나 넷이 작별의 소풍을 나왔다. 하룻밤 자고 나면 오빠와 나는 몇 달 동안 근방의 어느 집에 맡겨질 예정이었다. 바다가 신기했던 시골 아이들인 우리는 물가에서 행복하게 놀고 있었다. 오빠가 축축한 모래밭에 찍힌 게 발자국을 발견했다. 게들은 옆으로 걸었다. 우리는 눈이 휘둥그레져서 게 발자국을 따라갔다.

우리가 소풍 가서 피시 앤드 칩스를 먹었던 해변 근처에 퀘스트 헤이븐이라는 널찍한 집이 있었다. 임시로 맡겨진 아이들에게 '양질의 돌봄'을 제공하는 곳이었고, 부모님이 해외에 가 있는 동안 오빠와 나도 그곳에서 지내야 했다. 패니 프라이스, 퀘스트 헤이븐, 맨스필드 파크가 만나는 접점이라기엔 미미할 수도 있겠다. 그러나 나한테는 기억과 소설이 그렇게 말을 걸어오기 시작했다. 나는 『맨스필드 파크』를 다시 읽으면서 퀘스트 헤이븐에서 보낸 시간을 다시 통과했다.

나는 패니보다 어렸고 내 밥값을 해야 한다는 부담도 없었다. 하지만 연령대가 다르다는 이유로 사랑하는 오빠와 분리된 채 위계적인 환경에 적응해야 했던 상황은 패니의 처지와 비슷한 데가 있었다. 미로처럼 펼쳐진 그 집에는 연령대별로 방이 지정되어 있었다. 나 같은 '작은' 아이들 방, 오빠 같은 '중간' 아이들 방, 그리고 '큰' 아이들 방이 있었는데, '큰' 아이들은 마주친 기억이 전혀 없었다. 적어도 내 기억으로는 자기가 속한 방 외에 다른 방 출입은 금지되어 있었다.

친척집에 맡겨진 어린 패니의 사연을 다시 읽고 있자니, 아이가 느꼈을 정서적 박탈감에 공감하는 것을 넘어 어느새 패니와 자신을 동일시하고 있더라. 특히나 포츠머스에 두고 온 윌리엄 오빠를 그리는 마음에 한층 더 절절히 공감하게 되었던 건 내 경험과 더 직접적으로 맞닿아 있었기 때문이다. 퀘스트 헤이븐에서는 몰래 숨어서가 아니면 오빠 얼굴을 보는 게 가뭄에 콩 나듯 아주 잠깐씩뿐이었다. 외롭고 막막하고 뭐가 뭔지 모르겠고, 그저 오빠와 같이 있고 싶다는 생각뿐이었다. 우리를 갈라놓은 문으로 살금살금 기어갈 때는 마음이 어찌나 소마소마했던지. 맨스필드 파크의 맏이 톰 버트럼이 패니 프라이스에게 겁 먹은 쥐 운운할 때는 그를 한 대 쥐어박아주고 싶었다.

내 가슴을 울리는 이 여주인공에게 "위선적인 도덕군자"라는 경악스러운 호칭을 붙인 사람은 오스틴의 열혈 추종자였던 작가이자 원예가인 레지널드 파러이다. 식물 수집과 원예에는 전문가였는지 몰라도 버림받은 느낌과 무력감과 간절한 집 생각이 어린아이에게 미치는 영향에 대해서는 이해력이 부족했던 게 아닌가 싶다. 하지만 파러는 오스틴 사망 100주기를 기념할 정도로 오스틴을 예찬한 인물이 아닌가. 그런 이가 어떻게 오스틴이 그려낸 이 가련한 아이, 마침내 자신의 도덕적 나침반을 찾아내고 지켜낸 패니의 진실성을 그냥 지나쳤는지는 알다가도 모를 노릇이다.

결국 문제는 어떻게 읽느냐, 특히 언제 읽느냐가 아닐까 싶다. 여러 면에서 파러가 직관적이고 영향력 있는 오스틴 독자라는 점은 증명된 사실이다. 사실 그는 팔방미인에 가깝다. 통찰력이 뛰어난 독자도 되었다가 공무원, 극작가, 소설가, 원예가, 식물화가, 여행가로도 변신을 거듭한다. 여러 번 읽어도 고갈되지 않는 오스틴 소설의 저력에 찬사를 바칠 때는 열렬하기 그지없다.

그러므로 『오만과 편견』을 열두 번 읽는 동안 열두 번의 즐거움이 되풀이된다면, 『에마』를 그만큼 읽을 때는 그런 수준의 즐거움이 단순히 반복되는 것이 아니라 정독할 때마다 제곱의 제곱으로 커지고 급기야는 매번 새롭게 책을 펼쳐들 때마다 이토록 증폭되는 희열은 처음이라고 새삼 실감하게 되는 것이다.

파러의 독해 덕에 나도 소설에 대한 이해와 소설에서 발견하는 희열이 증폭되긴 했다마는 『맨스필드 파크』에 관해서라면 의심이 거둬지지 않는다. 아무래도 파러의 기억 저장고에는 나처럼 가족과 헤어진 아이 적 경험이 없었던 게지.

상태가 저조했던 40대에 정신 분석 전문의와 퀘스트 헤이븐에서의 경험을 논의할 기회가 있었다. 그때의 몇 개월이 나의 기질, 성격, 오빠를 향한 맹렬한 심리적 애착에 어떤 영향을 미쳤을지를 하나하나 짚어나가다가 아동기의 유기 불안이라는 개념까지 거론되었다. 그랬는데도 내 감정 상태에는 실질적인 변화가 나타나지 않았다. 치료의 효력이 발휘되는 것인가 하는 느낌이 찾아온 것은 뜻밖에도 세월이 흘러 온전히 마음을 열고 다시금 『맨스필드 파크』를 읽는 데 몰입했을 때였다. 나는 남성의 권위에 저항하는 패니에게 마음 깊이 감응되었는데, 그러자 마치 나 자신이 겪어온 고통의 원인이용해되고 비로소 내가 자유로워지는 느낌이 들었다. 헨리 크로퍼드의 청혼을 거절하는 패니 프라이스를 보면서 나는 표현의 소심함 아래 대담한 정신이 감춰져 있음을 깨달았다.

잠시 생각을 가다듬고 기운을 끌어모은 뒤에 패니가 입을 열었다. "난 여자라면 응당 같은 마음일 거라고 생각했는데요. 아무리 여기저기서 호감을 사는 남자라도 그 사람이 마음에 안 들거나 사랑이 느껴지지 않는 여자들도 있을 수 있다고요. 설령 모든 면에서 흠잡을 데 없는 남자라고 해도 어쩌다 그의 마음에 들었다고 해서 세상 모든 여자가 그 마음을 받아줘야 한다고 덮어놓고 믿어버리는 건 조심해야 하지 않을까요."(3부 4장)

이런 주장을 하다니 참으로 대단한 배짱이 아닌가. 애매하게 돌려 말하는 화법인 것 같아도 말에 담긴 생각 자체가 나를 훅 현실로 밀어넣었다. 입센의 희곡에서 헤다 가블레르가 하는 말마따나 마당의 유일한 수탉인 것처럼 행세하는 남자의 별의별 행태들이 순식간에 머릿속을 스쳐 갔다.

이어서 내가 보았던 아들 키우는 엄마들이 떠올랐다. 예컨대 이스라엘에서 우리 이웃집에 살던 미리는 잘생긴 아들들의 왕성한 정력을 자랑하는 데 거리낌이 없었더랬다. 1970년대였다. 이미 저메인 그리어 같은 이의 발언이 세상에 나왔을 때였다. 그런데 역사학 박사 학위 소지자이고 심리학에도 관심이 커 라캉의 정신 분석학에 기반한 심리 치료사 훈련을 준비하던 나의 상냥한 친구는 무슨 영문인지 아들들의 엽색 행각과 그 애들에게 넘어간 여자들의 숫자를 자랑거리로 삼고 있었다. 그렇다고 미리를 폄하할 마음은 없다. 다만 자기들의 감정적, 성적, 개인적 권리를 당연시하는 아들들을 양산하는 일에 대대로 여성들이 가담한 공모와 결탁에 제대로 눈이 떠진 것일 뿐.

무대의 기억

『맨스필드 파크』는 연극적 요소의 비중이 높은 작품이고, 그런 점에서 처음 이 소설을 읽었던 1949년 여름 당시 내 삶의 좌표와 직접적으로 연결되어 있었다. 그해 나는 연극 연습과 연기에 파묻혀 긴 시간을 보냈다. 더욱이 내 판단과 소신이 시험대에 오르는 어떤 사건에서 내상을 입고 막 헤쳐 나온 참이었다. 그러니 패니 프라이스가 겪는 양심의 문제랄지 도덕적인 성장 스토리가 바로 내 이야기인 것처럼 와닿았을 밖에.

이 결정적인 사건의 배경은 시드니 대학교 쿼드랭글, 그 중에서도 나와 친구가 될 뻔했던 릴리언의 아지트 필로소피 룸 앞 게시판으로 거슬러 올라간다. 시드니 대학교 연극단이라는 신생 동아리가 만들어졌고, 이 동아리 창립자들이 신입에게 기회가 오지 않는 기존 시드니 대학교 극회 말고 자기네로 오라며 단원을 모집 중이었다. 일주일 뒤 나는 한 줌이나 될까 한 학생들과 함께 극단 창립식에 참석했다.

명문 남학교 연극부 출신의 엄청나게 잘생긴 1학년 남학생 둘이 모임을 주도했다. 총책은 단연 데이비드였다. 장차 논란이 많은 저명 칙선 변호인이 될 인물이었다. 미사여구에 능하고 안정된 라디오 진행자의 목소리를 지녔는데 음색이 그윽하고 아름다웠다. 먼저 데이비드가 기성 배우들의 파벌이 버티고 있는 한 우리 같은 신입은 시드니 대학교 극회 공연에 절대로 캐스팅될 수 없다고 확신하는 근거들을 설명했다.

부총책의 발표는 더 연극적이었다. 로버트는 넓은 이마에 흘러내린 금발을 뒤로 쓸어 넘긴 뒤 손에 『스타니슬랍스키 메소드 연기론 안내서』를 들고 교탁으로 나갔고, 책의 한 대목을 연기하듯 우렁차게 낭독했다.

또 다른 종류의 연극이 있다. 당신은 들어와 객석에 앉는다. 당신도 모르는 사이에 연출자는 당신을 관객의 세계에서 무대의 세계로 이동시키고, 그 안에서 당신은 연극이 그려내는 삶의 참가자가 된다. 당신에게 무슨 일이 일어난 것이다.

6장 『맨스필드 파크』: 기억과 망각

당신은 더 이상 관객의 일원이 아니라는 느낌이 든다.

텍스트를 정교하게 살려내는 로버트에게서 소통 전문가의 기술이 느껴지더니, 과연 훗날 정신과 의사의 길을 가더라. 나는 그의 스타니슬랍스키 옹호 발언에 고무되고 말았다. 그간 줄곧 사라 베르나르 같은 여배우를 동경하고 따라 하고 싶었던 것들이 모두 머릿속에서 귀퉁이로 밀려났다. 극중 인물에게 카리스마 넘치는 배우 본인의 자아를 입히는 베르나르의 천재성은 더 이상 나의 목표가 아니었다. 스타니슬랍스키가 말하는 식대로 연기해보고 싶었다. 극중 인물 속으로 흔적도 없이 사라져, 관객이 오직 내가 연기하는 인물만을 떠올릴 수 있도록.

몇 주 만에 새 극단이 굴러가기 시작했다. 정치적 관심이 높은 일부 학생들, 데이비드와 로버트의 출신 학교에 비해 사회적 명성은 조금 처지지만 학문적으로는 더 우수한 엘리트 학교 출신 몇 명이 쿠데타를 기도했다. 그중 두 명은 유명한 노동당 가문 출신이었는데 사회적 메시지가 담긴 작품을 선정하라고 압력을 넣었다. 그러나 공장 노동자들과 고용주의 대립을 다룬 존 골즈워디의 「투쟁」을 공연하자고 밀어붙여놓고 정작 공연에 필요한 대규모 배우진을 확보하는 데 실패하더니 극단을 나가버렸다. 실망스럽기 짝이 없었다. 나는 예상조차 못 했던 오디션 결과에 따라 젊고 섹시한 노동 계급 여성 매지 역할로 캐스팅이 되어 있었기 때문이다. 이제껏 상상해온 것과는 딴판인 역할이었지만, 내가 할 수 있는 연기의 새로운 가능성이 보이는 느낌이었다.

아무튼 나는 극단 내부에서 벌어지는 이런 흥미진진한 드라마에 푹 빠져들었다. 인생의 중차대한 사건 현장의 가장자리에 발을 걸치고 있는 기분이었달까. 권력 탈취 시도가 진압되자마자 데이비드는 독재적이지만 대단히 효율적인 리더로서의 역량을 펼치기 시작했다. 세부적인 협의를 건너뛰고 입센의 「유령」을 공연하겠다고 결정하는가 싶더니 오디션도 없이 출연진 명단과 리허설 스케줄과 6월의 공연 일정을 공지해버렸다. 명단을 보니 나는 복잡한 내적 갈등을 겪는 어머니 역의 여주인공에 캐스팅되어 있었다. 데이비드는 불운한 아들 오스발트 역으로 자신을 캐스팅하고 연출가 자리에도 본인을 지명했다.

한쪽으로는 입센을, 다른 한쪽으로는 스타니슬랍스키를 상상하며 나는 알빙 부인 역할에 임했고, 브레인 선생님의 거실에서 익힌 발성법과 기술을 동원해서 배역을 살아 숨 쉬게 해보리라 각오를 다졌다. 공연 장소는 풋브리지 극장이었는데 그곳에 있던 이발소는 밤에는 분장실로 변했다. 데이비드는 연출가로서나 배우로서나 탁월한 실력자임이 입증되었다. 무대 장치와 의상 대여를 진행하고 건축 대학과 공과 대학 학생들 중에서 무대 담당과 조명 팀을 모집하는 한편으로 열일곱의 나이에 우리 같은 초짜 배우들을 지휘하면서도 그렇게 침착할 수가 없더라.

비통한 어머니와 절망한 아들로 분한 우리 두 사람의 연기는 공연장 관객들로부터는 갈채를,『시드니 모닝 헤럴드』로부터는 호평을 받았다. 칭찬에 인색하다는 소문이 파다하던 연극 평론가 린지 브라운의 평을 대충 기억해보자면, 알빙 부인 역의 배우는 운명의 미로를 우아하고 품위 있게 헤치고 나아갔다, 하였지 아마. 격찬은 아니어도 어지간히 자존심을 세울 정도는 되었다.

노르웨이 대사가 주최하는 공연 첫날 축하 파티에 참석했을 때 내 가슴은 흥분으로 터져 나갈 것 같았다. 이 자리 역시 데이비드가 행사 기획자로 변신해 일군 성과였다. 파티장은 대사관 직원들, 고위 교직원들, 데이비드의 상류층 인맥 등 나로서는 익숙하지 않은 세련된 사람들로 북적이고 있었다. 참석한 여성들의 우아한 차림새를 본 순간, 데이비드 존스 백화점에서 내가 탐을 냈던 매끈한 벨벳 드레스를 너무 비싸다며 어머니가 안 사주었던 게 어찌나 아쉽던지. 하는 수 없이 캐슬레이 스트리트를 건너 코럴 리라는 대중적인 양품점에 들어갔고, 거기서 반짝거리는 녹색 호박단 소재에 끝단에 주름 장식이 달린 드레스를 골라 나왔다.

파티장에 도착한 나에게 놀랍다는 반응과 과하다 싶은 찬사가 돌아온 데에는 아마도 나의 앳된 모습도 한몫하지 않왔나 싶다. 무대 위에서는 중년의 알빙 부인이었는데 녹색 호박단 드레스를 입은 열여섯 살 여자애가 나타났으니 뜻밖이었을 만도 하지. 하지만 로버트가 읽어주는 스타니슬랍스키 안내서를 들으면서 내가 목표로 삼은 게 바로 이런 반응이지 않은가? 집에 돌아가 가족들에게 파티에서 있었던 일을 들려주는데 오빠가 이런 말을 해주더라. "네가 무대에 등장하고 몇 분 만에 네가 내 동생이란 사실을 잊어버렸어." 이보다 더 기쁜 반응은 없었을 것이다.

입센의 「유령」에는 『맨스필드 파크』의 일당들이 연습하는 「연인 서약」처럼 외설적인 내용이 다소 들어 있어서 경악실색하는 사람들이 나올 가능성이 다분했다. 이번에도 데이비드의 정치적 본능이 해결에 앞장섰다. 1920년대에 시드니대학교 극회 단원으로 활약한 이력이 있고 당시 노동당 주정부의 재무 차관직을 맡고 있던 클라이브 에벗 의원에게 검열에 관해 자문을 구한 것이다. 곤란한 상황이 생길 시 도움을 주겠다는 확답을 얻어낸 우리의 영민한 프로듀서는 첫 공연과 축하 파티에 에벗 의원 가족을 초대하는 것도 잊지 않았다. 더 개인적인 차원의 해프닝도 있었다. 리턴에서 알던 N 박사님 부부가 이제는 시드니에 살고 있어서 내 공연 소식을 전해 듣고 기쁨 반 우려 반으로 어머니에게 이 작품이 '매독'에 관한 이야기라는데 알고는 있느냐, 괜찮겠느냐 물어 온 것이다. 어머니는 전혀 신경 쓰지 않는다는 모범적인 대답을 돌려주었다지. 친애하는 N 박사님 부부는 공연 당일 나에게 커다란 꽃다발을 보내고 무대 뒤로 제일 먼저 달려와서 공연을 얼마나 재미있게 봤는지 말해주었다.

나는 작품의 성적인 요소들에 손톱만큼도 마음의 동요가 일거나 하지 않았다. 검열당할 가능성을 들었을 때도 놀라지 않았다. 성애에 관해서라면 실전에서는 아니라도 나름 책에서 배워가고 있었다. 이전 해에 심화 영어 시험을 준비하면서 『도리언 그레이의 초상』을 읽었는데 그 김에 오스카 와일드에 관한 자료를 모조리 섭렵했다. 조지 버나드 쇼도 벌써 읽어두었다. 라틴어 선생님의 우아한 필체로 '4학년 최우수 학생'이라고 적힌 그의 희곡집 두 권이 스피치 대회 부상으로 주어진 덕분이었다. 쇼의 작품은 '유쾌한' 희곡과 '불편한' 희곡으로 나뉜다. '불편한' 작품 중 하나인 『워런 부인의 직업』 서문에서 그는 성매매업의 진정한 사회적, 경제적 원인에 독자의 주의를 환기하려는 목적에서 이 작품을 쓰게 되었다며 이렇게 적는다. "작가 경력 초창기에 내린 이 결정만큼 나의 진로에 유해한 선택은 없었을 것이다. 발표와 동시에 내 희곡에는, 의회 조례에 의거해 우리 극장에 대해 독재적이고 심지어 초군주적인 권한을 행사하는 의전부 장관에 의해 '비도덕적이고 다른 면에서도 무대에 부적절한' 작품이라는 낙인이 찍혔다."

쇼의 작품들과 작가 서문들을 읽고 나는 문학 작품을 행위의 윤리성에 대한 사유의 일환으로 이해하는 법을 배우게 되었다. 불운한 아들의 자살을 도울 것인가 돕지 않을 것인가 결정해야 하는 알빙 부인의 딜레마를 이해하느라 나는 인간의 행동에 대해 내가 품고 있었던 믿음을 남김없이 쏟아부었다.

알빙 부인을 연기한 대학 1학년 막바지에 『맨스필드 파크』를 처음 읽고서 나는 두 작품 모두를 미덕과 도덕성에 관한 윤리적 사고와 연결해서 받아들였다. 물론 양쪽 여주인공들이 양심의 위기에 봉착해 있는 것은 분명하다. 패니는 주변의 압박을 무릅쓰고 연극 참여를 거부하면서 자기 원칙을 고수할 것인지 판단을 내려야 하는 상황이고, 알빙 부인은 이보다 더욱 냉혹한 딜레마에 처해 있다. 그러나 이런 이유 외에도 미덕과 도덕성이라는 문제에는 이보다 더 개인적인 차원이 걸려 있었다.

「유령」 공연을 성공적으로 마치고 얼마 뒤 나는 부총장실에서 호출을 받았다. 한때 낯설기만 하던 쿼드랭글과 작은 안뜰을 통과해 부총장실로 오후 티타임을 가지러 가고 있다는 게 잘 믿기진 않았다. 나를 호출한 이는 부총장의 부인이었는데 시드니 대학교 극회 후원인의 자격으로 나에게 용무가 있다고 밝혔다. 우리 공연 첫날에 다녀갔고, 돌이켜 생각하니 대사관 파티의 손님으로도 만난 기억이 있었다. 부인은 내 연기를 칭찬하며 말문을 열더니 다가올 시드니 대학교 극회 공연에서 맥베스 부인 역으로 오디션을 받아보지 않겠느냐고 묻는 것이었다.

이건 애초에 나를 우리 극단으로 발길을 돌리게 만들었던 극회의 배타적인 관행과는 맞지 않는 반전이었다. 일반적으로 시드니 대학교 극회의 주요 공연은 학부생 이상의 단원들에게 셰익스피어 텍스트를 사전에 배정하는 식으로 캐스팅이 내정되어 있는 그들만의 리그였다. 그런데 이번 해에는 고정 출연진 중에 맥베스 부인 역에 적합한 인물이 마땅치 않았는지 후원인께서 알빙 부인을 연기한 학생을 만나보겠다고 제안한 모양이었다. 그런데 그 학생이 바로 나, 아닌가? 꿈인지 생시인지 분간이 안 되었다.

어깨가 으쓱하지 않았다면 거짓말이겠지. 너무나 솔깃한 제안이었다. 그렇지만 이건 우리 극단 동지들, 그새 나와 절친이 된 이들의 대오를 이탈한다는 뜻이기도 했다. 경쟁심, 의리, 원칙의 문제가 얽혀 있었다. 나는 이 제안에 관해 우리 단원들에게 의견을 구했다. 양가적 반응이 감지되긴 했지만 이 역할을 맡지 말라고 조언하는 사람은 아무도 없었다. 나는 이 쟁쟁한 극회를 운영하는 잘나가는 사람들을 한번 만나나 보자고 나갔다가 그 자리에서 그들의 매력에 넘어가고 말았다. 이런 일이 있고 너무 곧바로 『맨스필드 파크』를 읽었는지 그때도 내가 크로퍼드 남매의 매력에 면역이 없다는 걸 인정해야 했다. 역시 넘어가고 말았다.

도심의 어느 작은 호텔 꼭대기층의 소규모 공연장에서 몇 주에 걸쳐 리허설이 진행되었고, 나는 꼬박꼬박 출석했다. 분장용 화장품 냄새와 땀 냄새가 밴 어둠침침하고 퀴퀴한 공간이었지만 단막극 공연을 하기에는 적당했다. 큰 공연 때는 장소가 바뀌었다. 처음의 열렬한 환영 이후로 극회의 핵심 멤버들은 나를 본 척 만 척이었다. 나는 연출자로부터 연출 기법과 목소리 방사에 대해 많은 걸 배웠다. 매번 목소리 방사 연습으로 리허설을 시작했는데, 브레인 선생님에게 배울 때보다 성량과 울림이 한층 좋아졌다. 하지만 연출을 맡은 샘은 걸핏하면 짜증을 냈다. 한번은 나를 젊은 남자 배우 조지로 대체하겠다고 협박을 하면서 그렇게 해야 셰익스피어 시대에 충실한 공연이 된다나 뭐라나. 이것도 기묘한 인연인 건지 그 젊은 남자는 푸시 그룹의 일원이었고, 밀리컨의 전기에 따르면, 릴리언 록슨의 첫 번째 애인이 되었다더라.

나는 이 역할을 즐거이 해냈지만 원래 소속된 극단 친구들과는 이전 같은 관계를 회복하지 못했다. 매회 공연 후에 무대 인사를 할 때마다 내가 도덕적으로 타협했다는 자책 때문인지 인정과 박수갈채에서 이전만큼의 전율을 느끼기 어려웠다.

그럼에도 나는 계속해서 양쪽 극단을 오가며 연기를 했고, 생동감으로 벅차오르는 연기 경력의 하이라이트라고 할 만한 순간들을 경험했다. 이디스 에번스 여사가 연기한 유명한 브랙널 부인의 '핸드백' 대사를* 재연해 갈채를 받은 적도 있었다. 「진지함의 중요성」을 공연한 장소는 마침 내가 헤링 선생님의 낭독으로 에마 우드하우스를 만났던 월리스 극장이었다. 시드니 대학교 연극단 친구들과는 장 콕토의 「쌍두 독수리」로 호바트에서 개최된 대학 연극제에 참가했다. 불과 몇 해 전 로런스 올리비에와 비비언 리 부부의 방문에 맞춰 새 모습으로 단장했다는 아름답고 아담한 시어터 로열 극장 무대에 우리가 오를 줄이야. 완벽한 연출 솜씨를 보여준 앨런 B는 몇 년 뒤에 ABC TV에 들어가 책임 제작자가 되었다. 공손하고 정중하면서도 진정성이 전해지는 그의 태도는 타의 추종을 불허했다. 앨런이 '내 사랑' 하고 불러주면, 그저 입에 붙은 호칭인 걸 뻔히 알면서도 정말이지 오직 나에게만 해주는 말인 것 같았다. 고독한 여왕 역을 맡은 내가 무대에서 마음껏 활개를 칠 수 있도록 격려해준 덕분에 나는 1막을 휘어잡는 20분 길이의 독백 안에 멜로드라마적 요소를 가미할 수 있었다. 스타니슬랍스키식이라기보다는 사라 베르나르의 그랑기뇰풍에 가까웠달까. 우리 공연은 그해 출품작 가운데 걸출한 두 편 중 하나라는 평을 받았다.

- 오스카 와일드의 「진지함의 중요성」 1막에서 딸의 신랑감 잭을 면담하던 브랙널 부인이 잭이 기차역 '핸드백'에서 발견된 고아라는 말을 듣고 노골적으로 경멸감을 드러내는 장면.

연기는 다 옛일이 되었다고 믿으며 살고 있었는데 마지막으로 무대에서 환호를 받는 일이 생기고 말았다. 선동자는 친구인 앨런 K였다. 우리는 학부 강의를 듣던 시절 북적거리는 윌리스 극장에서 처음 만났지만, 이 친구를 생각할 때 가장 먼저 떠오르는 장소는 강의실이 아니었다. 앨런과 나의 추억을 채우고 있는 것은 수다의 기억들이다. 쿼드랭글을 어슬렁거리면서, 대강당 앞 잔디밭에 앉아서, 진한 블랙커피가 놓인 매닝 하우스 테이블을 사이에 두고, 미래를 이야기하던 우리의 대화들. 금요일 밤이면 옷을 빼입고 오스트레일리아 호텔 아트리움에서 만나 진토닉을 홀짝이며 라이브 음악에 질세라 소리를 높여 수다를 떨곤 했다. 대부분은 우리가 칵테일 잔에 스푼을 잘그랑대며 경축해 마지않는, 서구 사회라는 황무지에 대한 엘리엇의 공포와 그 공포를 처음 접한 우리의 경험을 안주 삼아. 우리는 젊고 낙관적이었다. 크게 말하고 많이 웃었다.

앨런은 학생으로서는 좀 게으르지만 테니스 선수로서는 실력이 꽤 괜찮았다. 사람 사귀는 재주도 탁월해서 특유의 품위와 재치를 무기로 대학 교수진이나 스포츠 엘리트들 사이를 누비고 다녔다. 시간을 있는 대로 끌다가 학사 과정을 수료했는데 라디오와 TV 쪽에서 성공적인 경력을 쌓아 우리 모두를 놀라게 했다(어린이 TV쇼 「플레이 스쿨」을 출범시킨 프로듀서로 무려 2006년 『불리틴』지가 선정한 가장 영향력 있는 오스트레일리아인에 이름을 올렸다). 1960년대 말 그는 기어이 대학 시절의 충직한 동지들을 불러 모아 시드니 대학교 동문 극단Sydney University Graduate Theatre을 창립했다. 친구들과 함께 작품을 고르고 연출하는 게 꿈이라더니 정말로 꿈을 이룬 것이다. 캐스팅으로 애먹을 걱정은 전혀 없었다. 아서 디그넘, 테런스 클라크, 헨리 젭스, 리오 스코필드와 당시 그의 아내 앤 등등 시드니 문화 예술계에서 내로라하는 인물들이 앨런의 부름에 기꺼이 응했으니까.

다시 무대에 서라는 제안이 왔을 때 처음에는 뿌리쳤다. 어린 자식들이 넷이나 있고 너무 오랜 시간이 흘렀고 자신이 없었으므로. 하지만 내가 정체성 문제로 고심 중이라는 걸 알았던 앨런은 나를 격려하더라. 너에게는 소중히 여길 재능이 있고 명성을 회복할 자격이 충분하니 스스로를 믿어보라고. 그렇게 크리스토퍼 프라이의 운문극「첫아이」를 읽도록 시키고는 이집트 공주 아나트 역을 제안해 왔다.

「첫아이」는 히브리인들의 출애굽 서사를 극화한 작품인데 특이하게도 이집트 파라오의 장자에게 닥친 죽음의 위협에 강조점을 두고 있다. 아들의 목숨을 구할 수 있도록 히브리인들을 이집트에서 떠나보내라고 아나트 공주가 파라오에게 애원하는 장면이 극의 클라이맥스다. 파라오의 아들 역은 아직 유명해지기 한참 전이었던 헨리 젭스가 맡았는데, 그때는 젊고 미숙하고 잔뜩 얼어 있었지.

아마 친구는 나한테 물어보기 전에 이미 내 항복을 받아낼 자신이 있었을 것이다. 연습과 공연 시간을 내기가 쉽지 않다는 걸 알면서도 나는 프라이의 시적인 대사를 읽자마자 그것을 무대에서 전달하고 싶다는 마음을 누를 길이 없었다. 결혼한 이후로 그 정도로 간절하게 원한 것이 있었을까. 나는 아이들을 부모님 댁에 맡기고 주말마다 연습을 하러 갔다. 공연 시작 한 주 전, 아이들을 연습 장소에 데려다주러 온 아버지의 얼굴이 창백하고 평소와 달라 보였던 것을 기억한다. 며칠 뒤 아버지는 심장 발작을 일으켰지만 이내 회복하는 듯 보였다. 오프닝 공연을 놓치고 실망한 아버지는 작은 것 하나까지 알고 싶어 했고, 나는 침대 곁에 앉아 무대 장치는 어땠으며 죽음이 보이지 않는 존재로 드리운 긴장된 드라마에 관객이 보인 반응은 어땠는지 자세히 들려드렸다.

공연 둘째 주 주말, 토요일 오후 리허설에 이어 저녁 공연을 올렸다. 그리고 이 무대에서 나는 메소드 연기자들이 꿈꾸는 어떤 경지를 경험했다. 말과 행동을 초월하는 공기가 만들어지고 배우로서 나라는 개인의 자의식이 모두 사라지는 체험이었다. 마지막 커튼콜을 마친 뒤 나는 앨런에게 속삭였다. "오늘 밤 죽음이 내 손을 잡은 느낌이었어." 앨런이 나를 팔로 감싸 데려간 무대 뒤에는 남편이 그날 오후 돌아가신 아버지의 부음을 전하기 위해 기다리고 있었다.

각성

첫 독서로부터 60년이 지나 『맨스필드 파크』를 다시 읽을 때 내가 우선 주목한 부분은 퀘스트 헤이븐에서 겪은 상실감과 내 심신의 불편감 사이의 연결성이었다. 그런데 가만 보니 시대의 흐름에 따라 내가 눈여겨보는 지점들이 달라지고 있더라. 맨 처음 읽을 당시에는 1부의 내용과 내가 현실에서 겪는 경험이 대단히 밀착되어 있다고 느꼈더랬다. 맨스필드 파크에서 벌어지는 연기와 도덕적 선택의 문제들이 나의 연극 활동, 그것이 친구 관계와 내 양심에까지 미치는 영향 등을 돌아보는 중요한 사고의 기틀로 놓이기에 충분했다. 21세기에 책을 다시 펼쳤을 때는 맨스필드 파크의 세상과 내가 살고 있는 세상 사이의 시대적 변화를 더 이상 모르는 척 넘길 수가 없었다. 탈식민주의 시대이니만큼 에드워드 사이드가 제기한 질문들에도 신경을 쓰는 게 마땅해 보였다. 사이드는 이 작품을 유럽 식민주의와 불가분하게 결합된 문화적 전통의 상징으로 해석한 바 있다. 그러나 문학 정전에서 재고할 인물로 제인 오스틴의 이름을 제일 위에 올린 사이드의 판단을 순순히 수긍해야 한다는 말은 결코 아니다. 최근 학계에서는 그가 제인 오스틴 일가의 정치적 입장에 대한 조사를 등한시했다는 의견이 나오고 있다. 그럼에도 이 시대를 사는 독자로서 오스틴이 대영 제국의 이상을 옹호했다는 해석을 근거로 오스틴을 비판하는 사이드의 주장을 무턱대로 무시할 수도 없는 노릇이고. 다만 다른 건 몰라도 내가 사이드보다 세심하게 텍스트를 읽는 건 해볼 수 있겠다. 비록 나의 읽기에도 내 경험과 기억과 신조가 투영되기는 하겠다만.

맨스필드 파크 생활을 재정적으로 떠받치는 건 토머스 경이 앤티가에 보유한 모종의 사업이다. 그 현장을 시찰하러 갔던 토머스 경이 돌아왔다. "파리하게 창백하던 낯빛이 사라지고 고운 혈색이 돈다"며 패니의 외모가 전보다 좋아졌다는 말도 건넨다. 앞으로의 저녁 시간은 이모부가 없을 때처럼 활기차지 않겠지만, 패니는 이모부가 몰고 온 고요함을 즐기는 것 같다. 이모부에게 서인도 제도 이야기를 듣는 것도 좋아한다. 예전에 비하면 이모부에게 말도 많이 붙인다고 에드먼드를 안심시킨다.

"(…) 어젯밤에 내가 노예 무역에 대해 여쭤보는 것 못 들었어요?"

"들었지. 그 뒤로 다른 질문들이 더 나와주기를 기대했고. 더 자세히 여쭤봤으면 이모부도 좋아하셨을걸."

"나도 그러고 싶었어요. 그렇지만 다들 어찌나 죽은 듯 고요하던지!"(2부 3장)

노예 무역이 직접적으로 언급된 이 대목은 오스틴 논쟁

의 새로운 국면을 여는 촉매제가 되었다. 내가 이해한 바로는, 오스틴이 제국주의의 공범인가 아닌가 하는 논란은 썩 생산적이지 못한 듯하다. 그보다는 젊은 패니가 맨스필드 파크 안에서 대답 없는 외로운 목소리를 낼 때 그 도덕적 각성이 보여주는 변화의 성격을 고찰하는 편이 더 유익하지 않을까. 죽은 듯 고요한 이들은 버트럼 일가이지 패니 프라이스가 아니고, 제인 오스틴은 더더욱 아니다. 그랬다면 텍스트에 저 말들이 적혀 있지도 않았겠지.

자고로 이야기에는 우리 삶을 이해하도록 도와주는 어떤 힘이 있다. 신화, 전설, 동화, 소설, 어떠한 형식으로 쓰였든 간에 멋진 이야기는 인간에게서 가장 깊숙한 감정을 자아낸다. 이야기에 대해 인간이 지닌 애정의 뿌리를 탐구해온 머리나 워너에 따르면, 우리의 머릿속 세계는 바깥 세계와 대등한 중요성을 갖는다더라. 워너는 우리가 상상으로 불러낸 세계와 경험하는 세계가 어긋나는 데서 빚어지는 차이가 유년 시절부터 우리의 정신 세계에 큰 영향을 미친다고 설명한다. 그러면서 그가 특별히 지목하는 이야기가 다름 아닌 『천일야화』, 우리 아버지가 오빠와 나에게 잠자리 동화로 선물했던 그 현란한 상상의 보따리가 아닌가. 그 이국의 이야기들을 통해 우리는 상상의 '타자들'을 만나고 그들로부터 우리 자신에 대해 무언가를 배웠을 텐데, 아마도 각자가 배운 것이 달랐지 싶다. 그래서 오빠는 자라서 신드바드처럼 모험을 즐기고 위험을 감수하는 승부사가 되었겠지. 반면에 나는 슈테판 츠바이크의 『초조한 마음』 속 주인공 쪽에 가까워서, 필시 내가 자초해서 부담을 짊어져놓고 그것을 떨쳐낼 힘은 부족한 사람이 되었나 보다.

처음 서던하일랜즈에 발을 들였을 때, 나는 별거를 결심해놓고 안정된 우리 가정에 내가 무슨 짓을 한 것인지 가슴을 치며 후회하고 있었다. 그때 나에게 츠바이크의 소설을 쥐여주며 언젠가 도움이 될 테니 잘 간직하라고 말해준 친구가 있었다. 그이가 꼭 읽어보라던 이 소설은 착한 천성에 이끌려 무거운 부담을 짊어지려 하는 한 남자의 이야기였다. 남자는 지인의 딸이라는 이유로 신체 장애가 있는 아가씨와의 결혼에 응하려 한다. 물론 다른 조건들, 이를테면 이 아가씨가 귀엽고 돈이 많다는 사실도 감안한 결정이지만, 결혼 생활의 전망은 점점 더 꺼림칙해지고, 그럴수록 연민이란 무엇인가에 대한 고민도 깊어진다.

츠바이크는 연민에는 두 가지 종류가 있다고 말하는데, "나약하고 감상적인" 연민은 남의 불행에서 느끼는 괴로운 감정에서 기인하고, "창조적인" 연민은 "힘이 닿는 한 그리고 그 이상으로 인내심을 가지고 함께 견디"겠다는 의지의 발현이다. 패니 프라이스의 소심한 성격을 부정적으로 해석하는 글을 읽다가 나는 세 번째 종류의 연민도 있지 않나 생각이 들었다. 혹시 자신도 모르는 상태로 내가 자기 연민에 빠져 있던 건 아니었을까.

머리나 워너의 『원스 어폰 어 타임』이라는 책에는 동화를 규정하는 특징들이 정리되어 있다. 동화의 이야기들은 짧다, 친숙하다, 익숙한 것과 낯선 것이 섞여 있다, 축적된 지혜가 담겨 있다, 그런고로 언어적 독립체이다. 그리고 동화는 인간을 위로하고 그것을 읽거나 듣는 사람의 마음을 더욱 낙관적인 풍경으로 안내한다.

나는 『맨스필드 파크』를 내려놓고 창밖에 펼쳐진 아름다운 풍경으로 눈을 돌렸다. 이제 내 감정들은 폭풍우가 지난 뒤 에마가 경험하는 고요함과 온화함과 화사함에 한결 가까워져 있었다. 소설 속에서는 패니의 위상이 높아지는 게 아니꼬운 노리스 부인과 패니 사이에 한창 긴장이 심화되고 있었다. 하지만 노리스 부인이 발버둥 쳐봤자 장차 맨스필드 파크 안에서는 영지 관리의 공정성이 검토될 것이고 그러면서 개인의 가치를 지키려는 노력이 부각될 것이고 그럴수록 패니의 역할은 더욱 확실해지리라. 억압적인 남성의 권위에 꺾이지 않는 패니 프라이스는 얼마나 용감한가. 두 번째로 그 사실을 확인하며 나도 재삼 결의를 다졌다. 내 가치관에 따라 행동하되 결코 내 이익을 팽개치지 않으리라.

제인 오스틴이 창조한 허구의 세계에는 빛과 그림자가 씨실과 날실로 직조되어 있다. 이것은 브레인 선생님이 말씀하신 모듈레이션과도 일맥상통한다. 미학적 개념이 현실 세계로 전이되고 기억과 텍스트가 상상의 조화를 이루는구나. 노년의 다시 읽기로 내 상상의 자원에는 새로운 차원과 새로운 기억이 더해졌다. 퀘스트 헤이븐의 암울한 기억, 어지럽던 도덕적 딜레마들, 일부는 잊히고 일부는 질기게 남아 있던 경험의 그림자들을 산산이 흩어뜨린 건 무대 위에서 맛본 행복한 기억의 찬란한 빛이었다. 독서의 마법이 내 영혼의 시름을 치유해주고 있었다.

줄거리

『맨스필드 파크』

이야기는 한 세대 전쯤 결혼으로 인생의 행로가 달라진 세 자매에게서 출발한다. 부유한 남작과의 결혼으로 신분 상승을 이룬 둘째와 수입이 변변찮은 목사의 부인인 첫째는 노샘프턴 카운티에서 지근거리에 살며 매일 왕래하고 있지만, 가난하고 무능한 최악의 남편감을 고른 셋째는 멀리 포츠머스에서 사는지라 물리적으로나 심정적으로나 소원해진 지 오래다. 그런데 아홉째 아이의 출산을 앞두고 막막해진 막내가 언니들의 도움을 청했고, 상의 끝에 둘째 딸아이를 이모들이 거둬주기로 의견이 모였다. 그렇게 해서 온순하고 소심하고 또래보다 왜소한 열 살 패니 프라이스가 본인의 의사와는 상관없이 사랑하는 오빠와 동생들을 떠나 난생처음 보는 잘사는 친척집으로 보내지게 된다. 큰이모 노리스 부인은 대놓고 패니를 하녀처럼 길들이려 하고, 작은이모 레이디 버트럼은 타인에게 두루 무관심하고, 저택의 주인인 토머스 경은 무뚝뚝하고 엄격한 가장이며, 사촌 언니들인 마리아와 줄리아는 상류층 교육을 받고 있지만 친절이 뭔지는 못 배운 것 같다. 사촌 오빠 톰은 저 놀기 바쁘고, 온 집안을 통틀어 패니에게 다정한 관심을 보여주는 건 사촌 오빠 에드먼드뿐이다. 천성이 유순한 패니는 레이디 버트럼의 시중을 들며 맨스필드 파크의 더부살이에 차차 적응해간다. 에드먼드가 꾸준히 공급해주는 독서와 대화와 격려를 자양으로 먹으며 내면의 성숙도 일궈간다.

그렇게 패니가 열일곱 살이 되었을 때, 앤티가에 운영 중인 사탕수수 농장을 감독하러 토머스 경이 장기간 집을 비운다. 그사이 나이가 찬 마리아는 몹시 우둔하지만 버트럼 가문보다 재산이 많은 러시워스 씨와 약혼을 하고, 토머스 경의 부재가 길어지면서 집안의 공기가 느슨해질 무렵 이웃에 헨리와 메리 크로퍼드라는 도회적 매력이 물씬한 남매가 등장한다. 버트럼 자매만이 아니라 진중한 에드먼드까지 이 자유분방한 남매에게 매료되면서 두 집안의 청춘 남녀 사이에는 흥분의 기류가 형성되지만, 한 걸음 떨어져 이들을 관찰하는 패니만이 경계심을 늦추지 않고 있다. 러시워스 씨의 영지 개량 작업에 아이디어를 낸다는 명목으로 소더턴 영지로 모두 나들이를 갔을 때도 패니는 혼자 연모하던 에드먼드에 대한 실망감, 마리아와 헨리 크로퍼드의 수상쩍은 플러팅을 확인한 찝찝함만을 안고 돌아온다. 톰의 친구 예이츠 씨의 방문은 맨스필드 파크에 또 다른 자극을 불어넣고, 무료하던 젊은이들은 연극을 공연하기로 작당한다. 작품의 자극적인 성격에 못마땅해하던 에드먼드마저 일당에게 포섭되고, 패니 혼자 마지막까지 비난을 감수해가며 출연을 고사 중이지만, 모두의 스트레스가 쌓여갈 때 그들의 불평불만을 들어주는 것은 패니 한 사람이다. 연기와 실제를 오락가락하는 마리아와 헨리 크로퍼드의 애정 행각에 낯부끄러움을 느끼는 것도, 에드먼드와 메리 크로퍼드의 설렘에 가슴이 찢어지는 것도 패니 한 사람이다. 그러나 최종 리허설이 시작된 절묘한 타이밍에 출타했던 토머스 경이 귀가하고, 거기서 1부도 끝이 난다.

일행의 공포스러운 예견대로 연극은 취소되고 토머스 경의 책임 추궁이 이어지며 집 안에는 다시 엄숙한 침묵이 흐르는데, 다만 평소 가장 조용한 패니 한 사람만은 이전보다 말수가 늘고 조금 더 적극적인 모습이다. 아무도 입에 안 올리는 앤티가 사업 근황을 토머스 경에게 묻는 유일한 사람도 패니이다. 마리아가 헨리 크로퍼드를 포기하고 러시워스 씨와 결혼하고 맨스필드 파크에 남은 유일한 젊은 여성이 패니 한 사람이 되면서부터, 헨리 크로퍼드의 시선이 패니에게 집중되고 난공불락 같은 이 아가씨를 정복하고 싶다는 욕심에서 비롯된 그의 애정 공세가 시작된다. 남몰래 에드먼드를 향한 사랑을 키워온 패니는 이런 구애가 난감하고 불쾌하기 짝이 없는데, 에드먼드는 패니의 속도 모르고 헨리 크로퍼드를 두둔한다. 버트럼 자매가 사라졌으니 메리도 패니와 가깝게 지내려 해보는데, 남매의 협공으로도 패니의 마음을 얻기에는 역부족이다.

집안 어른들이 보기에 이런 혼처를 거절하는 것은 거의 배은망덕한 행동이고, 토머스 경은 나름의 충격 요법 차원에서 패니를 한동안 포츠머스로 돌려보낸다. 3부는 패니의 포츠머스 귀환이라고 할 수 있다. 떠나온 지 8년 반 만에 가족에게 돌아가는 패니의 마음은 기쁨과 번민으로 양분된다. 그렇게 착잡했던 이유가 단지 맨스필드 파크에 정이 들어서만은 아니라는 게 포츠머스 집에 들어서는 순간, 가족들을 만나는 순간, 그 집의 소음과 냄새를 접한 순간 단번에 확인된다. 사랑하는 윌리엄 오빠가 있든 없든 그곳은 더 이상 패니가 '집'으로 느끼는 곳이 아니다. 패니는 원가족을 그리는 심정으로 이제 맨스필드 파크의 친척들을 그리워하고, 삭막한 포츠머스의 거리가 아닌 맨스필드 파크의 관목 숲을 거닐고 싶다.

습관처럼 과거를 기억하던 패니의 사색은 이제 지형의 변화를 겪고 있다. 그의 기억과 망각은 이제 포츠머스의 집이 아니라 맨스필드 파크를 향해 흐른다. 포츠머스까지 찾아온 헨리 크로퍼드는 어느 정도 진심이지 않은가 싶기도 한데 마리아와의 일을 기억하는 패니로서는 그의 진심이 끝까지 의심스럽다. 이런 의심은 패니의 마음이 열릴락 말락 하는 참에 결국 그가 마리아와 도주하는 사태로 정당성이 입증되고 만다. 톰의 건강 악화에 더해 집안에 이런 우환이 덮치는 바람에 토머스 경은 패니를 다시 '집'으로 불러들인다. 패니는 올 때보다 더 벅찬 마음으로 포츠머스를 떠나 맨스필드 파크로 돌아간다. 형제들의 사건 사고는 지지부진하던 에드먼드와 메리 크로퍼드의 관계에도 파열을 불러오고, 그제서야 에드먼드는 패니의 우애에서 위로를 구한다. 서로 마음을 확인한 두 사람은 아무런 반대에 부딪치지 않고 행복한 결말을 맞았다는데, 에드먼드가 두고두고 맥없는 남주인공으로 회자되는 것도 무리는 아니다.

7장

『에마』:
　　　한 편의 사랑론

> 지금처럼 진정으로 소중하게
> 대접받는 일이랑 꿈도 꾸지 말아야 해.
> 아버지 눈에는 내가 늘 첫 번째고 늘 옳겠지만
> 다른 남자 눈에도 그렇게 보이는 건
> 아예 기대할 생각을 말아야지.
>
> 제인 오스틴
> 『에마』, 1부 10장

사랑, 사랑, 사랑

독서 재활을 하기 전에도 나는 오스틴의 작품을 여러 번 되풀이해 읽었다. 『오만과 편견』, 『맨스필드 파크』, 『에마』는 수시로, 『설득』과 『이성과 감성』은 간간이. 하지만 캐서린 헬렌 스펜스처럼 근면 성실하지는 못했던지라 오스틴의 전작 읽기를 매해 실천하지는 못했다(스펜스는 1825년 스코틀랜드에서 태어난 오스트레일리아 작가이자 사회 운동가였는데, 제인 오스틴처럼 한 세기 뒤에 국가 은행권에 초상이 실렸다. 스펜스의 경우는 호주 연방제 100주년 기념 5달러 지폐에). 스펜스는 "제인 오스틴의 소설이 얼마나 대단한 매력으로 나를 홀렸는지 1년에 한 번씩 그의 소설을 통독하는 것이 나의 규칙적인 실천"이 되었다더라. 그는 오스틴의 "정교한 세밀화"에 찬사를 보내는데, 이런 칭찬은 오스틴 소설을 매번 똑같은 방식과 똑같은 재미로 읽는다는 의미로도 들린다. 그렇게 읽으면 다시 읽기의 가장 값진 이점을 놓쳤을 텐데.

 나는 내가 습득한 다르게 읽는 독법이 마음에 든다. 읽을 때마다 인생에서 놓인 시기가 다르니 작품에서 발견하는 의미가 달라지고 오스틴의 작품 세계에 대한 이해가 확장되는 느낌이다. 그런데 기억을 되감아봐도 『에마』의 경우에는 이 소설을 맨 처음 읽었을 때부터 한 번도 주인공 에마와 사랑의 테마를 떼어놓고 생각한 적이 없더라. 나의 첫 번째 독서는 어머니가 없는 에마의 처지에 초점이 맞춰져 있었다. 헤링 선생님 강의에서 에마를 어머니 없는 여자애로 소개받고 보니 읽는 내내 기억조차 못 하는 나이에 엄마를 잃었다는 게 에마에게 어떤 의미였을까로 생각이 모아졌다. 그다음의 독서는 주로 에마의 자기애에 대한 고찰로 흘렀다. 오냐오냐 뜻을 받아주는 가정 교사 밑에서 자라서 자기애가 강해졌을까, 그것 때문에 자연스러운 감정의 성숙에 방해가 되었을까 곱씹을 때가 많았다. 그 단계를 넘어가서는 친구와 이웃을 사랑하라는 요구가 어떤 식으로 우리의 판단과 감정을 시험하는지를 한동안 생각했다. 가장 최근에 한 고민은 인간이 얼마나 자신과 연인에게 바라는 것에만 골몰하는가 하는 물음이었다. 이번에 다시 읽는 김에 나는 이런 시각들을 하나로 모아 사랑이라는 카테고리로 정리해보았다. 내러티브가 불러내는 내 인생에 관한 사색에도 적용해볼 요량으로.

아버지와 딸

내가 즐겨 읽는 에세이에서 레지널드 파러가 부르짖듯이 『에마』의 재미가 무궁무진하다고 한다면, 에마 인생에서 사랑 찾기라는 테마도 그만큼 무궁무진하다고 말할 수 있다. 부모에 대한 효심, 이웃 간의 우애, 로맨틱한 감정, 타인에 대한 사랑, 자기애와 자기 자신에 대한 사랑, 이 모든 것이 에마 앞에 놓인 숙제이다. 당장 소설의 첫 장면부터 아버지와 에마의 애틋한 관계가 시험대에 오른다. 에마의 가정 교사였던 테일러 선생님의 결혼식이 끝나고 신부 일행을 떠나보낸 뒤 우드하우스 씨는 평소처럼 편안하게 잠자리에 든다. 홀로 남은 에마는 아버지 곁에서 나이를 먹어가며 말벗 하나 없이 보내게 될 앞으로의 저녁 시간들을 곰곰이 그려보다가 그런 우울한 전망에 흔들리지 않겠다고 마음을 다잡는다. 이 장면 하나로도 아버지와 나의 관계가 불려 나오기에 충분했다. 나는 책을 내려놓고 불현듯 스치는 상념에 잠겼다. 에마 부녀와 다르게 아버지와 나는 내가 성인의 세계를 기웃대며 독립적인 사고를 형성하면서부터 관계가 악화되었다. 내 마음속에서 아버지라는 영속적인 존재를 밀어내지는 않았지만, 생각의 지향이 갈라지면서 내가 아버지를 거부하기 시작했다. 사이가 멀어지더라도 어릴 때의 친밀함과 신뢰를 유지하면서 내 자립을 지켜내는 방향으로 가지 못했던 거다.

아버지가 그렇게 일찍 돌아가실 줄은 꿈에도 몰랐다. 예순다섯은 1960년대에도 분명 이른 나이였다. 마음의 준비가 돼 있었을 리가. 나는 그런 충격과 격한 슬픔 앞에 완벽하게 무방비한 상태였다. 신장이든 폐든 몸속의 장기 하나가 떨어져 나간 것 같았다. 돌아가시고 몇 달은 「첫아이」 최종 리허설 후에 아이들을 데려다주러 오신 아버지의 핏기 없는 얼굴이 뇌리에서 떠나지 않았다. 바람이 차가운 8월 오후였고, 아버지는 평소처럼 모직 스카프를 목에 두르고 머리에는 부드러운 펠트 모자를 비스듬히, 「카사블랑카」에서 잉그리드 버그먼에게 작별을 고하는 험프리 보가트처럼 기울여 쓰고 있었다. 그래서인가, 내 기억 속의 그날에는 그 영화의 우수가 늘 함께 흐른다.

손주들을 무척이나 예뻐하는 할아버지였다. 아이들은 헤어지기 아쉬워 할아버지를 꼭 끌어안았다. 어찌나 서로들 좋아하는지 보고만 있어도 가슴이 뭉클했다. 큰딸 아이는 할아버지의 껌딱지였다. 아버지는 그 애를 볼 때마다 어릴 때 자장가를 불러주시던 당신 어머니가 생각난다고 노상 말씀하셨다. 아버지에게 그 애는 각별했고, 그 애에게도 아버지가 여전히 각별하다. 나한테도 아버지는 은인이었다. 주말에 연극 연습이 잡힐 때마다 한 번도 마다하지 않고 아이들을 맡아주셨다. 이제 나는 아버지가 안 계시다. 그 고통스러운 사실을 받아들여야 하는데 그날 아버지의 창백한 얼굴이 끊임없이 기억에 되살아났다. 내 가슴을 누르는 것은 아버지와 소원해진 데에 대한 죄책감이 아니었다. 후회였지.

아버지를 살뜰히 살피는 에마나 딸을 애틋이 감싸는 우드하우스 씨를 볼 때마다 나는 어쩔 수 없이 그날의 기억이 떠올랐다. 사실 나는 우드하우스 씨를 호들갑스럽지만 밉지 않은 노인이라고 생각하고 있었다. 자기 곁을 지키는 에마를 과하게 아끼긴 하지만 두 딸들을 모두 애지중지하는 아버지라고 말이다. 하트필드라는 좁은 세상일지언정 그 세상의 중심에 자신을 세우는 경향이 있다는 것도 몇 장만 넘기면 알아차릴 수 있는 그의 특징이다. 그런데 영국 시인 매슈 아널드는 '우드하우스 씨'라는 별명으로 불리기를 좋아했다니 좀 별일이다 싶다. 그 별명에서 희생이라든지 가족 관계의 전복 같은 낌새를 전혀 채지 못한 것일까? 우드하우스 씨가 자기 자신의 건강은 물론이고 딸의 건강에 대해 안달복달하기에 나는 가족을 과보호한다는 정도로 생각했다. 자기가 원하는 걸 에마에게 강요하는 장면들을 다시 읽기 전까지는 말이다. 이번에야 처음으로 나는 이들의 관계가 부녀 간 애정의 속성에 관해서 무슨 메시지를 전하고 있는지 궁리를 해보게 됐는데, 그랬더니 에마에게 존경심이 들더라. 아버지의 "다소 이기적인 습성" 앞에서 짜증을 내지도 쌀쌀맞게 굴지도 않는 딸이라니.

다시 읽으면서는 표현을 더 주시하며 읽었다. 일상에 붙박이와도 같이 있던 사랑하는 테일러 선생님을 잃고 에마는 "잔잔한 슬픔"을 느꼈다고, 그럼에도 그런 슬픔이 "전혀 고 까운 생각을 빚어내진 않"았다고 적혀 있다. 첫째 장에서 에마가 언뜻언뜻 내비치는 이런 감정들은 이후 전개 과정에서 우리가 목격하게 될 에마의 경솔한 행동과 상충되는 지점이 있다. 선생님이라는 말벗이 사라진 지금 에마는 앞으로 저녁마다 아버지 곁에서 "지적인 면에서는 외로움"을 감수하며 살아야겠다고 체념한다. 독자가 보기에 에마는 흠잡을 구석이 많은 아가씨인데 아버지에게는 효녀도 그런 효녀가 없다. 심지어 자신에게 별로 이롭지 않은 상황에서도 아버지에게는 언제나 극진하다. 교육학자 맥신 그린은 이런 것이 바로 공감적 사랑이라고 말하더라. 처음에는 에마의 다정한 공감이 아버지, 언니, 조카들에게만 한정되어 있지만 결국에는 타인들에 대해서도 공감으로 포용하는 법을 배우기에 이른다. 몇 번을 읽었는데도 이제야 이것을 알아차리다니.

오스틴은 "나 말고는 아무도 썩 좋아하지 않을 여주인공을 보여주겠다"고 경고 아닌 경고의 말을 해놓고는 이런 식으로 독자가 에마와 사랑에 빠지게끔 은근슬쩍 다리를 놔준다. 자신이 내놓은 예측을 반드시 어그러뜨리는 오스틴의 영리한 수법에 나는 번번이 무릎을 치지 않을 수가 없다. 갖가지 실수들과 결점들 속에서도 에마는 살아남는다. 그리고 그런 여주인공을 통해 이 작품이 증언하는 것은 공감적 사랑의 속성이 아닐는지. 아울러 텍스트를 주의 깊게 잘 읽을 때 독자에게 돌아오는 보상을 증언하는 것이 아닐는지. 에마가 경험에서 배우는 것처럼 오스틴은 독자에게도 마찬가지의 기회를 제공한다. 우리는 아버지와 같이 있는 에마를 볼 때마다 이 아가씨가 더 좋은 사람이 될 잠재력이 있다는 은근한 언질을 받는다. 더 좋은 사람이 되는 것은 오스틴의 모든 여주인공들의 목표이고, 에마의 경우에는 그런 개선의 가능성이 아버지에 대한 무조건적인 애정에서 나온다는 것이다. 나는 이런 것들을 아주 서서히 이해하게 되었는데, 그러는 과정에서 아버지와 나의 관계를 더욱 냉정하게 돌아보느라 자주 멈추기도 해야 했다.

우드하우스 씨는 꽤나 투명한 인물인 데 비해 우리 아버지는 복잡한 사람이었다. 베넷 씨와 더 결이 비슷했는데, 이 신사분의 이기심은 그렇게 가벼운 성질은 아니었지. 그럼에도 이들 세 사람의 행동에는 모두 공통된 요소가 있다. 소설 속 아버지들도 마찬가지인데 우리 아버지는 매사에 기어이 자기 뜻을 관철시키고야 마는 사람이었다. 아버지의 독선을 떠올린 순간 나는 오래 잊고 있던 기억의 문을 열고 내가 가진 유일한 수단으로 아버지에게 대항했던 그때로 돌아가보았다. 그때의 일을 의식적으로 떠올려보기는 처음이었다. 나는 어려서는 아버지가 책을 낭송해달라고 하면 고분고분 따르던 딸이었는데 머리가 굵어지면서 아버지의 요청을 거부하기 시작했다. 기억이 안 난다고 둘러대면서 아버지가 원하는 즐거움을 일부러 채워주지 않았더랬다. 내가 앉아 있는 근사한 독서방을 한 바퀴 둘러보고 바깥으로 펼쳐진 푸르른 하늘과 초목에 시선을 돌리다가 지금 누리고 있는 이 행운의 밑천이 누구에게서 나왔는지 새삼 생각이 나더라. 한 번도 인정하지 않았다만 나도 참 한번 돌아서면 끝인 성격이로구나.

내 기억으로는 낭송을 거절한 것이 내가 유일하게 아버지를 거역한 일이었고, 공평을 기하자면 아버지가 나에게 어떤 것을 요구하는 경우는 극히 드물었다. 하지만 그런 식의 저항이 내가 정서적으로나 정치적으로나 아버지와 분리되는, 내가 아는 유일한 방법이었다. 정서적 분리와 정치적 분리가 불가분의 관계가 된 건 내가 아버지와는 다른 정치 성향을 발전시키기 시작하면서 우리 관계가 점점 냉랭해졌기 때문이었다. 여전히 좋은 소설이나 시가 있으면 같이 공유하기도 하고 가끔씩은 로마 티베르강 둑에서 함께 한 낭송처럼 마법 같은 순간들도 있었지만, 공정과 정의라는 문제에 관해서는 시간이 갈수록 골이 깊어지고 있었다.

아버지가 무슨 이유로 언제부터 공산주의와 관련된 것이

라면 무턱대고 싫어하는 증오심을 키우게 됐는지 도무지 모르겠다. 여하튼 그 단어를 언급하거나 그런 사상의 기미만 보여도 아버지의 분노가 솟구쳐 올랐다. 내가 아버지의 흑백논리적 세계관에서 떨어져 나오기 시작한 계기는 교내 스피치 대회 부상으로 받은 두 권짜리 조지 버나드 쇼 희곡집이었다. 쇼의 희곡과 작가 서문을 읽고 나는 이른바 '진리'라는 것, 오스틴이 『오만과 편견』 첫 문장에서 특유의 회의주의로 교묘하게 비틀었던 그 개념에 대적하는 사상을 처음으로 영접했다. 구글 같은 것이 없던 시절이니 큰 이슈와 관련된 정보에 접근하기가 쉽지 않던 차에 마침 읍내에 공공 도서관이 문을 열었다. 나는 『브리태니커 백과사전』을 뒤져 사회주의, 페이비언주의, 비어트리스 웨브와 시드니 웨브에 관한 설명들을 읽어치우곤 했다.

"우리 사회에서 사람은(men) 평등하게 태어났고 남성(men)과 여성이 평등하게 대우받는다는 것은 보편적으로 인정되는 진리이다"라는 문장을 아버지가 읽었다면, 아마 맞는 말이라며 고개를 끄덕였을 것이다. 그건 물어보지 않아도 확실한 것이, 그렇지 않다고 말하는 건 아버지의 기준에서는 죄악이나 다름없었다. 아버지는 우리가 살고 있는 오스트레일리아가 완벽한 사회라고 믿었다. 종교적 박해에서 탈출시켜주고 출세의 길을 열어준 사회였으니까. 이 문제를 놓고 아버지와 내가 정치적인 각을 세운 건 라이시엄 극장에 영화

「피그말리온」을 보러 갔을 때였다. 아버지는 여주인공 일라이자의 아버지인 청소부 앨프리드 둘리틀이 아주 웃기는 인물이라고 생각했다. 돌아오는 차 안에서 앨프리드의 대사와 말씨를 흉내 내다가 기침이 터져 나올 지경으로 웃어댔다.

차가 막 철로 교차로를 지나쳤을 때 나는 조심스럽게 내 의견을 내놓았다. 앨프리드를 단순히 코믹한 캐릭터로만 볼 수는 없다, 앨프리드와 일라이자는 세상이 불공평하게 돌아간다는 걸 보여주는 예시들이다, 일라이자가 다른 말씨를 꼭 배워야만 한다는 건 부당하다, 하고.

아버지는 차를 세우더니 시동을 꺼버렸다. 그렇게 화난 모습은 별로 본 적이 없었다. 아버지는 발성법 수업에 비싼 돈을 치러가며 나에게 바른 '말씨'를 가르치고 있다는 점을 상기시켰다. 그 돈이 어디에서 나오는지 잘 생각해봐야 할 거다, 돈이 싫으면 수업도 그만둬야지, 하고.

그 이상의 논리나 지성이랄 게 없는 주장이었다. 내 생각을 통제하고야 말겠다는 아버지의 결의가 전해졌을 뿐이었다. 아마 그 순간 우리는 또 다른 강을 건넜지 싶다. 그러다가 내가 아이들을 낳고 그 애들을 애지중지하는 아버지의 모습을 보고 나의 냉랭하던 마음이 조금 풀리기 시작했다. 다시 그로부터 60년을 흘려보낸 뒤에 자기 아버지를 공감으로 대하는 에마를 지켜보다가 이런 생각이 들더라. 어쩌면 나도 다르게 해볼 수 있지 않았을까. 아버지를 보내고 겪었던 가슴 밑바닥의 공허감은 채 풀지 못한 응어리의 징후였을지도 모르겠다. 아버지의 추도식에서 아버지가 가장 좋아하셨던 「시편」 23편을 낭송했다는 것이 그나마 나의 위안이었다.

공감

『에마』, 책 중의 책. 내가 오스틴 비평문으로 가장 아끼는 레지널드 파러의 에세이에 이런 묘사가 나온다. 파러는 광대한 지식의 보고에서 뻗어 나온 상상력을 바탕으로 오스틴 소설 여섯 편 각각의 정수를 뽑아낸다. 오스틴이 창조한 허구의 세계가 제한적이라는 주장에 대해서는 격렬한 반론을 제기하는데, 그런 주장은 오스틴을 완벽한 요조숙녀로 보는 시각에서 기인한다는 것이다. 오스틴이 어떤 사람이고 무엇을 이해했는지 이러쿵저러쿵하기에는 그에 대해 알려진 바가 너무 없다. 우리가 정말로 근거로 삼아야 하는 건 그의 작품들이라는 파러의 의견에 나도 전적으로 동감이다. 오스틴이 자신이 살아가던 세상을 동시대인들 대다수보다 더 제대로 이해했다는 건 그의 소설들이 보여주고 있지 않는가.

파러는 나머지 다섯 편보다 『에마』를 유독 사랑한다. 이 작품에 최고의 찬사를 아끼지 않는 건 이 책은 "에마가 전부"이기 때문이란다. 불완전한 여주인공을 데리고 완벽한 책을 창조했다는 그의 찬탄은 오스틴 애독자들 사이에서 널리 공유되고 있다. 에마야말로 영국식 고급 코미디의 정점을 찍는 캐릭터라는 칭찬에 동감을 표하는 독자들이 있는가 하면, 나처럼 작품을 여러 번 읽는 동안 차츰차츰 에마를 사랑하게 되는 독자들도 있다. 나는 에마가 자신의 윤택한 삶은 물론이고 지식과 식견에 있어서도 별 고민 없이 특권 의식을 갖는 태도가 영 거슬렸는데 그런 느낌을 극복하기까지 시간이 제법 걸리더라. 에마는 소문난 잘난척쟁이가 아닌가. 잘난척쟁이치고 사랑스러운 사람은 드문 편이고.

『오만과 편견』을 읽고 구체적으로 읽는 방법을 배웠다면, 『에마』를 다시 읽으면서 나는 넓은 의미에서 읽기의 즐거움을 터득하게 되었다. 돌아보면 대학 첫 학기에 이 작품을 처음 읽은 날로부터 공감적 읽기를 향한 나의 긴 여정이 시작되었던 것 같다. 그때는 아직 공감 개념이라든지 작중인물과의 연결성 같은 것이 비평 용어로 등장하기 전이었다. 이론적 맥락에서 내가 이 개념을 접한 것은 홀로코스트 생존자 관련 교사 자료를 개발하고 받은 리뷰에서였다. 구술사 프로젝트가 역사 교육에서 공감의 중요성을 잘 인식한 기획이라는 평가를 받았다. 내가 이해해온 바로는, 공감은 자아 외부의 어떤 것에 대한 단순한 동정심이나 완전한 동일시와는 다르다. 공감의 목적은 자율성과 '타자'와의 상상적 교감, 둘 다를 북돋우는 데 있다. 교감의 상대인 '타자'는 누구라도 될 수 있다. 현실의 인간이든 허구의 캐릭터든 '그저' 책 한 권이든.

이상한 일이긴 한데, 공감이 결여된 주인공의 행동이 어떤 내상을 초래하는지 나에게 체감시켜준 것은 원작 소설이 아닌 영화판 「에마」였다. 1995년에 나온 「클루리스」 얘기가 아니다. 이 영화는 원작과 동떨어진 각색으로 젊은 오스틴 팬층에서는 오히려 호응이 좋다더라만, 내가 보기엔 어떻게 에마를 그렇게 형편없이 그렸는지 모르겠다. 교육계의 스승인 로즐린 아널드가 원작과 이 영화를 비교 분석하며 하신 말씀 그대로, 에마는 전혀 '클루리스'• 하지 않다. 아무것도 모르긴커녕 세심히 짜여진 '클루clue'(단서)를 추적해서 결국에는 자신과 주변 사람과 자기가 속한 작은 사회에 대해 더 높은 수준의 이해에 도달한다. 1990년대 중반 로스앤젤레스 10대들의 대중문화에 공감을 느껴보려고 내 딴은 노력을 해봤지만 볼 때마다 속았다는 느낌만 남는다. 꺅꺅 비명을 지르고 투덜대면서 무의미한 만남들을 쫓아다니는 캐릭터들에게 영 공감이 가질 않는다. 주인공한테서나 빈둥대며 몰려다니는 친구들한테서나 아무런 복잡성을 못 찾겠다. 물론 에마의 이웃들도 좀 더 조용조용하다 뿐이지 시대의 관습 안에서 사소

• clueless. 아무것도 모르고 맹물 같다는 의미.

한 소일거리에 연연하는 건 마찬가지이지 않느냐고 반박할 수도 있겠지. 하지만 제스처 놀이, 무도회, 심지어 모자에 장식 달기에서 연상되는 유머는 인간사의 더 큰 맥락과도 첨예한 관련이 있는 반면에 「클루리스」는 미국 10대들의 여가 활동에 대해 그런 주장조차 내지 않는다. 이 영화는 원작 소설을 읽으면서 내가 놓쳤을 법한 것을 하나도 못 보여주더라.

소설을 영화화하는 핵심이 바로 그런 것일 텐데. 주해를 달듯이 작품에 대한 이해를 돕든, 의미의 겹을 더하든, 지적인 논평을 보태든 해야 할 것 아닌가. 원작에 충실하게 각색된 1996년 작 「에마」는 그런 기대를 충족하는 작품이었다. 도움되는 요소를 전혀 못 남긴 「클루리스」와는 다르게 이 영화의 고전적인 상상력은 원작의 다시 읽기를 한층 풍성하게 만들어주었다. 지나치게 달달한 구석이 없지 않고 해리엇 역은 심각한 미스 캐스팅이었지만, 에마 역의 기네스 팰트로는 대단히 인상적이었다. 특히나 베이츠 양을 조롱하는 장면에서는 그 고약한 잔인함을 온몸으로 연기하더라. 나이틀리 씨가 설명하는 공감의 실패가 어떤 것인지 배우 자신이 이해하지 않으면 나오기 힘든 연기라고 본다.

누리는 게 많은 분이었으면, 무해하지만 생뚱맞은 언행을 하더라도 알아서 해결하시라고 놔두었겠죠. 그분에게 불손하게 군다고 에마 양을 탓하지도 않았을 겁니다. 그분이 에마

양과 동등한 처지였다면 말이지요. 하지만 에마 양, 이것이 얼마나 현실과 동떨어진 가정인지 생각해보세요. 그분은 가난합니다.(3부 7장)

자신이 저지른 행동에 저절로 움츠러드는 에마를 표현하는 팰트로의 연기는 놀라움을 넘어 가히 충격적이었다. 나에게는 오스틴 소설을 영화화한 모든 시도들 가운데 가장 인상적인 장면으로 남아 있다. 그것과 별개로 2020년에 발표된 세련된 버전에서도 나름의 훌륭한 장면들이 눈에 띈다. 특히 우드하우스 씨의 모난 기질을 폭로할 때는 거의 희화화하는 수준이다. 계급적 특권 의식에 대한 관찰도 예리해서 신사 중의 신사인 나이틀리 씨라도 자기 양말을 하인이 신겨주는 걸 당연시하는 모습으로 그려진다.

수다스럽고 불운한 베이츠 양은 짜증과 연민을 함께 불러일으키는 사실적인 인물이다. 누구나 베이츠 양 같은 사람을 현실에서 마주친 적이 있지 않은가? 에마처럼 경솔한 말을 뱉어놓고 그 말의 파장을 못 알아챈 경험이 누구에게나 있지 않은가? 어쩌다가 자신의 행동이 베이츠 양처럼 상대방 속을 긁지 않았는지 신경 쓰인 적이 없다고 말할 사람이 과연 있겠는가? 그럴 때는 약간의 반성이 필요한데, 지나치게 너그러운 아버지와 떠받들어주는 가정 교사 손에 자란 에마는 자기반성의 습관을 기르지 못했다. 나이틀리 씨가 나서서 에마의 반성을 유도해야 한다.

소설을 다시 읽을 때 나는 복스힐 나들이 사건을 곰곰이 생각해보았다. 독자로서나 인간으로서나 공감을 가진다는 것은 어떤 의미일까? 인근 센테니얼 로드 포도원에서 생산한 백포도주를 한 잔 따라 레몬그라스와 캐모마일과 허브 향이 은은하게 어우러진 맛을 혀로 느껴보았다. 맛의 분별에도 훈련이 필요할진대 인간의 성향에 내재된 다양한 면면을 분별하자면 오죽 연습이 필요할까. 한쪽에서 보면 베이츠 양을 조롱할 때의 에마는 사정없이 매정하다. 그러나 다른 각도로 보면, 마을 안주인 노릇이 요구하는 갖은 의무의 이행에 에마의 연민이 무리하게 동원되는 측면도 없지 않다.

그렇다면 오스틴은 '네 이웃을 사랑하라'라는, 역사적으로 폄하되어 온 황금률에 신선한 의미를 부여하고 있는 것인데, 이번에도 그 방식이 절묘하기 짝이 없다. 『오만과 편견』에서도 그러더니 『에마』에서도 오스틴은 "다들 인정하는 진리"가 과연 그러하냐고 독자의 눈앞에 질문을 던져놓는다. 오스틴의 소설 안에서는 보편적인 것처럼 보이는 규칙들이 시험대에 오른다. 나이틀리 씨 말대로 생뚱맞은 언행을 하는 사람들이 남들의 비웃음을 사기 쉽다는 건 진실이다. 하지만 베이츠 양은 이 규칙의 예외로 처리된다. 가난하기 때문이다. **만약** 이 부인이 에마와 동등한 처지라면 예외가 아닐 거라고 나이틀리 씨는 가정법을 사용해 현실과의 차이를 강조한다. 그의 질책은 에마의 내면에 공감적 자질을 일깨우고, 이게 에마의 심적 변화에서 핵심적인 부분이다. 이제 에마는 자신의 무분별한 행동이 약자에게 가한 충격을 돌아볼 줄 안다. 어디 그뿐인가. 공감적 자질의 발달은 에마를 자아의 완성으로 이끌어간다. 나에게도 와인 못지않게 달콤한 가르침이다.

가정법 소설

내가 가진 『에마』의 첫 책, 첫 페이지, 첫 문장에는 '같았다 seemed'라는 단어에 동그라미가 쳐져 있다.

> 예쁘고 똑똑하고 부유한 데다 안락한 가정에 밝은 성격까지 갖춘 에마 우드하우스는 인생의 축복을 한 몸에 타고난 사람 **같았다**[강조는 내 것이다]. 세상에 태어나 스물한 살이 되도록 괴롭거나 성가신 일은 거의 겪지 않고 살았다.(1부 1장)

여백에는 '가정법/의심?'이라고 적혀 있다. 헤링 선생님이 이 구절을 두 번 소리 내어 읽은 것이 기억난다. 두 번째에는 '같았다'에 강세를 붙여서. 사실 그대로의 진술처럼 보이는 것에 의구심을 제기하는 작가의 언어 구사력을 알려주려는 의도였을 것이다.

『오만과 편견』의 유명한 첫 문장에 비하면 『에마』의 첫 문장은 우아한 표현이나 철학적 식견이 엿보이진 않는다. 하지만 보다 일상적인 문법 구조 안에 오스틴의 장기인 아이러니와 앞일에 대한 복선이 깔려 있다. 오스틴은 가정법의 미묘한 요소를 최대한 활용해서 독자에게 에마의 삶이 보이는 것처럼 축복만 있는 건 아니라고 미리 일러둔다. 지금까지 테일러 선생님이 막아줬던 "괴롭거나 성가신 일"을 에마가 앞으로 하나둘씩 겪어나가는 과정에서 오스틴의 아이러니가 실현될 것이다.

테일러 선생님의 결혼식 후에 에마는 역효과를 몰고 올 일련의 프로젝트에 뛰어드는데, 이 프로젝트라고 하는 것들이 하나같이 가정법에 기반하고 있다. 에마가 **보기에** 친구 해리엇은 기존의 구혼자 마틴 씨보다는 잠정적인 구혼자 엘턴 씨와 결혼하는 편이 더 **나을 것 같다**. 에마가 **보기에** 프랭크 처칠은 분명히 자기에게 **반한 것 같다**. 에마가 **보기에** 제인 페어팩스는 친구의 남편과 사랑에 빠져 **있는 것 같다**. 사실 처음 읽을 때는 에마라는 사람이나 『에마』라는 소설에서 '그런 것 같다'고 말하는 것들이 정말은 하나도 그렇지가 못하다는 걸 이해하는 정도에서 책을 덮기 쉽다. 그러나 나처럼 여러 번 읽노라면 혹시 내 삶에도 이런 이해가 필요하지 않을까 궁금해지더라.

책의 여백에 가정법이라고 메모를 남긴 건 '~인 것 같다 seem'라는 구문을 강조하려고 그랬나 보다. 나는 예전부터 문법에 관심이 많았다. 영어, 라틴어, 프랑스어 문법을 배우는 수업도 좋아했지만, 가정법에 특별히 관심을 가지게 된 건 우리 어머니 때문일 거다. 어머니는 가정법을 정확히 사용할 줄 안다는 것에 자부심이 있었고, 나는 그 점이 흥미로웠다. 어머니에게는 그것이 교양의 표지였다. 이 책을 읽고 있으면 동그라미 친 이 단어가 어김없이 촉발하는 생각들이 있었다. 이름하여 가정법 인생, 실제가 아니라 '~인 것같이' 보이는 것으로 평가받는 인생, 그리고 그런 인생을 선택하는 사람들. 이런 인생관이 내 모계 쪽의 특성이자 더 나아가 대물림된 불안의 진원지가 아니었을까?

아마 시초는 한나 할머니였을 것이다. 외할머니의 실물은 한 번도 뵙지 못했지만 사진이 있어서인지 잘 아는 느낌이 든다. 사진 속 할머니는 일곱 딸들 사이에 단정하고 진중하게 고운 자태로 앉아 있다. 제법 성숙한 티가 나는 소녀부터 할머니 무릎에 기댄, 네 살 언저리로 보이는 우리 어머니까지 딸들은 나이대가 다양하다. 다들 수려한 용모에 주름장식 없는 깔끔한 흰색 원피스를 입고 있는데, 척 보기에도 가장 미모가 출중하고 듣자 하니 할머니가 제일 예뻐했다는 딱 한 사람의 드레스 끝단에만 물결 주름이 잡혀 있다.

할아버지도 사진 속에 있다. 텁수룩한 수염에 검정색 모자를 쓴 종교인 이사크. 할아버지는 유대교 사제의 소임을 다하느라 인쇄소에서 경전을 편집하고 인쇄할 시간도 빠듯했다고 하니, 한나 할머니가 교사 노릇으로 가욋돈을 버는 걸 불허하는 종교가 아니었던 게 천만다행이었겠다. 두 분 다 남들에게 어떻게 '보이는가' 하는 평판을 중시했던 모양이다. 우리 어머니 바로 위로 여섯째 딸이 태어났을 때 이사크 코헨은 아기에게 히브리어로 '사랑받는 자'를 뜻하는 아후바라는 이름을 지어주었다더라. 그래야 아무도 이들 부부가 아들이 없어 실망한다고 생각하지 않을 테니까. 하나 당시가 어떤 시대였나? 이사크가 실망하지 않았다니 도저히 믿기지 않는다. 아니면 내 짐작이 틀렸을지도 모르겠다. 아내가 먹일 여자아이의 입이 하나 더 늘어났어도 아무런 원망도 품지 않는다고 하루에 세 번씩 신 앞에 기도로 맹세했는지도 모르지.

한나 할머니 이야기는 들을 때마다 나를 매료시켰다. 내 생각에 어머니는 나에게 당신의 지난날을 들려줄 때 가끔 내가 당신 딸이라는 사실을 잊은 것 같다. 어머니에게 나는 당신 가족들을 추억하는 데 필요한 관객이었고, 어머니의 화술은 내 기억에 한나의 스토리를 각인시킬 만큼 강렬하고 생생했다. 아마 할머니의 스토리에 담긴 동화 같은 요소들도 어린 나의 상상에 강력한 자극이 되었던 것 같다.

한나의 가족은 지금의 벨라루스에 속하는 코브린 출신이

었다. 1906년에 발행된 여권 서류에는 증조 할아버지의 직업이 상업인으로 기재돼 있는데, 현실적인 이유 때문이었으리라. 집안에 전해 내려오기로는 그분은 재능 있는 율법 교사이자 천문학자였다고 하니, 아마 한나도 제인 오스틴처럼 집에 공부하러 온 남학생들 틈에 끼어 아버지의 수업을 곁들었을 것이다.

1889년 전후로 야코프라는 아들의 주도하에 동유럽에서 캐나다로, 거기서 다시 미국으로 가족들의 이주 여정이 시작되었다. 야코프는 한나의 바로 아래 동생이었는데, 제인 오스틴과 터울이 크지 않던 오빠 프랜시스나 동생 찰스처럼 누이와 유대가 각별했다. 그러나 야코프가 종교의 자유와 출세의 기회가 보장되는 땅으로 이주를 준비할 무렵 한나는 이미 팔레스타인의 고모 집에 자리를 잡은 이후였다.

자식 없는 고모 집에 맡겨진 한나의 사연은 내 상상 속에서 동화의 소재가 되곤 했다. 고모가 사악한 계모는 아니었겠지만, 랍비 남편과 팔레스타인으로 이주하면서 조카 중에 한 명을 데려가 가족의 부담을 덜어주겠다는 제안으로 한나를 마음의 안식처인 고향 땅으로부터 떼놓는 데 결정적인 역할을 한 것은 분명해 보인다. 애초에 고모가 점찍은 건 한나의 언니였는데 언니에게는 애인이 있었다. 출발하는 날 언니가 숨어버리는 바람에 동생이 대신 뽑혀 간 것이다. 몇 년 뒤에 고모 부부는 한나를 얼굴 한 번 본 적 없는, 신앙심만 깊었지 땡전 한 푼 없는 남자에게 시집보냈다. 한나는 애당초 기본적인 밥벌이도 못하는 무능한 남편을 원망했다. 어머니는 당신 아버지가 친절하고 똑똑하고 선량한 사람이었다지만, 어머니에게 들은 얘기를 종합해보면 한나는 한 번도 남편에게 애정을 느끼거나 남편을 용서하지 않았던 것 같다.

제인 오스틴 다시 읽기에 한참 열중해 있을 때, 가계도를 작성하고 있다는 어머니의 미국 쪽 친지로부터 연락을 받았다. 미국으로 이주한 가족들은 사업도 자손도 번창했나 보더라. 대식구를 이끌고 곤궁한 살림을 꾸려가던 한나의 형편을 그쪽 친지들은 전혀 몰랐을까, 알고도 모르는 척했을까? 혹시 한나 부부와 딸들이 찍힌 흑백 사진을 받아 봤다면, 그런 형편이리라곤 짐작 못 했을 것이다. 아마 친지들에게는 한나와 딸들이 에마처럼 괴롭거나 성가신 일들을 거의 겪지 않고 사는 **것처럼 보였겠지**. 나는 한나가 자신의 운명에 얼마간 쓰디쓴 실망감이 들지 않았을까, 그리고 이것이 우리 어머니에게 대물림되지는 않았을까, 막내딸이었던 어머니도 나처럼 당신 어머니가 속을 터놓는 특별한 말 상대가 아니었을까, 곰곰이 생각해보지 않을 수 없었다. 더 나아가 이것을 작은 규모의 세대 간 트라우마의 전이로 볼 수 있을까. 꼬리에 꼬리를 무는 생각 끝에 처음으로 드는 의문이었다.

한나 할머니의 스토리와 할머니가 어머니의, 그리고 간접적이나마 나의 감수성 형성에 미친 영향은 여기서 끝이 아니다. 자식들에게만큼은 가난의 꼬리표가 붙지 않도록 딸들을 입히고 가르치겠다는 할머니의 각오는 우리 어머니에게 극히 예외적인 기회를 열어주었다. 무슨 수완을 발휘하신 건지 도무지 상상이 안 되지만, 아무튼 할머니는 미모 못지않은 투지의 소유자였던 것 같고 기어이 어머니를 명문 여학교에 들여보내는 데 성공했다. 그곳은 로스차일드 가문의 일원인 영국인 독지가가 영국의 대학 진학을 목표로 하는 부잣집 딸들에게 영국식 교육을 제공한다는 취지로 예루살렘에 설립한 학교였다. 가난한 학생들은 면접과 치열한 선발 과정을 통과한 소수에게만 입학 자격이 주어졌는데, 아무튼 할머니는 용케 막내딸을 합격선 안으로 밀어넣었다.

이 대목에서 마법처럼 요정 대모가 등장한다. 학교 교장이었던 애니 란다우 선생님이 단벌 구두에 깨끗이 수선한 헌 옷을 입고 다니는 이 소녀를 어여삐 여기어, 말씨 교정, 책 대여, 영국식 예절 교육 등등의 선물 보따리를 안긴 것이다. 예루살렘 식자층 사이에서 '예루살렘의 여왕'으로 통하던 이 근엄한 여성에게 예지력이라도 있었던 것일까? 이 가난한 소녀에게 언젠가 머나먼 타국에서 모자와 장갑을 갖추고 명함을 주고받는 티 파티 예절이 필요할 날이 오리란 걸 내다보셨는지는 모르겠지만, 그곳이 어디고 어떤 환경인 것까지는 도저히 짐작 못 했을 것이다.

딸들의 신랑감을 찾는 일에 있어서 한나 할머니는 베넷 부인만큼이나 분주하고 결연했다. 막내인 우리 어머니만 제외하고 딸들을 전부 출가시킨 뒤라 할머니 마음이 느긋해졌을 즈음 오스트레일리아 의사의 신붓감을 찾는다는 중매쟁이가 접촉해 왔다. 6주 후 어머니와 아버지는 신혼여행지인 베네치아에서 산마르코 광장의 비둘기들을 배경으로 포즈를 취하고 있었다. 사진 속에는 선남선녀 한 쌍이 있다. 어머니는 아르헨티나 모피상과 결혼해 부에노스아이레스에서 살고 있던 아후바 이모가 보내준 모피 코트를 입고 있고, 가느스름한 콧수염에 스리피스 정장을 입은 아버지도 완벽한 맵시를 뽐내고 있다.

먼지 풀풀 날리는 소도읍에 도착한 어머니는 웬만큼 자리가 잡히자마자 제일 먼저 란다우 선생님에게 고마운 마음이 들었을 것 같다. 영국식 예법에 익숙한 덕분에 이제 갓 백타운이라고 불리기 시작한 마을에는 어울리지 않게 사교적 격식을 차리던 의사, 치과의사, 은행 지점장, 번창하는 상점주의 부인들 사회에 적응하기가 수월했으니 말이다.

지역 주민들은 어머니의 '아름다운 영어'에 매료되었고, 어머니는 란다우 선생님에게 배운 대로 'if문iffing과 wish문wishing'을 써먹을 기회가 있을 때마다 흠잡을 데 없는 가정법 구사 실력을 과시했다.

『에마』를 처음 읽고 나는 'if문'과 'wish문'에 'seem문'을 하나 더 추가했다. 그런데 만년에 이 소설을 다시 읽으면서는 더 개인적인 서법으로 'seem문'의 의미를 해석하게 되었다. 한발 떨어져서 보면, 우리 어머니도 에마처럼 축복을 타고난 '것처럼' 재능과 매력과 미모와 윤택한 생활까지 다 가진 '것처럼 보였을' 것이다. 애초에 나는 어머니를 베넷 부인과 연결 지었는데 어머니의 몸에는 에마의 피도 한 방울 흐르고 있지 않았으려나.

딸인 입장에서 나는 어머니의 마음에 내 지분도 있다고 요구하고 싶었다. 하지만 어머니의 마음은 온통 고향에 두고 온 원가족에 대한 집착뿐이라는 걸 일찌감치 깨달았던 것 같다. 돈과는 담 쌓은 남편이나 자신이 반드시 가르치겠다고 마음먹은 일곱 딸들만 아니었으면, 아마 한나 할머니도 어머니와 별반 다르지 않았을 것이다. 다만 할머니는 자식들의 든든한 버팀목이 되느라 원가족에 대한 생각들은 뒤로해야 했겠지. 할머니는 자식들에게 투자를 했고 투자한 만큼의 수익을 아마도 당당히 기대했지 싶다.

어머니는 학교를 졸업한 직후부터 영국 임시 통치 정부에 공무직으로 취업해 부모를 부양했다. 어머니가 아버지의 청혼을 수락하면서 내건 유일한 조건은 그동안 해온 대로 부모의 생활비를 계속 지원한다는 것이었다. 결혼한 뒤로도 부모님이 돌아가실 때까지 어머니는 남편이 은행 어음 발송을 잊어버리지나 않을까, 혹시나 어음 도착이 늦어져 부모님의 주택 대출금 납기일에 못 맞추면 어쩌나 매달 마음을 졸였다. 일주일에 한 통씩 부모님과 자매들에게 편지를 썼고, 자신이 아무 문제 없이 잘 살고 있는 '것처럼 보이게' 신경을 썼다. 어머니가 종종 가족들 이야기를 하면서 내비쳤던 것이 사무치는 그리움이었음을 지금은 알겠다. 모녀지간의 얽히고설킨 실타래는 내가 사랑하는 랜턴힐에만 있는 게 아니라 나의 유산이기도 했구나. 제인 오스틴의 인간 심리 분석에서 배울 것이 아직도 얼마나 많이 남았는가 말이다.

연결하라

느긋이 즐기며 『에마』를 읽을 때 나는 늘 헤링 선생님 강의 시간에 공책 옆에 두고 여백에 가정법 메모를 적어둔 그 책을 펼친다. 상세한 주석이나 서문도 안 달린 책이다. 지금 나에게는 제각기 다른 참고용 『에마』가 적어도 다섯 권은 있고, 모두 오스틴 전문가의 친절한 해설이 실려 있다. 가장 최근에 입수한 책은 케임브리지 대학 출판부에서 나온 것인데 여기에는 사연이 있다. 제인 오스틴 학회 컨퍼런스 추첨에서 특별 장정본 『오스틴 전집』 아홉 권 세트가 내 차지가 된 것이다. 실은 너무나 충격적인 가족의 상을 당해 컨퍼런스를 거의 놓칠 뻔했다. 눈물이 쏟아져서 오후 세션에 남아 있지 못하고 내 응모권을 친구에게 주고 자리를 비웠는데 저녁에 돌아갔더니 내가 1등에 당첨됐다는 것이다. 친애하는 동료 독자들은 나의 황망한 소식을 전해 듣고 당첨을 축하해줬다. 우주가 보내는 위로라고 친구는 말해주더라.

참고 자료가 필요할 때는 케임브리지 전집을 뽑아 든다. 하지만 그 안에는 분홍 하드커버가 바래고 모서리가 닳아 만질만질한 나의 첫 책을 펼칠 때 오랜 친구처럼 반겨주는 연필과 펜으로 작성한 메모들이 없다. 나는 이 책과 두툼한 공책과 고등학교 졸업 기념으로 부모님에게 받은 고급 파커 만년필을 챙겨 필기에 필요한 만반의 준비를 갖추고 첫 강의를 들으러 갔다.

헤링 선생님의 강의에서 우리가 가장 좋아한 주제는 두말할 것 없이 주인공 에마였다. 나만큼이나 여주인공에 관심이 깊고 여주인공에 관해 할 말이 많은 사람들을 만난다는 건 신선한 경험이었다. 몇 번의 조별 토론을 진행하는 사이 우리는 에마의 옳고 그름을 재단하려고 벼르던 자세에서 인생의 선택이 한정되어 있는 재능 있는 젊은 여성의 좌절감을 기꺼이 이해해보려는 자세로 태도를 전환했다. 고등학교 토론 수업에서는 이런 지적 자극이나 반론의 가능성을 기대하기 힘들었다. 나이 많은 남학생들과 한 조를 이루는 데서 발생하는 짜릿한 역동성도 나로서는 처음 느껴보는 것이었다. 나이와 성별이 달랐어도 우리에게는 에마라는 인물, 『에마』

라는 소설, 서로에 대한 관심으로 뭉친 일종의 독서 동지애가 생겨났다.

　나는 그때까지 연상의 친구를 가져본 적이 없었는데 작은 강의실에서 진행된 조별 토론에서 성인 남학생들을 몇 명 알게 되었다. 최소한 소설과 작중 인물에 대한 생각을 공유할 때는 나이가 우정에 장벽이 되지 않는다는 것도 그때 알게 되었다. 나는 주로 아서와 레이 옆자리에 앉았다. 두 사람은 뉴기니에서 군 복무를 한 20대 후반이었으니, 나이틀리 씨와 에마보다는 우리의 나이 차가 적은 편이었다. 아서와 레이도 시드니 대학교 연극단 단원들이어서 우리 나름의 친목을 도모한다는 명목으로 주말이면 하이트 파크로 셋이 나들이를 다니기 시작했다. 상황이 좀 복잡하게 꼬여버린 건 슬금슬금 연애 감정이 끼어들면서부터였다. 그런 사이가 되기엔 나보다 너무 나이가 많은 것 같았다. 사귀자는 손을 내밀기에 거절했고, 거절의 의사가 정중히 받아들여졌고, 아무도 마음을 다치진 않았다. 그러나 훗날 나이틀리 씨가 에마에게 그녀를 덜 사랑했더라면 더 유창한 고백을 할 수 있었을 거라고 말하는 장면을 다시 읽다가 저때 일이 떠올랐다. 어쩌다가 나는 나이틀리 씨의 로맨틱한 과묵함 대신 물 흐르듯이 말에 막힘이 없는 젊은 남자에게 넘어가고야 말았는지. 대화가 끊이지 않던 연애 시절이 결혼 생활로 그대로 이어질 거라고 짐작하다니, 에마 못지않은 착각이지 않은가.

책꽂이에서 헤링 선생님의 강의와 연관된 소중한 책을 한 권 더 발견했다. E. M. 포스터의 『소설의 이해』. 여러 권 중에 보존 상태가 나은 것은 『에마』보다 얇고 청록색 천 커버 위에 저자의 흘림체 이니셜이 금박으로 찍혀 있다. 초판 발행일은 1927년이고 다소 두서없는 서론에 이어 일련의 강연 내용이 수록되어 있는데, 주제는 제목 그대로* 소설의 양상들, 즉 스토리, 인물, 플롯, 환상, 예언, 패턴과 리듬이다. 포스터는 소설의 작동 방식을 설명할 때 중요한 기준점으로 제인 오스틴을 언급하고 있다.

1949년판 문고본을 읽을 당시만 해도 포스터가 제시하는 결론에 반박의 여지가 없어 보였다. 향후 200년이 소설의 주제에 엄청난 변화를 불러오리라는 건 틀림없겠으나 인간과 인간에게 중요한 것들은 달라지지 않을 거라고 썼더라만, 이런 사고는 세계 대전을 치르며 등장한 유럽의 철학자들에 의해 완전히 뒤집혀버렸다. 이들의 등장으로 우리 자신과 문화와 사회를 이해하는 방식에 대대적인 변화가 일어났다. 더 이상 확실성에 기댈 수 없다는 게 그들의 전언이다. '이론'의 전성시대가 밀려왔다 밀려가긴 했는데, 문학 평론가 테리 이글턴은 이 점을 주시하면서도 다시 예전으로 돌아가는 일은 없을 거라고 내다보더라. 푸코와 데리다를 비롯한 여타 사상

* 원서 표제는 'Aspects of the Novel'이다.

가들의 사유와 그들의 전복적이고 독창적인 문화 담론은 이미 대중 의식은 물론 의미와 확실성에 관한 일반적인 가정에도 깊이 스며들어 있다. 우리는 더 이상 포스터가 예측을 내놓던 그 시절의 사람들이 아니다. 많은 이들이 그때와는 다르게 말하고 다르게 생각한다. 문화는 우리와 같이, 우리에 의해 변화한다. 연구에 따르면, 유형과 강도 면에서 포스터의 예측을 훌쩍 뛰어넘는 기술적 변화가 인터넷 세대의 두뇌 활동에 생리적인 영향까지 미쳤다고 한다. 이렇게 될 줄 누가 생각이나 했을까?

그러니 포스터의 예측은 어떤 면으로는 우리 남매가 토요일 오후마다 라이시엄 극장으로 보러 갔던 「플래시 고든」 같은 SF 시리즈보다 더 못한 셈이다. 픽션이 더 진실에 근접하는 건 왕왕 있는 일이다. 포스터만 하더라도 소설인 『하워즈 엔드』에는 두고두고 소설가들의 영감의 원천이 된 구절이 제시되어 있지 않나.

> 단지 연결하라! 그녀의 설교는 그게 전부였다. 산문과 열정을 연결하라. 그러면 그 양쪽이 모두 고양되고, 인간의 사랑은 정점에 이르게 될 것이다. 다시는 조각난 삶을 살지 마라.(243쪽)

연결성은 내가 읽는 책에서도 불쑥불쑥 나타나고, 나의

사고방식에도 이미 떼려야 뗄 수 없게 들어온 지 오래다. 그런데 늘그막에 『에마』를 다시 읽다가 포스터에게로 생각이 흘러갔다 하면서 점과 점을 연결하고 있자니 문득 이런 깨달음이 찾아오더라. 내 인생이 산산조각 난 건 내가 연결성을 잃어서였구나. 그렇다면 소설 읽기가, 더 정확히는 제인 오스틴의 소설 읽기가 이 험프티 덤프티*를 다시 붙여줄 수는 없는 것일까? 나의 다시 읽기 프로젝트의 핵심이 거기에 있었구나, 갑자기 모든 것이 명확해지는 느낌이었다.

포스터의 소설론을 읽고 거의 50년이 지난 뒤에 우연히 신경 과학 계통 지식을 접하게 되었다. 포스터처럼 신경 과학자들도 픽션과 두뇌 활동의 관계를 규명하려는 과정에서 제인 오스틴을 기준점으로 삼을 때가 있다. 오스틴 소설의 특이성은 재미를 추구하는 독자들에게 인기가 있으면서 동시에 소설을 통해 문학과 인간에 대한 근원적 이해를 구하는 이들로부터 지속적인 관심을 받는다는 점이 아니겠나. 픽션에 관한 새로운 해석이 『노생거 수도원』의 소설 옹호론과 원만하게 맞아떨어지는 것을 볼 때마다 제인 오스틴을 대신해서 내 마음이 흐뭇해진다. 인간 두뇌가 읽기에 적응해온 역사라든지 문학이라는 미적 경험이 두뇌에서 작동하는 방식

* Humpty Dumpty. 영국 전래 동요 속의 인물. 담벼락에서 떨어져 산산조각 나는 달걀의 형상이다.

이라든지 등등에 관해서는 새로운 지식이 발전할수록 이론들이 분분하더라만, 오스틴과는 여전히 의견 일치를 보는 모양이다. 요컨대 좋은 소설은 강력한 생각을 전달하고 등장인물을 통해 친숙한 인간의 표상을 창조하며 언어 자원을 총동원해 인간 조건의 복잡성을 규명한다는 점에는 별다른 이의가 없는 듯하다.

우리가 강의실에서 『에마』의 분석을 시도하던 1949년에는 아직 픽션과 신경 과학의 만남 같은 복잡한 주제가 대두되기 전이었다. 독서가 두뇌에 미치는 영향을 이론적으로는 몰랐어도 열심히 강의를 듣고 났을 때는 처음으로 문학을 가르치는 교실의 '안주인'이 되는 것도 괜찮지 않을까 하는 생각이 들었다. 펨벌리의 안주인이 되는 일을 두고 엘리자베스 베넷이 상상하듯 "예삿일은 아니지" 않을까 싶었던 것이다.

처음 해보는 생각이었다. 루스와 다이애나처럼 시드니 교원 대학에 다니는 동창들을 보면서도 나는 아직까지 진로에 대해 확신이 없었다. 법학을 공부해볼까 잠깐 생각한 적은 있었다. 학교 다닐 때 토론을 곧잘 해서 학교 간 대결에서 우리 팀을 여러 번 승리로 이끌었더니 어느 선생님이 이런 말씀을 하셨다. "너는 법을 공부해야겠다. 좋은 변호사가 되겠어." 대학 진로 지도 상담에 가서 의견을 구해봤는데 고무적인 반응은 아니었다. 상담 교수는 "고등학교에서 라틴어 심화 수업을 안 들었으면 지원해도 가망 없다"더라. 그러니

『에마』 같은 소설을 학생들에게 가르치는 상상에 가슴이 두 근두근했을 때는 드디어 미래의 직업을 발견했나 싶어 반가운 마음이 들었다.

 그 마음이 바뀐 건 연기의 흥분을 경험하고 나서였다. 낯선 이의 페르소나를 입고 생명력을 불어넣는 만족감이 컸던지라. 결혼의 전망이 연기에 대한 포부를 앞질렀을 때 나는 또 한 번 변심했다. 장차 행복한 가정에 정착하기 전까지 잠시 임시로 할 일을 구하기로 했다. 그때 떠오른 것이 『에마』를 다룬 토론 수업이었다. 읽기의 즐거움이 얼마든지 공유될 수 있다는 발상의 전환을 가져온 계기가 아니던가. 교실의 안주인이 되어 어린 독자들과 그 경험을 재현해보리라는 기대감이 나를 모스베일로 데려갔다. 그것이 자연의 풍광과 인간의 정원이 어우러진 서던하일랜즈와 나의 첫 만남이었다.

 1996년에 허마이어니 리가 쓴 버지니아 울프의 새 전기가 출간되었다. 울프는 살아 생전 제인 오스틴의 작중 인물, 특히 여주인공에 관해 가장 통찰력 있는 해설을 제시한 사람이다. 울프가 일기에 적었다는 한 줄이 내 시선을 붙들더라. "내가 나를 얼마나 재미있게 해주는지." 스스로에 대한 뿌듯함이 강하게 전해지는 것이 에마 우드하우스가 이런 말을 하는 상상을 해봄 직도 하다. 울프의 전기 작가는 제인 오스틴도 자신에 대해 같은 말을 했을 텐데 다만 확신에 찬 어조였을 것이라고, 울프를 괴롭힌 부서질 듯한 감정적 취약함은 없었을 것이라고 짐작하는데, 맞는 말인 것 같다.

나도 나 자신을 들여다보면 흥미롭다. 솔직히 말하면 나는 슬픔을 느끼면 느꼈지 지루함을 느낀 적은 없다. 생각할 거리나 상상을 촉발하는 것이 없을 때가 없달까. 어릴 때는 내가 만들어낸 비밀 친구 코니에게 속마음을 털어놓았다. 자라면서 내 침대 밑에 살던 코니는 사라졌지만, 내 머릿속에서는 노상 대화가 진행 중이다. 믿음, 의견, 태도, 기본적인 가치 들을 놓고 찬반 토론을 벌일 때는 이상한 나라의 앨리스와 비슷하기도 했겠다. 『에마』를 다시 읽는 동안 나는 이 주인공에게 감응되었다. 자기 자신을 사랑하는 것이 현실에서 결여된 것에 대한 보상이 될 수 있다는 메시지가 나에게 하는 말인 것 같았다. 에마의 좌충우돌을 지켜보노라니 이런 생각이 들었다. 에마가 모든 관계에서 자기를 중심에 두는 나르시시즘적 자기애를 버리는 법을 배우고 있구나, 대신에 자아 존중감을 지키고 회복력을 키우는구나, 그걸로 자기 인식이라는 발전된 상태로 나아가겠구나. 이런 모델이라면 따라해볼 만할 것 같았다.

물론 에마의 마음을 이 정도로 이해하게 되었을 때의 내 나이는 에마보다 예순몇 살이 더 많았다만, 지금도 늦은 건 아니지 싶다. 인간의 변화 의지에 시간 제약이 따로 있겠나. 에마가 자신과 타자에 대한 더 나은 이해에 다다랐을 때 그런 마음 상태를 가리켜 비평가 라이어널 트릴링은 지적인 사랑이라고 부르는데, 꽤나 의미가 마음에 든다. 사랑을 기억력처럼 지능의 한 형태로 본다니 위안이 좀 되지 않나. 대관절 오스틴의 여주인공들은 사랑에 관해 학습할 기회를 얼마나 끝없이 제공하려는 건지. 중요한 건 몇 번이고 되풀이하되 매번 세심하게 읽는 것이겠지. 오스틴은 세심한 독서에도 '끄떡없다'라고 오스틴의 팬인 손턴 와일더는 말하더라. 제인 오스틴 개인의 삶의 반경이나 소설의 사회적 반경이 제한적이었다고(성 경험이 부족했으리라는 추정과 함께) 이야기할 수는 있는지 몰라도 그의 관찰과 사유가 길러지는 상상력이라는 토양은 더없이 비옥하고 풍요롭다. 나도 그 토양의 기운을 끌어와 내 인생의 중심에 사랑을 길러보련다. 흔한 사랑 말고 다른 사랑들, 공감적 독서에 대한 사랑이나 자신에 대한 사랑 같은 것 말이다.

줄거리

『에마』

에마 우드하우스 양은 런던에서 16마일 떨어진 하이버리라는 작은 마을의 으뜸가는 집안에서 예쁘고 똑똑한 둘째 딸로 태어나 스물한 해 동안 별다른 근심 걱정 없이 행복하게 살고 있다. 아쉬울 게 없어 보이는 삶이지만, 실은 기억 못 할 정도로 어린 나이에 어머니를 잃었고, 어머니 대신이자 말벗이었던 입주 가정 교사 테일러 선생님마저 바로 오늘 웨스턴 씨와 결혼해 그의 집으로 가버렸다. 인생에서 결정적이라면 결정적인 상실을 두 번째로 겪은 날 저녁에 소설은 시작되는데, 이 상황에 임하는 에마의 태도에는 남다른 데가 있다. 에마에게는 자신을 애지중지하는 아버지가 있지만, 아버지가 딸을 돌본다기보다는 건강 염려증에 시달리는 아버지를 에마가 보살핀다고 봐야 맞다. 그런 아버지를 향해 연민을 내비치던 성숙한 아가씨는 다음 순간 자신이 4년간 공들여 테일러 선생님의 결혼을 성사시킨 장본인이라는 다소 근거 없는 자기만족을 과시한다. 그렇지 않아도 매사에 자신만만한 데다 중매쟁이로서의 재능까지 확신하게 된 이 아가씨의 미성숙한 행보를 독자가 예견하게 되는 건 나이틀리 씨의 지적을 통해서다. 나이틀리 씨는 결혼해서 런던에 살고 있는 우드하우스 씨의 첫째 딸의 남편의 형인, 요컨대 사돈총각이지만 에마 부녀에게는 스스럼없이 집에 드나드는 가족 같은 친구이다. 특히나 스스로 똑똑하다고 자부하는 에마의 흠을 대놓고 지적할 수 있는 거의 유일한 사람인데 그의 지적에는 에마를 향한 애정 어린 시선이 깔려 있다.

　에마가 중매쟁이의 '촉'을 발휘할 기회는 생각보다 빨리 찾아온다. 해리엇 스미스라는 예쁘고 순진한 열일곱 살 아가씨에게 에마의 관심이 쏟아지게 된 것이다. '누군가의 사생아'로 마을 학교에 맡겨져 자란 처지이니 에마와 해리엇은 친구라기보다는 에마가 일방적으로 간섭하는 멘토와 멘티에 가깝다. 그러나 반드시 해리엇을 '향상시켜'주겠다는 에마의 결심은 자기가 믿고 싶은 대로 보고 보고 싶은 대로 믿는 일종의 확증 편향을 유발하고, 그렇게 잘못된 코칭을 따르던 해리엇은 로버트 마틴 씨라는 성실한 농부의 진심을 외면하고 속물적 욕망을 감춘 엘턴 목사에게 기대를 품다가 상처만 입고 만다. 에마가 오판으로 해리엇의 인생을 쥐고 흔든 첫 번째 실수를 뉘우치는 데에서 1부가 마무리되지만, 반성을 깊게 가져가기에는 사고의 회로가 지나치게 긍정적인 탓에 실수의 재발이 불가피해 보인다.

　2부의 시작과 함께 하이버리 마을에 반가운 얼굴이 등장한다. 새어머니에게 인사를 오네 마네 말만 무성하던 웨스턴 씨의 아들 프랭크 처칠, 그리고 작고한 전직 목사의 아내인 베이츠 부인의 조카 제인 페어팩스 양이 몇 주의 시간차를 두고 돌아온 것이다. 에마는 처음 만나는 프랭크 처칠을 보자마자 호감이 들지만, 자신보다 재산만 없다 뿐 재능과 외모와 매너 모든 면에서 만인의 칭찬이 자자한 제인 패어팩스 양에게는 예나 지금이나 떨떠름하다. 마을에 젊은이들이 충원되었으니 에마처럼 이들을 놓고 가상의 짝짓기를 하는 사람들도 늘어나고 그들이 추측하는 커플의 조합도 다양해진다. 그러나 비교적 보는 눈이 있는 웨스턴 부인이나 나이틀리 씨의 추측마저 엇나가는 참이니 에마는 말해 뭐 할까. 이번에는 해리엇과 프랭크 처칠과 에마 자신, 이렇게 세 사람의 짝을 상상하는 것에 에마의 에너지가 집중되는데, 프랭크 처칠이 자기를 사랑한다고 확신하고 심지어 자기도 그를 사랑한다고 사뭇 진지하게 오해하다가 그를 친구로만 여기기로 혼자 생각을 정리하더니 나중에는 집시의 습격에서 해리엇을 구해준 행동을 근거로 다시 그를 해리엇의 짝으로 점지하고, 해리엇이 흠모하는 지체 높으신 누군가도 프랭크 처칠이라고 믿어버린다. 프랭크 처칠의 행동이 여러 사람을 헷갈리게 만든 것은 사실이지만, 자기 인식에 관해서는 에마가 해리엇보다 한참은 뒤떨어진 듯하다. 설상가상으로 에마의 미성숙함이 이웃들의 눈앞에 드러나는 사건이 일어나고야 말았으니 모처럼 좋은 경치를 보러 7마일이나 떨어진 복스힐까지 마을 사람들이 나들이를 갔을 때이다. 누구는 말 못 할 비밀을, 누구는 은근한 미움을, 누구는 엇나간 추측을 하느라, 요컨대 저마다 딴생각들을 하고 있느라 모처럼의 나들이는 산만하게 흘러가고 기대가 어긋나 따분해진 에마는 수다스럽고 주책맞지만 무해하고 뭣보다 무력한 베이츠 부인을 짜증 해소의 제물로 삼아 희희낙락한다. 부인을 모욕했다는 사실조차 인지 못 하는 에마를 나무란 것은 이번에도 나이틀리 씨이다. 이번의 잘못은 과거에 비해 제법 큰 충격과 각성을 불러오고, 에마는 처음으로 베이츠 부인의 조카인 제인 페어팩스에게 유독 옹졸했던 자신을 돌아보기에 이른다.

    프랭크 처칠의 양어머니인 처칠 부인의 사망으로 프랭크 처칠과 제인 페어팩스의 비밀 약혼이 밝혀지면서 마침내 여러 사람을 뒤숭숭하게 만들었던 오해가 한번에 풀려나간다. 해리엇은 에마의 예상을 뒤엎고 나이틀리 씨를 연모한다고 고백하고, 이 충격적인 고백에 에마는 나이틀리 씨를 향한 자기 마음을 깨닫게 되며, 나이틀리 씨는 프랭크 처칠에게 실연당한 에마를 자신이 위로할 수 있을지 자신 없어 하며 그녀에게 사랑을 고백한다. 이 난감한 삼각관계에서 에마가 해리엇을 보호하는 동시에 자신의 사랑을 지켜내도록 구원해주는 것은 해리엇을 향한 로버트 마틴 씨의 일편단심이다. 에마가 자신의 주제넘은 간섭을 반성하고 해리엇이 그녀의 사과를 받아줌으로써 실수 연발이던 에마에게 평화가 찾아온다는 결말인데, 과연 나이틀리 씨가 곁에 있다고 해서 에마가 지금의 결심처럼 매 순간 겸손하고 신중해질 수 있을지는 두고 볼 일이다.

8장

『설득』:
두 번째 기회

> 더는 침묵하며 들을 수가 없군요.
> 제가 지금 할 수 있는 방법으로
> 당신에게 얘기를 해야겠습니다.
>
> 제인 오스틴
> 『설득』, 23장, 314쪽

손님

타마르는 시드니에서 아침 기차 편으로 서던하일랜즈에 도착했다. 칠흑 같은 단발에 날렵한 턱 선이 살아 있는 매력적인 여성이 기차에서 내리더라. 우리는 정답게 부둥켜안았다. 듣는 사람을 행복하게 해주는 그녀의 웃음소리는 내가 기억하는 그대로였다. 기차역에서 그녀를 기다리는 동안 나는 이스라엘 시절 우리 둘의 추억에 젖어 있었다. 무엇보다 인생과 사랑과 관계에 대한 우리의 기나긴 대화들, 그리고 책, 언제나 책이 있었다.

처음부터 나는 우리 둘의 인생에 놀라운 접점이 많다고 생각했다. 대륙은 달랐지만 우리는 같은 해인 1932년에 태어났다. 먼 오스트레일리아에서 자란 나의 유년기에도 제2차 세계 대전의 그림자가 드리웠다만, 루마니아에서 태어난 타마르는 홀로코스트의 복판에 던져져 있었다. 타마르의 언니 마르그리트는 나치의 박해를 피해 1941년 유대인 청년 조직의 지원을 받아 루마니아에서 탈출을 시도했다. 높은 뱃삯을 지불하고 팔레스타인행 스트루마호에 오른 700여 승객들 중에 어린 마르그리트도 있었던 거다. 타마르에게 들은 것은 아니지만 나는 다른 글을 통해 인종주의와 탐욕의 결탁이 저지른 연쇄적인 만행에 대해 알게 되었다. 스트루마호는 승선 인원의 세 배가 넘는 승객을 싣고 잦은 기관 고장으로 항해가 거의 불가능한 지경에서 어뢰의 격침을 받아 침몰했고, 단 한 명을 제외한 승객과 선원 전원이 사망했다.

가족들은 전쟁이 끝난 뒤에야 마르그리트의 죽음을 전해 듣게 되었다. 비통한 어머니와 타마르의 애도는 같은 마음이었지만 아버지의 애도에는 분노가 서려 있었다. 아버지는 큰딸을 유독 아꼈고 제발 가족을 떠나지 말고 남기를 애원했다. 아버지는 딸의 죽음을 애도하는 동시에 딸을 원망했다. 타마르는 자식이 부모를 거역했다는 사실이 그토록 아버지의 고통을 가중한다는 것을 이해하기 어려웠다. 마음 한편으로는 언니가 아니라 자신이 살아남았다는 사실에 죄책감을 느껴야 했다.

타마르의 부모와 우리 부모는 문화적으로 아무런 공통점

이 없었다. 하지만 무력한 어머니와, 활력과 지적 호기심이 왕성한 외향적인 아버지 얘기를 타마르에게 들었을 때, 나는 또 하나의 접점이라는 생각이 들었다. 타마르나 나나 부부로서 서로 안 맞는 부모 밑에서 성장했고, 우리의 어머니들은 자기 목소리를 찾지 못한 여성들이었다. 우리는 구조적 성차별을 설명할 새로운 언어가 발견되기 30년 전에 태어났다. 그러나 마침내 제2물결 페미니즘이 도래했을 때 타마르는 나보다 훨씬 분연히 일어나 변화의 물결을 뒤따랐고, 베티 프리던과 글로리아 스타이넘이 내던 외침에 열광적으로 호응하며 1970년대를 보냈다. 그 무렵 자신감이 바닥을 치고 있던 나는 이 여성들이 실제로 내 얘기를 하고 있다는 걸 못 알아차렸다. 우리는 자기 욕구가 최우선인 남자들의 구제 불능을 같이 푸념하면서 친해졌다. 성격도 다르고 살아온 과정도 달랐지만 우리 사이에 흐르는 자매애를 한눈에 알아보겠더라.

우리의 소중한 우정이 시작된 것은 내 인생에 우연히 찾아온 인연 덕택이었다. 타마르에게는 그리스 외교관과 결혼해서 전쟁 전에 오스트레일리아로 이주한 고모가 한 분 있었다. 그분의 아들 알렉과 나는 시드니 대학교를 같이 다녔는데 별로 친하지는 않았다. 그러다가 결혼하고 아이를 키우며 살던 30대 즈음에 어울리는 무리가 같아졌다. 거개가 크로퍼드 남매 같은 사람들이었다. 교외의 젊은 전문직 종사자들에게는 토요일 밤 디너파티가 일종의 필수 행사였고, 그러니 사교적으로 마주치는 일이 빈번했다. 우리 가족이 텔아비브에 살고 있던 1970년대 중반 알렉이 사업차 이스라엘에 왔다며 불쑥 전화를 걸어왔다. 텔아비브 대학교에 다닌다고 이야기했더니 자기 사촌이 이 대학의 정밀 과학 학부 책임 사서로 있다기에 두 사람을 점심 식사에 초대했다. 참 잘한 일이었지, 그날 초대가 타마르와의 평생 인연으로 이어졌으니 말이다. 타마르와 나의 우정은 대대손손 피어났다. 우리 가족이 오스트레일리아로 돌아오고 20년 뒤에 예루살렘에서 살던 손녀와 그 애의 약혼자가 텔아비브를 방문할 때마다 타마르가 부모처럼 이 애들을 챙겼다. 세상을 떠나기 전까지 가족이나 다름없이 지냈고, 손녀 부부는 타마르를 기리는 뜻에서 첫아이 이름을 태머라로 지었다.

우리는 친구가 될 운명이었다고 일찌감치 의견 일치를 보았다. 타마르와 나는 처음부터 우리의 닮은 점이나 인생 경로의 다른 점을 터놓고 이야기했다. 내가 온실 속 화초처럼 안온하게 살아온 것에 비해 타마르의 인생은 안전할 때보다 위태로울 때가 많았다. 그렇지만 삶에 대한 열정이 끓어오르는 그녀는 모험에 뛰어들기를 마다하지 않았다. 전쟁이 종식되자마자 부모의 반대를 무릅쓰고 루마니아를 떠났고, 몇 년 뒤에 부모도 타마르를 따라 이스라엘로 거처를 옮겼다. 열일곱 살에 키부츠 단원과 결혼해 가정을 꾸렸지만 기대에 못 미친 결혼 생활에 어린 아들을 남겨둔 채 집을 나왔다. 그러고도 평생을 사랑 때문에 고뇌했지.

나로 말하자면, 나는 아무것에도 엄두를 내지 못하고 살았다. 여전히 중산층의 관습에 필사적으로 매달리고 있었다. T. S. 엘리엇의「프루프록의 연가」속 화자처럼. 이스라엘 생활이 결혼 관계의 근본적인 불균형을 바꾸지 못했다는 것도 알았고, 그럼에도 여전히 그 좁은 세계를 깨뜨릴 엄두를 못 내고 있다는 것도 알았다. 프루프록의 터무니없이 사소한 질문들은 나 자신의 소심증을 낱낱이 고하고 있었다. 나 역시 하찮은 일들에 전전긍긍이었다. 그 화자처럼 머리 가르마를 어떻게 탈까, 감히 복숭아를 먹어볼까 같은 것은 아니어도 그만큼 대수롭지 않은 일상의 자잘한 일들로 벌벌 떨었다. 타마르는 이런 우유부단함에 가로막히는 법이 없었다. 나는 기꺼이 모험에 뛰어드는 그녀의 용기가 부러웠다. 그러나 인생의 역설이란 참 모를 일이다. 나중에 들으니 내가 타마르의 진취적인 태도를 동경한 것처럼 타마르는 내가 인내와 이타심이라는 이상적인 주부의 자질을 갖고 있어서 부러웠단다. 그런 생각을 내내 품고 있다가 뒤늦게 털어놓아도 자조적인 유머로 넘길 수 있어서 우리 관계가 더욱 특별해질 수 있었지 싶다. 꽁꽁 감추고 있던 실패라도 서로에게는 믿고 털어놓았다. 우정이 단단해질수록 우리에게는 더 값진 것이 생겼다. 도덕의 나침반을 공유한 덕에 시공간의 제약에도 관계가 지속되었다.

기차역 승강장의 정다운 포옹은 텔아비브 시절 이후 헤어져 지낸 세월을 단번에 쓸어냈다. 타마르를 태우고 집으로 오는 길에 내 시골집에 얼마나 머무를 수 있느냐고 물어보았다. 시드니에 있는 타마르의 친척들은 큰 암 수술 이후 타마르의 예후가 염려되어 방문이 길어지지 않길 바라고 있었다. 그래도 나는 독서 프로젝트를 하고 있으니 최소한 제인 오스틴의 마지막 소설을 함께 읽는 동안만이라도 머무르라고 부탁했다.

우리 집 진입로로 차를 꺾어 들어오는데 금방이라도 분홍 하양 꽃망울을 터뜨릴 것 같은 어여쁜 야생 능금나무들을 보고 타마르가 헉 하고 놀라는 소리를 냈다. 지붕 덮인 현관으로 걸어가면서도 한 번 더 헉 하는 소리를 내더니 프랭크 로이드 라이트를 카피한 현관 창유리에서 눈을 떼지 못하더라.

타마르의 큼직한 보스턴백을 손님방에 부려놓고 우리는 커피와 밀린 수다를 나누러 독서방에 마주 앉았다. 나는 타마르에게 내가 지금 수행 중인 과제를 설명해주었다. 떨쳐지지 않는 심신의 불편감이 있으며 그걸 극복하기 위해 제인 오스틴의 소설 여섯 편을 다시 읽고 있다. 오래전 나의 우정관, 결혼관, 자아관을 형성시켜준 책들이므로 내 삶의 동력을 갱신해주길 기대하고 있다. 오스틴의 마지막 작품 『설득』을 타마르와 같이 읽을 수 있다면 더 바랄 것이 없겠다. 그러니 "같이 낭독해보자"고 말했다. 단 한 사람일지라도 관객 앞에서 연기한다고 생각하면 친구의 구미가 당기지 않을까 싶었다. 무대에 서고 싶다는 바람은 예전부터 우리가 공유하는 로망이었다. 타고난 성향상 정극에 끌리는 나와 다르게 타마르는 코미디 체질이었다. 평상시에도 코믹한 흉내 내기에 천부적인 재능을 뽐내는 통에 같이 있으면 웃음보가 터지곤 했다.

 텔아비브 캠퍼스에 타마르라는 친구를 둔 덕분에 나는 해외에서 완전히 다른 대학 생활을 경험했다. 적어도 일주일에 한 번씩 만나는 친구가 생겼는데 그 친구가 독서광이기까지 하다니 기쁘지 않을 수가 있나. 특히 유럽 문학에 일가견이 있는 그녀는 프랑스어, 이탈리아어, 히브리어 소설을 원어로 읽고 나에게도 소개해주었다. 내가 읽는 문학 텍스트며 이론서에도 관심을 보였는데, 나로서는 아카데믹한 독서는 대학 졸업 이후 20년 만인 데다 그사이 문학 비평과 문학 이론이 저만치 앞서가 있더라. 나는 케임브리지 대학 조교수 시절 미국 시인 실비아 플라스의 스승이었던 도로시아 크룩 교수의 헨리 제임스 강의를 수강 중이었다. 멋모르고 너무 깊은 지식의 바다에 들어왔구나 실감할 때가 한두 번이 아니었다. 강의 뒤에 타마르와 나누던 대화들이 아니었다면 깊이를 가늠할 수 없는 지식의 심연에서 질식하지 않았을까 모르겠다.

크룩 교수의 제임스 강의 자체는 너무 재미있어서 매시간 거의 넋을 놓고 들었다. 그러나 그분의 지도하에 논문을 쓴다고 생각하니 더럭 겁이 올라왔다. 찰스 디킨스에 관한 문학사 수업이 마음은 더 편했던지라 석사 논문은 디킨스로 쓰기로 했다. 나는 디킨스의 성숙기 작품, 다시 말해 자전적 갈등을 다룬 『데이비드 코퍼필드』 이후의 소설에 나타난 사랑을 주제로 잡고, 논문의 기틀은 에리히 프롬의 사랑에 관한 해석에서 가져왔다. 프롬에 따르면, 사랑이야말로 존재의 문제에 대한 유일한 이성적 해답이며 우리를 다음 단계로 진전하게 하므로 고되지만 결과적으로는 보람 있는 실천이라더라. 프롬은 이런 진전 과정을 '존재와 생성'으로 설명하는데, 나는 디킨스의 캐릭터들, 특히 그가 애착을 쏟은 가정의 천사 캐릭터들의 진화 과정을 이런 관점에서 분석하고 이들을 E. M. 포스터가 말하는 입체적 인물이나 오스틴 소설의 전형적 인물과 차별화하고자 시도했다. 당시에는 디킨스와 아내의 소원한 관계라든지 딸 또래 소녀와의 연애 등등의 사생활에 관해서는 거의 알려진 바가 없었다. 프롬의 가정대로 오직 사랑만이 인간의 존재적 문제에 대한 해답이라고 한다면, 현실의 디킨스는 실패했다고 봐야 하나. 가정의 천사라는 피조물에 피해자의 그늘을 드리웠으니, 내 논문의 주장처럼 사랑에 대한 작가적 비전의 성숙한 재현이라고 보기는 무리가 있겠다. 전기적 맥락이란 게 이렇게나 중요하다.

30대에 타마르는 영혼의 반쪽인 줄 알았던 애인과 뉴욕으로 떠났다. 남자는 이스라엘 출신 배우로 이름을 날리기 시작했는데 타마르는 그의 수습생 신분을 못 벗었다. 남자는 타마르가 그녀의 야망을 보류하고 파트너인 자기의 성공을 위해 헌신하길 바랐고, 뉴욕 생활은 매일매일이 이 고통스러운 사실의 확인이었다. 사랑과 야망 둘 다를 놓치게 생긴 상황에서 타마르는 감정적으로 무너져 내리기 직전까지 내몰렸다. 그러나 용케 기운을 추슬러 다른 미래의 가능성을 모색했고, 그렇게 사서 자격증을 따고 혼자 이스라엘로 돌아갔다. 우리는 40대에 처음 만났는데 그때 이미 그녀는 캠퍼스 내 학부 도서관 책임 사서로 확고한 입지에 올라 있었다. 2006년에 오스트레일리아를 방문할 무렵에는 사서직을 은퇴하고 도서관 설계 자문 위원이 되어 있더라. 그야말로 자기 삶의 통제권을 손에 쥐고 스스로 개척해 나온 사람이다.

타마르의 독서열은 사서 생활의 일환이기도 했다. 1960~1970년대에 출간되던 전위적인 소설들, 한창 떠오르던 누보로망 일명 '신소설' 작품들을 나더러도 읽으라고 채근이었다. 나도 호기심이 동해 알렝 로브그리예의 『질투』를 읽어보긴 했다. 시종일관 대상에게 초점을 맞추는 글쓰기와 읽기라는 게 어떤 것인지 이해해보고 싶었다. 읽기가 쉽지는 않았지만, 정체성의 형성에 관한 그의 견해에는 공감이 갔다.

나 자신을 생각하면, 내가 파편들로 이뤄져 있다는 느낌이 듭니다. 그 안에는 유년기의 기억도 있고, 내가 특별히 애착이 가는 작중 인물도 있고 (…) 심지어 문학 속에 존재하는 인물들에게 나는 혈연으로 맺어진 느낌이 듭니다. 『악령』의 스타브로긴과 보바리 부인은 나한테 우리 할아버지나 이모와 조금도 다름이 없어요.

누보로망을 소개해준 것이 유익했다고, 기억도 상상에 속한다는 로브그리예의 관점에 나도 전적으로 동의한다고 말해주니 타마르가 흐뭇하게 웃더라.

설득의 설득

오후에 우리는 차를 몰고 언덕을 넘어 버컬루 책 창고 구경에 나섰다. 나는 타마르가 좋아하는 나탈리 사로트의 책에 썩 끌리지가 않는다고 타마르에게 이실직고했다. 나에게는 그의 글이 지나치게 이지적이었다. 불안, 좌절, 분노의 심리에 대한 집착이 작품의 미적 차원에서 도출될 수 있는 재미를 압도하는 느낌이랄까. 나는 사로트의 소설보다 사실성으로 빛나는 제인 오스틴의 소설이 어째서 더 재미있는지를 타마르에게 전달하려고 시도해보았다. 월터 스콧이 세상에 알렸다시피, 오스틴의 소설은 작가가 몸담은 시대의 소산이었으며 독자들에게 그들 자신의 것과 다르지 않은 삶을 소개함으로써 소설의 규칙을 바꿔놓았다고.

나한테는 그때 이후로 소설의 규칙을 뒤엎었다고 할 만한 사건은 거의 없었다. 양차 대전 사이에 등장한 버지니아 울프와 제임스 조이스의 모더니즘도, 20세기 중반의 누보로망도 그런 식으로 내 상상을 사로잡진 않았다. 나는 타마르에게 『설득』을 읽어보면 사로트의 책에서는 볼 수 없는 인물들을 만나게 될 거라고 장담했다. 이런 힌트도 흘렸다. 은근한 열정으로 정신적 독립과 윤리적 원칙을 지탱해가는 여주인공의 의식 속으로 파고드는 경험이 될 거라고.

우리는 책 창고에 도착해서 서가를 둘러보고 책을 몇 권 구입한 뒤에 애프터눈 티를 주문했다. 타마르가 로저 스크루턴의 문화 해설서인 『지성인의 현대 문화 가이드』를 선물로 사주었다. 나는 사실 스크루턴의 보수성, 특히나 마르크스주의에 대한 전면적인 거부에 회의적인 입장이었지만, 타마르에게 대놓고 말하긴 좀 뭣해서 인간 사회에 대한 구태의연한 확신에 제동을 걸어줄 새로운 통찰이 나와주면 좋지 않겠냐는 정도로 에두르듯 이야기했다.

내가 타마르에게 선물로 건넨 것은 아르투어 슈니츨러의 중단편 『엘제 양』의 중고 책이었다. 낭만적인 10대 소녀가 부르주아 부모와 공모한 늙은 남자의 먹이가 되고 만다는 한 줄 요약도 곁들였다. 내게는 사연이 남다른 책이었다. 대학 시절 시드니 펠리스 극장에서 엘제 양으로 분한 엘리자베트 베르크너의 명연기를 관람할 기회가 있었다. 우연인지 연분인지 아무튼 우리 어머니 지인 중에 전쟁 후에 빈에서 망명 온 바그너 부인이라는 여성이 있었는데 알고 보니 이분이 그 명배우와 사촌지간이었고, 이분의 주선으로 내가 이 대스타를 만나러 시드니 도심 한복판에 있는, 그러나 이제는 사라져버린, 아름다운 펠리스 극장의 분장실로 찾아갔던 것이다.

베르크너 씨는 오스트리아를 떠나기 전부터 이미 연극과 영화에서 실력을 인정받았고 1933년에 런던으로 건너간 뒤로는 더욱 성공 가도를 달리는 스타였다. 사촌의 지인에 대한 예우였겠지만, 그런 분이 어찌나 친절하던지. 나는 발성법 시험을 위해 셰익스피어의 『헨리 8세』 중에 아라곤의 캐서린의 대사를 연습해둔 것이 있어서 이 스타의 분장실에서 그 대사를 읊게 되었다. 베르크너 씨는 격려를 아끼지 않으면서 혹시 유럽에 오거든 힘 닿는 선에서 도움을 줄 테니 언제든 연락하라고 말해주더라마는, 당연히 그럴 일은 없었고 다시는 그녀를 만나지 못했다. 나는 베르크너 씨의 무대 낭송만큼 원작 소설을 사랑했지만, 그때 당시에는 작품에 그려진 여성 착취를 구조적인 문제라기보다 개인적이고 심리적인 문제로 잘못 알았노라고 타마르에게 털어놓았다.

타마르와 있으면 언제나 물 흐르듯 대화가 이어졌다. 친구는 제인 오스틴을 읽느니 차라리 시몬 드 보부아르를 읽어보라는 의견을 내놓았다. 현대의 남녀가 한 지붕 아래 살면서 겪는 복잡한 문제에 관해서라면 제인 오스틴보다 보부아르가 더 나을 거라면서, 명성도 영향력도 막강했던 이 여성이 사르트르와의 연인 관계에서 평정을 지키기 위해 분투한 사실을 알고 있느냐면서. 그러나 반드시 오스틴이어야 한다는 내 생각은 확고했다. 타마르는 『설득』의 마지막 챕터를 읽을 때까지 우리 집에 머무르겠다고 승낙하는 와중에도 한 세기 전의 영국 작가가 자기 같은 코즈모폴리턴 실용주의자에게 들려줄 유의미한 말은 없지 않겠느냐는 경고를 잊지 않았다. 나는 고개를 저었다. 벌써 이 소설의 앞부분을 다시 읽어본 입장에서 내 생각은 달랐으니까.

우리는 읽기에 속도를 내기로 타협을 보았다. 낮 동안 내가 진도를 나가고 저녁에 핵심적인 구절을 타마르에게 읽어주고 빠진 부분은 간략한 줄거리 설명으로 메우기로 했다. 하지만 그 전에 타마르가 집에 가져갈 선물 구입이라는 시급한 볼일부터 해결해야 했으므로 이튿날 우리는 차를 몰고 언덕을 올라가 베러마 쪽으로 좌회전을 한 뒤 맥파이 카페에 차를 댔다. 점심을 먹으면서 타마르가 자신의 건강 상태, 일, 뭣보다 아들의 근황을 들려주었다. 이 아이의 본래 이름은 성서에서 따온 님로드*로 사냥꾼, 세상의 첫 힘센 자라는 뜻이 담겨 있다. 아들이 모험가가 되기를 상상하며 그런 이름을 지어주다니 참으로 타마르다웠다. 그런데 소년기와 청년기에는 이름에 딱 맞는 기질인 줄 알았던 아이가 엄마조차 못 알아볼 정도로 전혀 딴사람이 되었다는 거다. 몇 해 전부터 예루살렘에서 종교 공부를 하며 초정통파 유대교의 생활 방식을 택하고 아브라함으로 개명을 했단다. 이제는 첫 사냥꾼이 아니라 첫 유대인이라는 의미의 이름을 갖게 된 것이다. 나의 무신론자 친구는 한 달에 한 번씩 스카프로 머리를 싸매고 독실한 아들과 안식일을 함께 보내고 있다더라. 그렇게까지 무조건적인 사랑을 퍼줄 수 있다니 존경스러울 따름이었다.

 커피가 나오길 기다리면서 우리는 자식들에 대해 가졌던 기대와 그 애들의 현재를 비교해보았다. 이스라엘에 살 때 우리 딸들은 셋 다 타마르를 무척 따랐다. 아이들은 개성들이 뚜렷해서 저마다 자기 관심사와 재능에 맞는 분야를 찾아 제힘으로 부딪쳐나가고 있었다. 큰애는 소외 계층의 권익을 보호하는 일에 투신했고, 둘째는 몸과 정신과 영혼이 합체된 심리 치료술을 공부했고, 우리의 이스라엘 체류로 심적 방황을 겪었던 막내는 예술과 교육 방면에 열의를 갖고 자아 찾기의 길을 걷고 있었다. 내가 서던하일랜즈에 완전히 둥지를 틀었을 때 가정 해체니 어쩌니 뒷말과 억측이 도는데도 의연

• Nimrod. 니므롯.

하게 부모를 지지해준 성숙한 모습에 깜짝 놀랐다고 타마르에게 말해주었다.

커피를 다 마셔갈 즈음, 타마르가 나에게 대체 무엇에 설득을 당했길래 이렇게 오스틴 읽기 마라톤에 뛰어들었는지 더 명확한 설명을 청했다. 그래서 독서 재활을 결심하게 된 사유를 죽 읊어주었다. 가까운 가족 외에 다른 이와 그런 분석을 하기는 처음이었다. 나는 외양상의 성공에도 불구하고 마음속을 갉아먹는 열패감에 대해 이스라엘에서 나눈 대화를 기억하느냐고 말을 뗐다. 그리고 딱 예순이 되었을 때부터 시작된 어지럼증에 대해 말해주었다. 마음속 불안을 어떻게든 해결하지 않으면 죽을 때까지 내 인생의 즐거움을 사기당했다고, 아니면 내 꾀에 넘어가 다 날려버렸다고 느끼면서 살아야 한다 싶더라고 설명하다가 잠시 말을 멈췄다.

어떻게 해야 더 명료하게 내 뜻이 전달되려나. 나는 목소리를 조금 더 높였다. "까놓고 말하자면 관습의 틀 안에 살기로 결정했을 때 나는 스스로를 기망한 거야. 안전한 삶에 안주한 줄 알았는데, 언젠가부터 튕겨 나가고 있더라. 내 자리를 지키기는커녕 밖으로 밀려나 떨어지기 일보 직전이라니, 내가 고작 이 정도인가, 인생에서 얻은 게 고작 이 정도인가 싶어서 감당하기 힘들 만큼 좌절했어."

무슨 말인지 알겠다고 타마르가 고개를 주억이더니 다시 물었다. 그런데 제인 오스틴의 소설이 어떤 식으로 도움이 된다고 생각하는 거지?

글쎄, 그건 아직 잘 모르겠다고 나는 솔직하게 대답했다. 그래도 지금까지 읽은 다섯 권에 대해서는 해줄 말이 있었다.

먼저 『노생거 수도원』을 첫 책으로 정한 이유부터 설명했다. 읽은 기억이 가물가물해서 이 책부터 읽기 시작한 것이었는데, 뜻밖에도 나는 열여섯 살 캐서린의 인생에서 중요한 것을 배웠다. 사랑을 줄 줄 아는 어머니야말로 여자아이가 받을 수 있는 최고의 축복이라는 점, 친구 관계에서도 나의 가치를 알고 그걸 지켜내는 것이 중요하다는 점, 설령 그로 인해 친구를 등지게 된다 하더라도 말이지. 『오만과 편견』에서는 판단을 내리기 전에 근거를 따져보는 것이 얼마나 중요한지를 배웠고, 동반자적 결혼의 이상을 고수하는 엘리자베스 베넷을 보며 용기를 얻었다. 『이성과 감성』을 읽으면서는 두 자매, 감정이 휘몰아치는 메리앤과 절제된 양식의 엘리너 간의 충돌이 내 안에서도 들끓고 있다는 걸 진작에 깨달았는데, 격렬한 감정과 합리성에 대한 욕망 사이에 타협이 필요하다는 생각이 들었다. 『맨스필드 파크』는 나에게 각별한 의미가 있었다. 주인공 패니처럼 어린 나이에 낯선 집에 맡겨진 기억, 그리고 크로퍼드 남매 같은 사람들과 나 자신의 도덕률 사이에서 불편한 선택을 해야 했던 경험이 나에게도 있었으니까. 소설 『에마』와 주인공 에마는 이런 걸 알려줬다. 딸에게 자기를 사랑해줄 어머니가 안 계신다면, 스스로 타당한 이유를 찾아서 자신을 사랑하는 법을 배워야 한다는 것.『설득』과 주인공 앤 엘리엇에 관해서라면, 이전 독서의 재미를 재발견하리라 기대하는 중이었다. 이를테면 더 이상 젊지 않은 여주인공의 눈길이 산책길에 "황갈색 나뭇잎과 시든 관목 울타리"에 머물 때 스며들던 가을의 정취 같은 것. 그러나 신뢰하는 친구와 앤의 이야기를 다시 읽을 기회가 주어진다면 새로운 통찰을 얻는 건 시간문제일 터였다.

그리하여 우리는 그날 밤『설득』을 읽기 시작했고 사흘 밤 뒤 마지막 페이지에 다다를 때까지 속도를 늦추지 않았다. 매일 밤 다음 이야기가 궁금해지는 구절에서 낭독을 멈춘다면 제인 오스틴이 우리의 셰에라자드 아니겠냐며 같이 키들대다가 천 하루 밤은 몰라도 나흘 밤 정도면 할 만하겠다고 고개를 끄덕였다. 그 정도 시간이면 충분할 거라고 나는 내심 기대하고 있었다. 제인 오스틴의 이야기가 모든 여성에게 해당한다는 걸 타마르에게 설득하기에도, 오스틴이 마지막으로 완성한 여주인공에 대해 서로의 의견을 견주어보기에도.

우리는 소설 첫머리부터 읽기 시작했다. 타마르가 첫 챕터를 한 번 더 읽자고 했을 때 나는 놀라지 않았다.『이성과 감성』의 도입부처럼 이 소설도 집안 내력 소개에 깨알 같은 디테일이 촘촘히 박혀 있다. 월터 경의 귀족 지위를 유지시켜주는 준남작 작위와 전통을 먼저 이해해야 이 가족의 역학

관계를 제대로 납득할 수 있었다. 첫째로는 신분과 재산, 다음으로는 외모라는 두 가지 가치를 신봉하는 어리석고 헤프고 허영에 뜬 이 홀아비가 자기를 닮은 맏딸은 예뻐라 하고 미모가 시들어가는 둘째는 무시하고 신분을 낮춰 결혼한 셋째는 하찮게 보는 편애와 편견의 소유자임이 드러나는 부분이니까.

거기서 좀 더 읽으면, 오스틴이 내러티브의 중심인물로 둘째 딸 앤을 선택했다는 게 명확해진다.

> 하지만 앤은 아버지에게도 언니에게도 하찮은 존재에 불과했다. 앤은 기품 있고 온화한 성정을 지니고 있었다. 제대로 된 판단력을 가진 사람이라면 당연히 그런 그녀를 귀히 여겼을 테지만 현실은 그렇지가 않았다. 그녀의 말은 무시당했고, 그녀의 편의는 항상 뒷전이었다. 그녀는 그저 앤일 뿐이었다.(1장, 11쪽)

이 구절이 확실히 타마르의 마음을 흔들었다. 앤을 묘사하는 첫 부분에서 타마르는 재능 넘치고 인기 있었던 언니를 떠올렸고 그런 언니가 아닌 자신이 생존했다는 사실에 줄곧 가슴을 누르던 죄책감을 떠올렸다. 그러자 불현듯 자신도 아버지에게 하찮은 존재라고 느꼈던 기억들이 되살아나면서 편애하던 딸을 잃고 아버지가 느끼던 슬픔의 무게를 자기 등에서 이제 그만 내려놓아야 한다는 생각에 정신이 퍼뜩 드는 것 같았다.

우리는 타마르네 가족과 우리 가족을 엘리엇 일가와 대조하면서, 성실한 가장이었지만 자기 뜻대로 가족을 통제하려 했던 아버지들의 면면을 되짚어보았다. 앤과 월터 경 부녀에게 우리의 인생 경험을 연결하고 있었던 것이다. 아주 동떨어진 이야기인 줄 알았는데 읽어보니 충분히 와닿지 않느냐고 슬쩍 타마르를 떠보았다. 이 친구가 오스틴 책에 빠져드는 반가운 낌새가 보이기 시작했다.

함께, 읽기

나는 오래전부터 책이 사람을 빠져들게 한다고 믿어왔다. 이스라엘의 미국 국제 학교에서 영어를 가르칠 때 책 읽기를 싫어하는 학생들이 있으면 그 애들 나름의 특별한 관심사나 열정이 있는지 알아내려고 애를 썼다. 어떨 때는 글쓰기를 먼저 시작했다. 쓰기와 읽기는 연속체를 구성하므로 하나에 유창해지면 다른 하나의 유창성도 고양된다고 믿었기 때문이다. 제일 고집불통이던 학생 중에 교실 안에서 언어와 관련된 모든 것에 심드렁한 아이가 있었는데, 가만 보니 스케이트보드 솜씨가 여간 좋은 게 아니었다. 어느 날 아침 주차장에서 우연히 그 애를 맞닥뜨렸는데, 내 차 둘레를 빙그르 돌아 옆에 딱 붙여 세우는 폼이 영락없는 고수였다. 반 아이들에게 스케이트보드 기술에 대해 설명해주지 않을래, 하고 물었더니 그러겠다는 답이 돌아왔다. 그 애가 학급에서 대화를 주도하는 것은 처음 있는 일이었다. 구두 설명으로 부족하다 싶었는지 다음에는 연습장에 삽화를 그려 왔고, 나중에는 보드를 탈 때의 기분을 묘사한 짧은 작문을 작성했다. 걸작은 아니어도 이전에 써낸 어떤 글보다 잘 쓰인 글이었고, 자기 표현력에 대한 자신감이 한결 올라간 듯 보였다. 글쓰기 과정에서 아이가 느꼈을 기분을 로즐린 아널드 선생님은 "뇌에 마법이 일어난다"고 표현한 바 있지.

내가 확인하기로는 책 읽기도 뇌에 마법을 일으킨다. 내가 바로 그 산증인이 아닌가. 반갑게도 근래 들어 독서에 관해 새로운 담론을 요구하는 목소리가 높아지고 있다. 새로운 담론이란 말하자면 독서의 골대를 새로운 영역으로, 요컨대 텍스트와 이론의 영역에서 좀 더 친절한, 관계와 매력의 지대로 이동하자는 의미이다. 리타 펠스키의 『빠져들기: 예술과 애착 *Hooked: Art and Attachment*』은 픽션의 유혹에 관한, 사실상 모든 예술의 매혹에 관한, 선구적인 저술이다. 펠스키는 사람들이 특정한 예술 작품에 애착을 느끼는 과정을 설명하는데, 이를테면 어떻게 내가 제인 오스틴의 소설과 그의 여주인공들에게 이렇게 깊은 애정을 느끼게 되었는가를 밝히려는 시도 같은 것이다. 비판적 읽기가 보편화된 학교 교육 현장에 도전장을 내미는 것까지는 아니어도 펠스키는 학계에서 애착 개념이 충분히 존중받지 못하는 실상을 안타까워한다. 학계의 관심은 애착보다는 거리 두기 쪽에 더 쏠려 있으니까.

만약 리타 펠스키가 『설득』을 읽고 있는 타마르와 나를 옆에서 지켜봤더라면 자기 주장을 뒷받침할 완벽한 예시를 얻어 갔을 텐데. 『설득』의 초반부를 읽을 당시 우리가 다른 종류의 현실로 진입하던 순간은 애착 개념으로도 그럴듯하게 설명이 된다. 먼저 월터 경이 우리의 주의를 끈 데 이어 앤이 우리의 마음을 사로잡았다. 이 아비가 그르친 일들과 딸에게 입힌 피해를 이야기하던 우리는 어느새 우리 자신의 경험들, 부권과 갈등을 빚은 기억들을 반추하게 되었고, 그러다가 자연스럽게 우리 세대 여성들의 핵심적인 딜레마로 생각이 옮겨 갔다. 아버지를 비롯해서 부권을 표상하는 여타의 인물들과 우리는 어떤 관계를 맺고 있나? 이런 특수한 관계의 조합에서 기인하는 불안증에 어떻게 대응하고 있나? 독자적인 성취에 대한 여성들 자신의 기대를 가로막는 눈에 보이지 않는 가정들에는 어떻게 맞서고 있나?

혼자가 되는 한이 있더라도 반드시 성공을 이뤄내겠다는 것이 타마르의 결심이었다면 가족이라는 본체의 내구성을 의심하면서도 번드레한 외피를 지키겠다는 것이 나의 결심이었다. 우리는 서로의 결심을 나란히 견주어도 보고 잠시 입장을 바꿔 상대의 경험을 좀 더 관대한 시선으로 조명하기도 했다. 그렇게 서로를 토닥인 뒤에는 책을 함께 읽으니 참 좋지 않으냐며 앤 엘리엇 양의 스토리에서 우리 자신의 의미 찾기를 계속해보자고 의기투합했다.

우리는 그 기세를 몰아 짧고 풋풋했던 서머싯셔의 연애 시절을 회상하는 장면까지 읽어나갔다. 앤은 잘생기고 매력적이고 무일푼인 해군 대령의 청혼을 승낙하지만 어머니 대신으로 자신이 늘 의지하는 레이디 러셀의 설득에 못 이겨 결국 약혼을 파기하고, 그 후로 볼품없이 시들어갔다. 8년여의 세월이 흐른 지금, 아마도 마음속으로는 "약혼을 깨지 않았더라면 훨씬 더 행복했을 것"이라고 생각이 기울었다. 타마르는 레이디 러셀과 그녀의 막강한 설득력을 쉬이 받아들이지 못했는데, 4장을 읽다가 약혼은 "잘못된 결정"이라고 앤이 **설득당한다**는 표현을 두 번이나 발견했다.

정밀 과학의 접근법이 익숙한 타마르가 작품 전체에서 '설득하다'와 '설득'이라는 단어가 몇 번이나 나오는지 세어보면 재미있겠다고 말하길래 나는 그렇게 시간을 허비하다가는 독서가 아니라 실험실 실험으로 전락할 거라고 농으로 받아주었다. 대신에 나의 문법 페티시를 알려주는 차원에서 오스틴의 피동형 동사 사용이 어떻게 주인공의 소극성을 강조하고 이후 자기 의지를 회복하는 투쟁의 전조가 되는지를 짚어주었다.

우리는 말하고 읽고 또 말하다가 『천일야화』의 술탄과 이야기꾼처럼 매일 밤 다음 이야기에 대한 궁금증을 품은 채 각자의 방으로 물러났다. 가을에 어퍼크로스에 갔다가 사랑하는 웬트워스 대령을 다시 만난다면 앤은 어떤 충격을 받으려나? 자기를 대할 때는 찬바람이 돌면서도 머스그로브 자매와는 시시덕거리는 대령의 태도를 앤이 어떻게 견딜까? 라임에 놀러 간 동안 앤을 향한 프레더릭의 마음에 변화가 생기고 있는 건가? 바스의 아버지 거처로 돌아가면 앤은 '그저 앤'의 모습으로 되돌아가려나?

우리의 호기심은 번번이 충족되었다. 앤은 전 약혼자의 행동을 품위 있고 우아하게 감내하고, 웬트워스 대령은 갈수록 예뻐지고 당당해지는 앤에게 갈수록 다정해지며, 드디어 바스에 가서 아버지와 언니와 재회한 앤은 전에 없던 강인함으로 조용히 자기주장을 굽히지 않고, 웬트워스 대령은 앤이 레이디 러셀에게 굴복했다고 여겼던 이전의 견해를 수정하고 다시 한번 용기 내어 사랑을 맹세한다. 그의 고백에 "폐부가 찔리는" 사람은 앤 하나가 아니다.

제가 지금 할 수 있는 방법으로 당신에게 얘기를 해야겠습니다. 당신의 말이 제 폐부를 찌릅니다. 고통스러운 한편 희망에 부풀기도 하는군요. 제가 너무 늦었다고, 그 소중한 감정이 영영 사라져버렸다고 하지 말아주세요. 당신에게 다시 제 마음을 드립니다. 8년 반 전 당신은 제 마음을 아프게 했지만 제 마음은 여전히, 아니 전보다도 더 당신의 것입니다.(23장, 314쪽)

『설득』을 엘레지 소설 내지는 가을 소설이라고 부르는데 타마르와 내가 이후 사흘 밤에 걸쳐 발견한 바로는, 그건 전체 이야기의 일부분만 보는 것이다. 경험을 통해 달라진 앤은 어퍼크로스의 오랜 지인들과 라임의 새 친구들로 구성된 작은 공동체의 일원으로 받아들여진다. '그저 앤'이었던 그녀가 이제는 주위의 인정과 사랑과 선망과 존경을 받고 있다. 바스에 와서 다시 아버지와 언니와 한 지붕 아래 살면서도 자기에게 주어진 두 번째 기회를 있는 힘껏 품위를 잃지 않으며 지켜낸다.

앤 엘리엇이 거부하는 모든 것의 전형이라 할 환경에서도 앤은 축복처럼 두 번째 봄을 맞이한다. 감정의 계절은 달력을 거스르는 법이다. 이제 스물일곱의 앤은 발그레한 젊음만 없다 뿐이지 모든 아름다움을 갖추고 있다. 아버지와 언니보다 지혜롭고 사촌의 위선을 꿰뚫어 볼 능력이 있고 친구의 딱한 처지에 공감할 줄 알고 레이디 러셀의 설득에 휘말리지 않고 웬트워스 대령에게 사랑받을 자격이 충분한 사람임을 증명해 보인다. 나도 이 소설에서 이런 걸 얻어 갈 수 있을까, 나는 타마르에게 넌지시 내 속마음을 내비쳤다. 앤에게, 웬트워스 대령에게 찾아온 두 번째 기회가 어쩌면 나에게도 오지 않을까.

책을 읽을수록 타마르는 차츰 오스틴의 언어에 적응하면서 그 언어의 재미를 느끼기 시작했다. 우리는 특별히 주의 깊게 읽을 구절을 표시해두고 여러 번 되풀이해 읽었다. 그 구절을 낭독해달라는 내 부탁에 타마르가 설득을 당해주었다. 문장의 우아함, 인물과 생각의 세련된 배합, 주인공의 관찰에 은근하게 녹아들어 있는 도덕적인 시선을 함께 음미했다.

> 저녁이 되자 응접실에 불이 환히 켜지고 사람들이 모여들었다. 전에 한 번도 만난 적이 없는 사람들과 너무 자주 만나는 사람들이 섞여 있는, 카드놀이 모임에 불과한 자리였다. 친밀감을 느끼기에는 사람들이 너무 많고 다채로움을 즐기기에는 사람이 너무 적은 그렇고 그런 모임이었다. 하지만 앤에게는 저녁이 너무도 짧게 느껴졌다. 충만한 마음과 행복감으로 환히 빛나고 아름다워진 그녀는 생각지도 못한, 아니 바라지도 않은 찬사를 한 몸에 받았고, 주위의 모든 이들을 유쾌하고 관대한 마음으로 대했다.(23장, 325쪽)

일말의 감상이나 억지스러움 없이 인물의 변신을 끌어내

다니 정말 대단하다며 타마르는 제인 오스틴에게 진심 어린 찬탄을 보냈다. "현실도 마찬가지인 것 같아." 나는 타마르에게 이야기했다. "우리가 그냥 노력한다고 달라지는 건 아닌가 봐. 우리를 사랑하는 사람들로부터 우리 자신을 사랑하는 법을 배워야 달라지겠지." 앤 엘리엇에게 일어난 일처럼 말이다. 켈린치를 떠나 어퍼크로스에 도착한 순간부터 앤은 아버지 집에서 한 번도 받아보지 못한 총애를 받고 조금 있으니 사랑까지 받는다. 주위로부터 받는 존경은 곧 그녀의 성격과 기질을 긍정한다는 신호였으니 그녀의 자신감이 차오르는 것은 당연하다마다. 바스에 도착한 앤은 아버지의 영지인 켈린치 홀을 떠날 때의 그 하찮은 존재가 아니다. 사랑이 그녀를 변화시켰다. 나는 제인 오스틴이 그렇게 믿고 있었다고 믿어 의심치 않는다. 앤의 의지를 벼려낸 힘은 인간을 변화시키는 사랑에서 온 것이다. 십인십색인 다른 여주인공들의 경우도 마찬가지이고.

타마르와 나의 생각이 모든 점에서 일치한 것은 아니었다. 오스틴이 조카에게 쓴 어느 편지에서 이 주인공이 "나한테는 지나칠 정도로 훌륭하다"고 말한 것을 읽은 적이 있다. 타마르는 이 말에 동의하는 쪽이었는데 나는 아니었다. 타마르가 히브리어 잠언 한 줄을 읊어주더라. 냄새와 맛에 관해선 언쟁해봐야 소용없다. 그래서 우리는 합의하지 않기로 합의했다. 그래도 되는 게 우정 아닌가.

기차역에서 타마르와 작별 인사를 나눈 때로부터 2년 뒤에 텔아비브에서 행복한 재회를 가졌다. 히브루 대학교를 졸업한 손녀를 만나러 이스라엘로 건너간 나를 만나자마자 타마르가 경과 보고를 요구하더라. 잘되어간다고, 역사적 배경과 문학적 맥락을 더 신중하게 검토하면서 작품들을 다시 읽고 있다고 알려주었다. 오스틴의 소설을 이해할수록 내 인생을 바라보는 새로운 통찰이 생기는 느낌이었다. 그렇지만 우리가 경험한 함께 읽기보다 더 뜻깊은 것은 없었노라고 타마르에게 한 나의 말은 진심이었다. 그때의 경험이 내 의식 속에 두 번째 기회라는 발상을 심어주었고 그로 인해 지난 수년에 비해 더 행복한 자리에서 내 갈 길을 가고 있었다. 나는 이제 오직 나 자신의 설득에만 귀를 기울일 수 있게 되었다.

제인 오스틴과 나와 타마르, 셋이서 보낸 시간이 어떤 기억으로 남았느냐고 물었더니, 타마르는 더 바랄 나위 없는 대답을 돌려주었다. 짧은 시간이었지만 그녀도 나처럼 세상을 보고 세상을 살아가는 새로운 방법을 배운 것 같단다. 그래서 우리 이야기의 결말은 어찌 되었을까? 타마르는 부모를 보는 시선에 변화가 생겼더라. 비록 순종이 몸에 밴 여성이었지만 사랑을 베풀고 곁을 내준 분으로 어머니를 기리게 되었고, 아버지에 대해서는 그의 자만과 권위를 그만 미워하고 더 나은 면모를 기억하려고 노력하고 있었다. 자신에게 유익한 것에 반해 행동하라는 꾐에 절대로 넘어가지 않으리라는 그녀의 결심이 옳았다는 건 그녀의 서사로 입증되었으니, 그녀의 행복 지수야 말해 뭐 하겠는가. 내 이야기의 결말은 과거에 대한 긍정이라기보다는 새로운 시작의 예고에 가까웠는데, 텔아비브에서 재회할 당시에는 이미 출발선은 넘어갔다고 봐야겠지. 『설득』을 함께 읽는 동안 내 안에서 두 번째 기회라는 발상이 꿈틀대기 시작했다. 아마도 그때 어떤 신기방기한 것의 도래를 알리는 팡파르가 내 귓전을 울리지 않았나 싶다.

줄거리

『설득』

작위에 대한 집착, 지위에 걸맞은 씀씀이를 못 버리는 월터 엘리엇 경의 낭비벽으로 인해 부득이 사랑하는 켈린치 홀을 세주고 떠나게 된 지금 앤 엘리엇의 나이는 스물일곱 살이다. 두 살 위인 언니 엘리자베스가 아버지의 편애를 받는 데 비해 둘째인 앤은 생판 남인 클레이 부인보다도 가족들에게 존재감이 미미하다. 아버지와 맏이가 용모부터 허영에 가득 찬 성격까지 빼닮았다면, 앤은 돌아가신 어머니의 상냥하고 차분한 성품을 물려받았다. 어머니의 절친한 친구 레이디 러셀이 유독 앤에게 정이 깊은 건 그런 까닭이다. 가족들이 먼저 바스의 새집으로 떠나고, 앤은 근방에서 결혼해 살고 있는 동생 메리의 치다꺼리를 해주러 어퍼크로스로 향한다. 그러나 켈린치 홀에 들어오는 세입자가 크로프트 제독이라는 말을 들은 이후로 마음은 심하게 동요하고 있다. 하필이면 앤이 열아홉에 만나 사랑에 빠진, 그러나 서로에게 불운한 결혼이 될 거라는 레이디 러셀의 강력한 반대로 헤어지게 된 프레더릭 웬트워스의 누이와 매형이라니. 그를 잃은 고통으로 앤은 지난 8년간 미모와 생기와 젊음을 잃은 처지이지만, 자신이 사랑하는 켈린치 영지를 그가 걷는다는 생각에 가슴이 두근거리는 것도 어쩔 수가 없다.

앤의 예상대로 두 사람은 얼마 후 어퍼크로스에서 재회한다. 8년 만에 만난 그는 전쟁에서 공적을 쌓은 해군 대령으로 재산으로나 사회적 지위로나 꿀릴 게 없는 신랑감이 되어 있다. 앤의 사돈인 머스그로브 부부에게는 군에서 죽은 아들을 챙겨준 고마운 은인이고 사돈처녀들인 루이자와 헨리에타 자매는 대령에게 열렬하게 반한 눈치이니, 앤이 어퍼크로스에서 지내는 동안은 그와의 잦은 만남을 피할 도리가 없어 보인다. 웬트워스 대령은 그녀가 "너무 변해 알아보기조차 힘들다"지만 마음에서 그를 지운 적이 없는 앤에게는 그의 목소리도 성품도 예전 그대로인 것만 같다. 선을 긋는 냉랭한 말투와 달리 앤에게 도움이 필요할 때 은근히 손을 내미는 그의 행동은 순수한 우정으로 보아야 마땅할 텐데, 그래서 기쁜 건지 괴로운 건지 앤의 마음은 연신 갈팡질팡한다.

그러던 차에 어퍼크로스에서 반나절 거리인 한적한 바닷가 마을에 웬트워스 대령의 친구 하빌 대령이 머물고 있다는 소식에 다 같이 라임 나들이에 나선다. 웬트워스 대령의 친구들인 하빌 대령 부부, 하빌의 여동생과 약혼했지만 얼마 전 사별한 벤윅 대령과 어퍼크로스 일행이 밤늦도록 우정 어린 교분을 나눌 때까지만 해도 좋았는데, 다음 날 바닷가에서 대령의 품으로 뛰어내리는 재미에 흥분한 루이자가 그만 낙상으로 의식을 잃는 사고가 발생한다. 모두가 혼비백산한 와중에 앤은 침착한 위기 대처 능력을 보여주고, 루이자를 간호할 몇 명을 라임에 남겨둔 채 어퍼크로스로 돌아온다. 이 1박 2일의 나들이는 여러모로 중대한 전환점이 될 수밖에 없는 것이, 입으로는 앤 엘리엇과는 끝난 사이라던 웬트워스 대령이 앤의 "다정다감하면서도 강인한 성품"에 다시금 감동하고 재회 후 처음으로 앤에게 직접 말다운 말을 걸었기 때문이다. 레이디 러셀 외에는 변변한 친구가 없던 앤으로서도 상실의 슬픔을 공유하는 벤윅 대령과 대화다운 대화를 나눌 수 있었고, 새삼 웬트워스와 헤어짐으로써 자신이 놓친 것들에 아쉬움이 느껴진다. 그리고 하나 더, 앤의 친척인 엘리엇 씨의 의미심장한 등장이다. 어딘가 계산된 듯한 그의 접촉과 그걸 또 놓치지 않는 웬트워스 대령의 시선은 바스에서 전개될 이들의 연적 관계를 다분히 친절하게 예고하고 있다.

루이자의 부상에 책임감을 통감하는 웬트워스 대령을 뒤로하고 앤은 레이디 러셀의 집에 머물다가 바스로 향한다. 레이디 러셀은 여전히 앤에게 가족보다 나은 존재이지만, 프레더릭과의 재회, 라임의 일들을 겪은 지금 앤은 전처럼 부인과 허심탄회한 대화를 나누게 되질 않는다. 바스의 사교 생활에 분주한 가족들을 다시 만났을 때도 앤은 그들에게 휘둘리지 않는 자신의 변화를 실감한다. 바스 생활이 지옥 같으리라던 앤의 예감은 완전히 빗나간다. 앤에게도 바스는 뜻밖의 만남과 기대와 흥분의 연속이다. 라임에서 스쳐 간 엘리엇 씨를 만났고, 그새 월터 경과의 불화를 씻고 신망을 얻은 이 친척의 번듯한 매너와 호의가 앤도 썩 싫지만은 않다. 오래 전 어머니를 잃은 앤을 보듬어준 고마운 학교 동창생 스미스 부인과의 재회는 더더욱 반갑다. 가난하고 병든 과부가 된 친구와 앤은 과거보다 더 돈독한 우정을 쌓아가기 시작한다. 그래도 내심 웬트워스와 루이자의 소식이 궁금해 견디기 힘들 때쯤, 루이자와 벤윅 대령의 약혼이라는 깜짝 소식을 전하는 메리의 편지가 당도하고 이어 우연히 마주친 크로프트 제독이 그 사실을 한 번 더 확인시켜 준다. 그리고 드디어 웬트워스 대령이 바스에 나타난다. 그의 늠름하고 당당한 풍채는 앤에게는 애타는 갈망을, 그를 무시했던 앤의 가족들과 레이디 러셀에게는 보복의 일격을 가한다.

앤의 한결같은 애정을 모르는 웬트워스 대령이 엘리엇 씨를 향한 질투심에 괴로워할 무렵, 의외의 곳에서 아군이 등장한다. 앤의 소중한 친구 스미스 부인이 엘리엇 씨와의 질긴 인연과 유산을 노린 그의 속셈을 폭로해준 것이다. 덕분에 꺼림칙한 한 쌍 엘리엇 씨와 클레이 부인이 가고 대신 바스는 어퍼크로스의 인연들로 북적이기 시작한다. 머스그로브 부인과 헨리에타, 메리와 찰스 부부, 하빌 대령과 웬트워스 대령, 거기에 크로프트 부인까지 합세한 이 무리를 앤은 마음으로 '친구들'이라고 부른다. 그들이 들락날락하는 화이트 하트 여관은 전체 24장 중에 23장에 이르도록 시선 교환과 짧은 대화에 그치던 과묵한 앤과 프레더릭에게 진심을 토로할 공간이 되어준다. 남자의 강인한 지조를 설파하는 하빌 대령에게 앤은 희망이 사라진 뒤에도 더 오래 사랑하는 여성의 경험을, 가슴이 두근댈 만큼 열정적으로 선언하고, 방 한쪽에서 잠자코 듣고 있던 웬트워스 대령은 두 번째 기회를 달라는 간청으로 앤에게 열렬히 화답하는 편지를 남기고 방을 나선다. 편지를 읽은 앤이 웬트워스 대령을 쫓아 바스 거리를 헤치며 걷는 장면은 어쩌면 오스틴 소설 전권을 통틀어 가장 역동적인 장면일 것이다. 앤의 고백은 하빌 대령과 웬트워스 대령을 향한 설득일 것이고, 세상을 향한 고백일 것이다. 앤과 프레더릭의 사랑은 두 사람에게도 그렇지만 이들을 축복할 첫 번째 기회를 날려버린 사람들, 예컨대 레이디 러셀 같은 이에게도 두 번째 기회가 되었겠고, 불운한 스미스 부인에게도 행복을 되찾을 두 번째 기회가 되었겠다.

나가며

마땅히 받아야 할 몫 이상의 행복을
받아들이는 법을 배워야 하겠지요.

제인 오스틴
『설득』, 23장, 328쪽

선물

좋은 뜻에서 책을 선물로 받았는데 간혹가다 그 의미가 불가사의하게 느껴지는 때가 있다. 사람마다 다르겠지만 나는 그것을 섭리라고 생각하는데, 섭리라는 것이 내 의식 안에 상주하기 때문일 것이다. 이 선물을 어떻게 받아들여야 하나 당장은 알 듯 말 듯 하다가 수년을 돌고 돌아서야 인생에서 그것의 자리가 밝혀지기도 한다. 불의의 교통사고로 세상을 떠난 내 친구 디어드리는 나에게 그런 책을 선물하고 갔다. 영혼의 결합을 갈망했으나 결실을 맺지 못한 로맨틱 판타지 같은 그녀의 이야기는 여성의 삶이라는 커다란 피륙의 한 조각이다. 나는 그 피륙에서 풀어낸 실을 가져다가 이 책을 쓰고 있는 것이겠고.

　길지 않은 생을 사는 동안 디어드리는 학대의 고비를 몇 번이나 넘겼는지 모른다. 아버지는 가족을 내팽개치고 어머니는 자기의 구멍 난 인생을 이유로 딸에게 체벌을 가했던 모양이다. 어머니의 폭력을 피해 도망친 할아버지 집에서 어린 나이에 성추행을 당하고 다시 그곳을 뛰쳐나와 맞닥뜨린 것이 하필이면 불한당 같은 남편이었지만 이번에도 어찌어찌 그의 손아귀에서 빠져나왔다. 디어드리가 보여준 용감함에 나는 한없이 감사하고, 그녀의 마지막 기회를 앗아 간 이 죽음이 언제까지고 애통할 것이다.

　디어드리가 나에게 선물한 책은 『바다의 선물』이라는 앤 모로 린드버그의 에세이집이었다. 꿈과 현실을 타협하고자 노력하며 살아온 나에게, 아니 나와 디어드리에게 여러모로 도움되는 메시지를 전하고 있었다. 저자인 린드버그의 어린 아들이 납치 살해 당한 악명 높은 사건으로부터 20년 뒤에 쓰인 이 얇은 책에는 조가비에 관한 여덟 편의 단상이 실려 있다. 바닷가에서 머문 고독한 한때에 저자는 우연히 발견한 조가비들의 모양새를 관찰하다가 거기에서 연상되는 자기 삶의 모양새로 사색의 범위를 확장해간다. 가벼운 분량임에도 현대 여성이 겪는 위압적인 경험과 자연물에 대한 아름다운 고찰이 커다란 은유의 포물선 안에 매끄럽게 짜인 시적인 글이다. 1970년대 말에 책의 재출간을 기념하여 린드버그는 이런 말을 남긴다.

> 집안을 돌보느라 한참 바빴던 20년 전에 출간한 이 책을 바라보면 무엇보다 놀랍다는 감정이 앞선다. 나 자신의 문제를 해결해보려 썼던 에세이가 수많은 여성의 공감을 얻는 걸 보고 느꼈던 당시의 놀라움은 세월이 지나도 옅어지지 않는다.(149쪽)

나는 린드버그의 말에 어느 때보다 더 깊이 공감이 간다. 나 역시 나 자신의 문제를 해결해보려 이렇게 글을 쓰고 있지만, 이 글이 다른 여성들, 특히 남녀 간의 불평등한 관계를 고심하고 권력과 통제가 존속하는 이유를 질문하는 여성들에게 도움이 되기를 바라고 있기 때문이다. 더는 나 자신이 프루프록의 분신으로 느껴지진 않는다. 내도록 우물쭈물하던 내가 드디어 뭔가에 엄두를 내는 순간이 온 것이고, 그리하여 독서 치유라는 귀한 선물을 다른 이들과 공유할 용기를 내게 되었으니 말이다.

여성이 자율을 원한다는 이유로 오명을 쓰는 일은 우리 세대로 끝일 줄로만 알았다. 우리 딸들 세대에는 여성들이 안심할 수 있을 거라고, 기적적으로 여성의 생식계에 대한 자기 결정권을 가지게 되리라고 기대해 마지않았다. 임신과 출산 없는 섹스! 피임약의 등장이 가져다준 안도감의 기억이 지금도 손에 잡힐 듯이 생생하다. 중절이라는 단어가 더 이상 임신의 중단이 아니라 매달 엄습하던 불안감의 중단을 뜻한다고 생각하니 얼마나 마음이 놓이던지. 하지만 미투 운동의 극적인 부상으로 밝혀진 우리 뒷세대의 경험들은 저런 믿음이 얼마나 안이한 착각이었는지 반증하고 있더라. 이들의 경험과 나란히 놓고 보면 사사로운 행복에 집착하는 내 모습이 배부른 투정으로 보일 지경이다.

오랫동안 알고 지낸 어떤 여자는 결혼 생활을 뛰쳐나가는 나를 보고 대관절 무슨 까닭으로 내 인생에 두 번째 기회가 필요하다고, 아니 더 정확하게는 내가 두 번째 기회를 가질 자격이 있다고 생각하느냐고 물어 온 적이 있다. "이왕에 풍족하게 누리고 살잖아요. 그걸 최대한 이용해야 하지 않겠어요?"라면서.

그냥 묵살하자니 내가 가장 저조했던 시기에 좋은 말벗이 되어주었던지라 이이가 느끼는 윤리적인 모호함을 진지하게 풀어주는 게 도리인 듯 싶었다. 무슨 뜻으로 하는 말인지는 알아들었다. 제인 오스틴처럼, 앤 모로 린드버그처럼, 디어드리를 비롯해서 내가 아는, 그리고 사랑하는 대부분의 여성들처럼 나도 비교적 특권을 누리며 살아왔다. 우리가 뭐라고, 내가 뭐라고, 이미 인생에서 좋은 패를 풍성하게 받아 누리고도 두 번째 기회를 또 원하느냐는 말이겠지? 모든 것은 상대적이라고 발뺌할 수도 있었겠지만, 그런 말은 너무 공허한 것 같았다. 그래서 그녀에게 예순 살 생일날 있었던 일과 영혼의 요구를 몸이 나서서 알려야 했던 갑갑한 현실을 이야기했다. 아울러 내게는 내 영혼을 챙길 권리가 있노라는 말도.

박식가 앤서니 그레일링은 지식을 탐구하는 방법과 관련해서 열두 가지 문제가 있다고 이야기하는데, 그중에 핀홀 문제라는 것이 있다. 말하자면 우리는 우리의 시야를 제한하는 경험의 좁은 구멍을 통해서 바깥을 내다볼 수밖에 없다는 것이다. 핀홀을 통해 보면 현재의 삶에 불만이 없고 심지어 성취감을 느끼는 여자들이 보인다. 린드버그에게도 그런 이들이 보였다.

> 겉보기에 그들은 나보다 훨씬 더 훌륭하게 삶을 살아가는 듯했다. 잘 빚은 도자기처럼 매끄럽게, 빈틈없이 흘러가는 그들의 완벽한 나날을 나는 부러움과 경탄 어린 눈으로 관찰했다. 그들의 삶에는 아무런 문제도 없었던 것일까, 아니면 이미 오래전에 해답을 찾아낸 것일까?(14쪽)

나는 완벽한 가정을 꾸려가는 것처럼 보이는 수많은 여성들을 곁눈질하지 않으려고 노력한다. 어쩌면 거기에도 약간의 오해나 눈속임이 있을지 모르는 일이고 설령 아니라 하더라도 내가 그들을 부러워할 이유는 전혀 없다. 내 감정의 혼란은 내 지난 경험의 한 요건인 것이고 그런 의미에서 나라는 사람의 고유한 현실을 이루는 일부분이 되었으니까.

그런 여성들이 있는가 하면 세상을 뒤흔든 강고한 의지의 여성들이 있다. 소설을 통해 조심스러우나 신랄하게 세상을 동요시킨 제인 오스틴이 있었고, 저술과 삶 양쪽 모두에서 당대 사회의 존립 기반에 파문을 몰고 왔던 메리 울스턴크래프트가 있었다. 그리고 그들 외에, 오스틴처럼 재능이 있지도 못하고 울스턴크래프트처럼 대담하지도 못한 우리들이 있다. 단지 우리 인생의 정형화된 패턴을 바꾸고 싶은 소박한 욕구를 가진 우리들 말이다. 솔직히 이미 어지간한 축복을 누리지 않느냐고 묻는다면 차마 부인하기는 어렵겠다. 그러나 개인적이든 문화적이든 이유가 어떤 것이든 우리가 누리는 축복에는 제인 오스틴의 『에마』에서처럼 가정법이 전제되어 있다. 세상만사가 에마에게 유리하게 돌아가는 '것처럼 보이는' 상황일지라도 실상은 보이는 그대로가 아니라고 오스틴의 언어와 상상이 귀띔해주지 않던가. 에마는 그렇게까지 축복을 한 몸에 받은 사람이 못 된다. 핀홀로 보이는 세상 바깥에 놓인 것까지 보는 능력은 못 가졌으니 말이다. 대신에 오스틴은 이 인물에게 두 번째 기회를 준다. 완벽하지 못한 여주인공의 완벽한 소설은 그렇게 탄생하더라.

두 번째 기회

내 두 번째 기회가 시작된 기점이 언제라고 정확히 꼬집어 말하기는 어렵다. 나흘 밤에 걸쳐 타마르와 『설득』을 함께 읽을 때였던 것도 같고, 제인 오스틴 학회 바우럴 지회의 정회원이 되었을 때였던 것도 같다. 아니면 제인 오스틴 학회 오스트레일리아 지회장 수재너 풀러턴의 초청 강연을 듣고 오스틴의 자유 간접 화법에 눈을 떴을 때였을까? 혹은 내가 드디어 자신감을 가지고 제인 오스틴 소설 읽기에 대한 내 나름의 접근법을 연구해서 바우럴 지회 회원들이나 시드니의 더 많은 청중 앞에 발표자로 나섰을 때였는지도 모르겠다.

어쩌면 그런 것보다 더 일찍 시작된 일이었을까? 제인 오스틴의 소설을 학생들에게 읽힌다는 교사와의 우연한 만남을 계기로 독서와 삶의 상관관계에 대한 관심이 촉발되고 그 미소한 관심이 점점 우람해졌더랬다. 마침 브라운 서점 주인장이 멍석을 깔아준 김에 도서 간담회 시리즈를 기획하고 진행했을 때는 세상이 나에게 다시 방긋 웃어주는 것 같았다. 그 시리즈의 하이라이트는 정치적 박해로부터 작가들을 보호하는 데 앞장서는 국제펜클럽(PEN)의 오스트레일리아 지회장 니컬러스 호제이가 주재하고 시인 데이비드 맬러프와 동화작가 리비 글리슨이 패널로 참여했던 인권과 문학에 관한 토론회였다. 그렇게 진지하고 취지가 분명한 대화에 참여하고 있으니 내 안에도 다시 활기가 도는 기분이었다. 불과 10년 전만 해도 넓은 세상과는 영영 연결이 끊어진 줄로만 알았는데, 잃었다고 생각했던 것을 그렇게 다시 찾아가고 있었다.

독립해서 살기로 마음먹었으면 앞으로는 내가 따를 규칙은 내 손으로 정해야 한다고 생각했다. 첫 번째 봄을 놓쳐버린 앤 엘리엇의 이야기를 읽기 한참 전에 나도 설득을 당해 마음을 고쳐먹은 과거를 잊지 않고 있었다. 그래서 이번에는 때로 가슴 아픈 순간들이 생기더라도 참아가며 실용적인 목적 이외에는 누구누구의 아내로 지냈던 시드니의 이전 생활과 거리를 유지했다.

별거로 우리 두 사람 다 생활 방식이나 인간관계에 있어서나 변화가 찾아왔다. 그런데 변화에 웬만큼 적응이 되었는지 가끔 전화 연락 정도는 주고받을 수 있게 되더라. 얼마쯤 지나고부터는 다시 가족의 일원으로 얼굴을 마주하기 시작했다. 맏손자의 생일 겸 그 애 부부에게 곧 태어날 아기의 출산을 축하하는 가족 모임이니 피차 안 가볼 수가 없었다. 생일 맞이 점심을 하러 베르마의 맥파이 카페에서 만났던 날부터 우리 사이의 얼음이 녹는 조짐이 보였다. 대화가 원만하게 풀리다가 정답게 헤어졌다. 조만간 우리의 첫 증손주가 세상에 나올 터였다. 운명을 공유하는 인간 대 인간으로 우리 사이에 다시 대화의 물꼬가 트였다.

시간이 지날수록 관계가 눈에 띄게 달라지고 있었다. 전화 통화가 잦아지고 가끔 주말에 얼굴을 대해도 분위기가 화기애애했다. 내 일상에 시시콜콜 간섭받지 않고 독립적인 생활을 유지하기만 한다면, 이런 관계가 그쪽에게나 내 쪽에게나 나쁘지 않을 수 있겠다는 생각이 들었다. 별거 3년 차에 런던에서 가족 상봉이 이루어졌다. 화창한 여름날 우리가 차를 몰고 향한 곳은 『버드나무에 부는 바람』, 『보트 위의 세 남자』, 『폴리 씨의 역사』와도 관계가 있고, 문학사적 인연이 깊은 템스강 변의 레스토랑이었다. 래티*였다면, 참 행복하다고 말했을 법한 시간이었다. 함께 찍은 사진 속에서 강 풍경에 작별 인사를 하는 나는 스티비 스미스**의 섬뜩한 시에 나오는 그 사람처럼 물에 빠져 허우적대고 있는 것이 아니었다. 나는 분명 손을 흔들고 있다. 게다가 미소까지 지으면서.

이듬해 남편이 자기가 사는 아파트 건물에 매물이 나왔다는 말을 전하러 전화를 걸어왔다. "상태가 썩 좋지는 않아, 그래도 침실에서 하버 브리지가 보인다네." 이 말에 내 심장 박동이 빨라졌다. 언제가 될지는 몰라도 내 창문에서 하버

---

* 『버드나무에 부는 바람』에 나오는 물쥐.
** Stevie Smith. 1930~1960년대까지 활동한 영국의 시인 겸 소설가. 죽음과 고독에 관한 여러 작품들 가운데 「손을 흔드는 게 아니라 물에 빠져 죽어가고 있는 Not Waving But Drowning」이 대표작으로 꼽힌다.

브리지를 보는 날이 올지 모른다고 생각하니 마음이 들썩거렸다. 서던하일랜즈의 보금자리를 떠날 생각은 없었지만 닥쳐올 노후에도 신경이 안 쓰이는 건 아니었다. 계약이 성사됐다는 소식이 퍽이나 반가웠다.

그러다 보니 여기까지 오게 되었다. 4년 뒤에 나는 랜턴힐에 작별을 고했다. 남편과 나는 사회 인류학을 공부하는 손녀딸이 가르쳐준 이른바 'LAT족' live-apart-together 으로 따로 살면서 함께하는 생활을 해볼 참이었다. 나는 내 집에서 하버 브리지 풍경을 보며 아침을 시작하고 하루의 글쓰기를 마친 뒤에는 남편이 사는 집으로 건너가서 그가 차려놓은 저녁밥을 같이 먹는 식이었다. 아직까지 잘 굴러가는 걸로 봐서 장기적인 해법으로도 나쁘지 않겠다 싶다. 작정하고 제인 오스틴의 소설을 파고들어보겠다는 내 포부를 실행하기에도 적합해 보였다. 오스틴이 세상에 내놓은 신념과 가치 들을 발견한 덕분에 내 인생에 평화가 찾아왔으니 어떻게든 이 작가에게 은혜를 갚고 싶었다. 위기 상황을 헤쳐 나가거나 관계를 형성하는 데 있어서 요즘 젊은 세대에게도 제인 오스틴의 소설이 유의미하다는 변론을 펼치고 싶고, 공적인 담론이 되기에 충분한 증거를 제시하고 싶었다. 막상 하려니 진지한 연구 프로젝트가 될 것 같아서 과연 내가 해낼 수 있을지 의구심이 들기도 하더라마는, 나의 제인 오스틴 사랑을 알고 있는 모든 이들의 격려와 지지 속에서 내 오스틴 프로젝트는 서서히 구체화되었다.

2015년 초 울랄라Woollahra의 어느 카페에서 가지를 넓게 펼친 늦여름 플라타너스 그늘 밑에 앉아 30년 만에 만나는 어떤 이를 기다리고 있었던 것도 다 그 프로젝트 때문이었다. 그이를 알아보기는 할는지 자신이 없었는데, 눈동자 색과 똑같은 파란 수레국화 빛깔의 드레스를 입고 걸어오는 그 호리호리한 몸집은 영락없이 로즐린이었다. 로즐린과는 과거에 스친 인연이 있었다. 이스라엘 생활을 정리하고 시드니로 돌아왔을 때 영어 교사를 위한 교수법 강의를 듣고 많은 영감을 받았더랬다. 나는 교육 상담 전문가로서 그이의 조언을 구하려고 접촉했는데 그이는 너그러운 친구처럼 내 요청을 받아주었다. "커피 한잔 하면서 설명을 들어봅시다. 어떤 이유에서 제인 오스틴과 공감을 박사 논문 주제로 삼고 싶은 것인지."

일단 어느 관심 분야에 발을 들이면 그와 관련된 것들이 사방에서 모습을 드러내기 마련이다. 가령 파란색 자동차를 구입한다 하면, 도로가 온통 파란색 자동차로 가득 차 보이지 않나. 구체적인 방법은 아무것도 모르는 채로 무작정 제인 오스틴과 공감을 연결하는 것을 연구 과제로 설정했는데, 그러자 곧바로 공감 지능의 전문가인 로즐린에게로 생각이 이어지더라. 당연히 그런 접근이 가능하고 더 나아가서 연구

해볼 가치가 있겠다며 로즐린이 나를 안심시켰다. 그이의 격려에 힘입어 나는 시드니 대학교 교육 대학의 박사 과정에 지원해 합격했다.

다시금 캠퍼스의 사이언스 로드를 거닐고 쿼드랭글을 돌아다니자니 다소 어색한 감이 있어도 기분은 좋았다. 여기저기에서 변화가 눈에 띄었다. 디지털화된 도서관, 학습 지원 센터, 성 중립 화장실이 생겼고, 한때 초대받은 남학생들만 들락거릴 수 있었던 식당들은 사라졌으며, 학생들은 더 이상 배타적인 앵글로색슨계 백인 일색이 아니었다. 나는 어디를 가든 격려와 지지를 받았다. 여든넷이라는 나이 자체가 사람들의 이목을 끌었다. 대학원생들의 리서치 지도를 담당하던 사서 크리스틴은 자기 직무 범위 이상으로 나를 도와주었다. 리서치 방법론 강의를 같이 듣던 젊은 학생들은 학교 교육 과정에 제인 오스틴의 소설 읽기를 접목할 방법을 연구한다는 내 아이디어에 상당한 관심을 보여주었다.

순풍에 돛 단 듯 흘러갔다고는 말하지 못하겠다. 통상적인 기간보다 1년이 더 걸렸고, 첫 번째 지도 교수와 공감대가 형성된 줄 알았다가 끊어지는 괴로움도 맛보았다. 하지만 그런 실망에도 불구하고 과제를 완수할 수 있도록 동행해준 일군의 천사들이 있었다. 효심도 효심이려니와 연구 학위의 정치적 생리를 냉철하게 이해하는 딸아이는 내가 혼자 좌초하지 않도록 신경을 써주었고, 나의 논지와 전달 방식에 신뢰를 잃지 않은 부지도 교수는 불신의 위기를 헤쳐 나가는 지원군이 되어주었고, 후임 지도 교수는 전문적 식견과 지혜로 4년에 걸친 내 연구의 장점을 존중하고 그것을 논문으로 발전시키도록 이끌어주었다. 이들 덕에 내 논문은 두 명의 심사위원으로부터 젊은 세대의 제인 오스틴 독서 학습에 커다란 기여를 했다는 평가를 받았다. 조간 신문에 '널리 인정받는 루스'라는 제목으로 88세 박사 학위 지원자의 성공 사례가 소개되었을 때는 쏟아지는 찬사와 덕담에 몸 둘 바를 모르겠더라. 아버지 추도식에서 낭송한 「시편」의 구절마따나 내 잔이 넘치고 있었다. 아버지가 살아 계셔서 그 잔을 같이 나눌 수 있다면 얼마나 좋았을까.

    나에게 박사 연구는 학문적인 탐구 이상의 의미가 있었다. 그것은 평생에 걸친 내 독서 여정이 예순부터 아흔 코앞까지 근 30년간의 마무리 단계에서 잘 결과를 맺었다는 의미였다. 사라진 『노생거 수도원』을 다시 구입하러 언덕을 걸어 내려가던 그날 혹여라도 누가 나더러 제인 오스틴 독서와 관련해 장차 유의미한 논문을 쓰게 될 거라고 말했다면 필경 잠꼬대 같은 소리라고 웃어넘겼을 것이다. 그런데 그로부터 대략 20년이 흐른 지금, 나는 오스틴 소설 속에서 대단원을 맞이한 등장인물이 된 기분이다. 소설의 마지막 장을 덮을 때 패니 프라이스의 심정 같다고 할까. 『맨스필드 파크』의 화자는 그간의 죄와 불행을 곱씹는 데 연연하지 않고 그저 패니와 에드먼드를 행복한 삶으로 인도하는데, 나도 덩달아 인도받은 심정이다.

나의 오스틴 오디세이에 이런 식의 해피 엔딩이 찾아올 줄 꿈엔들 알았을까. 홀로서기를 결심할 당시만 해도 그 결심이 불러일으킨 감정의 격류 속에서 내 마음도 사정없이 요동치고 있었다. 그러다가 서서히 그런 요동이 가라앉고, 한 해 두 해 넘기면서 더는 흔들리지 말자고 마음을 다잡았고, 차츰 더 적극적인 생활로 돌아갈 수 있었다. 오디세우스와 다르게 나는 마침내 평화로운 가정으로 귀환했다.

남편과 나는 각자의 거주지를 따로 두고 저녁을 같이 먹는 생활을 하고 있다. 함께 있는 시간은 최대한 대화에 활용하는 편인데, 60대에 접어든 자식들, 자리를 잡아가는 손주들, 독서 취향을 길러주느라 정성을 들이고 있는 여덟 명의 증손주들까지 있고 보니 대홧거리가 끊이지 않는다. 공포와 재미를 반반씩 안기는 세상 돌아가는 사정들도 이야기하고, 오다가다 제인 오스틴과 관련한 최신 뉴스 같은 것들도 화제에 오르곤 한다.

지금 내 인생은 경쾌하고 밝고 반짝거리고 있을까? 아무래도 그럴 때가 많다고 봐야겠지. 물론 파란 하늘 뒤에 구름이 도사리고 있다는 것도, 그게 단지 기후 변화 때문만은 아니라는 것도 알고 있다. 그러니 목가적인 풍경은 아니다. 꼭 그래야 하는 것도 아니고. 살면서 나는 한 번도 엘리자베스 베넷이었던 적이 없고 내가 결혼한 남자 역시 다아시 씨였던 적이 없다. 소설이 우리에게 보여주는 것들은 가능성의 영역이고, 현실의 우리는 우리 나름의 선택을 내리고 이럭저럭 그 선택을 감수하며 살아가는 법을 배운다. 그렇게 보면 내가 한때 나의 남주인공으로 착각했던 사람, 그러나 먼 길을 돌고 돌아 결국 나의 친밀한 동반자가 된 사람과 따로 또 같이 사는 지금의 내 인생에는 소중한 우정이 있고 사랑하는 사람들이 있다. 남편과 내가 공유하는 관계도 있고 애정의 방향이 갈라질 때도 있다. 그러나 이런 것들보다 나한테 더 중요한 건 '정녕 진실로' 만족스러운 인생을 꾸려갈 두 번째 기회가 주어졌다는 사실이다. 그리고 그것을 이루어준 일등 공신은 지금도 내 책상에 앉아 있는 나의 길잡이 제인 오스틴이다.

제인 오스틴 독서 요법

삶의 행복을 강화하기 위한 복합 처방전
면허 소지자: 문학 약사 제인 오스틴

부작용: 새로운 통찰로 인한 일시적 불편감
 (깊은 성찰을 통해 완화될 수 있음)

복용법: 몰입 독서를 통한 섭취, 횟수 제한 없이 반복 섭취 가능
 추천 연령대는 하단에 표기

『노생거 수도원』
청소년기 질환에 효과적인 치료제

증상: 망상, 충동적 행동
치료: 상상력, 친구 관계에 내재된 함정 등에 관한 사유를 접할 것
용량: 15세부터 18세까지는 연 1회, 이후에는 원할 때마다
부작용: 위선을 인식하는 데 따른 불편감
효능: 참된 우정과 거짓된 우정의 감별 능력 강화

『에마』
통증 증가에 효과적인 치료제

증상: 특권 의식의 과잉, 취약성 부인
치료: 경계와 정신적 포용에 관한 사유를 접할 것
용량: 18세부터 23세까지는 연 1회, 이후에는 원할 때마다
부작용: 자기반성에 따른 불편감
효능: 경계에 대한 명확한 인식, 현명한 사랑이 발달함

『오만과 편견』
속앓이에 효과적인 치료제

증상: 변덕스러운 판단, 균형감 부족
치료: 진취적 기상, 증거 중심 판단에 관한 사유를 접할 것
용량: 10대에 1회, 평생 연간 1회
부작용: 판단 오류에 따른 부끄러움으로 인한 불편감
효능: 유머 감각 회복, 판단 감각 향상, 회복 탄력성 강화

『이성과 감성』
어지럼증에 효과적인 치료제

증상: 변덕, 극심한 기분 변화
치료: 이성과 균형에 관한 사유를 접할 것
용량: 20대 초반에는 5년 주기로 반복, 원할 시/필요할 시에는 더 자주
부작용: 구습을 끊어내는 데 따른 불편감
효능: 정서적 안정감 강화

『맨스필드 파크』

불안증에 효과적인 치료제

증상: 주위 사람들과의 소통 감소, 감정적 경련
치료: 도덕적 행동, 사회적 행위의 윤리성에 관한 사유를 접할 것
용량: 20대 중반에는 5년 주기로 반복, 원할 시/필요할 시에는 더 자주
부작용: 불쾌한 과거를 회상하는 데 따른 불편감
효능: 신뢰의 회복, 윤리적 기준의 확인

『설득』

기능 장애에 효과적인 치료제

증상: 활력 감퇴, 외양의 쇠퇴
치료: 긍정과 애정을 접할 것
용량: 30세부터 40세까지는 연 1회, 이후에는 원할 때마다
부작용: 잃어버린 시간에 대한 후회에 따른 불편감
효능: 진실한 삶에의 도전, 행복감 상승

감사의 말

헌사에서 밝혔다시피 나는 제인 오스틴과 그의 작품에 입은 은혜가 깊다. 내 독서 생활을 술회하면서 언급한 많은 문학 작품과 참고 도서 들에도 고마운 빚을 지었다. 개인적으로는 먼저 이 독서 회고록의 본바탕이 된 논문의 구상에 도움을 주신 로즐린 교수님에게 감사드린다. 리베카 요힝크 교수님과 올리비아 머피 박사님이라는 훌륭한 지도 교수님들, 그리고 나의 딸이기도 한 줄리아 울프슨 박사의 도움이 있었기에 버거운 박사 과정의 어려움을 헤쳐 나갈 수 있었다. 논문 심사를 맡아주신 스털링 대학교의 케이티 홀시 교수님과 애리조나 주립 대학교의 데보니 루저 교수님은 독서에 대한 관심이 이렇게 독서 회고록을 쓰는 일로 이어지는 데 알게 모르게 중요한 기여를 하신 분들이다. 제인 오스틴 학회 오스트레일리아 지회장인 수재너 풀러턴으로부터는 아낌없는 격려를, 조애나 팽글레이즈 박사로부터는 편집상의 귀중한 도움을 받았다.

편집을 맡아준 앨런 & 언원 출판사의 테사 페건스, 앨리 라보, 앤절라 핸들리, 대니엘 비에라에게도 이루 말할 수 없이 신세를 끼쳤다.

나는 가족 복이 참 많은 사람이다. 문화적 현안들을 함께 논하면서 나를 자극하고 격려해준 나의 딸들 올리비아와 로라, 요새 젊은이들의 관심사에 관해 기꺼이 할머니의 대화 상대가 되어준 나의 손녀들 제시카와 케이트, 그리고 특별히 든든한 지원과 배려로 내 글쓰기 여정에 동행해준 남편 데이비드에게 고마움을 전한다.

참고 도서 목록

여러 시기마다 에마가 작성했던
수많은 도서 목록들을 보았어요……
좋은 책들을 골라 깔끔하게 정리한,
썩 괜찮은 목록들이었지요.

제인 오스틴
『에마』, 1부, 5장

소설 『에마』에서 도서 목록을 중시하는 나이틀리 씨의 마음으로 저자가 하나하나 고른 제인 오스틴 관련 도서들을 아래에 소개한다.

제인 오스틴 전기

Austen-Leigh, J.E. (2002). *A Memoir of Jane Austen: And Other Family Recollections*, edited with an introduction by Kathryn Sutherland. Oxford: Oxford University Press.

Byrne, Paula (2013). *The Real Jane Austen: A Life in Small Things*. London: Harper Press.

Clery, E.J. (2017). *Jane Austen: The Banker's Sister*. London: Biteback Publishing Ltd.

Collins, Irene (1998). *Jane Austen: The Parson's Daughter*. London: Hambledon Continuum.

Jenkins, Elizabeth (1938/1986). *Jane Austen: A Biography*. London: Victor Gollancz Ltd.

Shields, Carol (2001). *Jane Austen: A Life*. New York: Penguin.

Tomalin, Claire (1999). *Jane Austen: A Life*. London: Vintage.

제인 오스틴과 독서

Halsey, Katie (2013). *Jane Austen and Her Readers, 1786-1945*. London: Anthem Press.

Murphy, Olivia (2013). *Jane Austen the Reader: The Artist as Critic*. London:

Palgrave Macmillan.
Wells, Juliette (2011). *Everybody's Jane: Austen in the Popular Imagination.* London and New York: Bloomsbury Academic.

제인 오스틴의 편지

Brabourne, Lord Edward (ed.) (1884). *Letters of Jane Austen.* London: Richard Bentley & Son.
Le Faye, Deirdre (ed.) (2011). *Jane Austen's Letters.* Fourth Edition. Oxford: Oxford University Press.

제인 오스틴과 작품에 관한 책

Barchas, Janine (2019). *The Lost Books of Jane Austen.* Baltimore: Johns Hopkins University Press.
Fullerton, Susannah (2012). *A Dance with Jane Austen: How a Novelist and Her Characters went to the Ball.* London: Francis Lincoln Limited.
Harman, Claire (2009). *Jane's Fame: How Jane Austen Conquered the World.* Edinburgh: Canongate.
Kelly, Helena (2016). *Jane Austen: The Secret Radical.* London: Icon Books Ltd.
Looser, Devoney (2017). *The Making of Jane Austen.* Baltimore: Johns Hopkins University Press.
Tanner, Tony (1986). *Jane Austen.* London: Macmillan Press Ltd.
Todd, Janet (ed.) (2005). *Jane Austen in Context.* Cambridge: Cambridge University Press.

제인 오스틴 팬픽

Fowler, Karen Joy (2005). *The Jane Austen Book Club.* London and New York: Penguin.
Goodman, Allegra (2010). *The Cookbook Collector.* New York: The Dial Press.
James, P.D. (2011). *Death Comes to Pemberley.* New York: Alfred A. Knopf.
McCullough, Colleen (2008). *The Independence of Miss Mary Bennet.* New York, London, Toronto and Sydney: Simon & Schuster.
Paynter, Jennifer (2014). *The Forgotten Sister: Mary Bennet's Pride and Prejudice.* Seattle: Amazon Publishing.
Russell, Roslyn (2014). *Maria Returns: Barbados to Mansfield Park.* Flynn: Bobby Graham Publishers.

한국어판 인용 출처

제인 오스틴, 『설득』, 전신화, 원영선 옮김, 문학동네(2010)
E. M. 포스터, 『하워즈 엔드』, 고정아 옮김, 열린책들(2006)
비비언 고닉, 『끝나지 않은 일』, 김선형 옮김, 글항아리(2024)
앤 모로 린드버그, 『바다의 선물』, 김보람 옮김, 북포레스트(2022)
토니 모리슨, 『빌러비드』, 최인자 옮김, 문학동네(2014)

옮긴이 이승민

연세대 영문과를 졸업하고 뉴욕대 대학원에서 영화와 문학 학제간 연구로 석사학위를 받았다. 옮긴 책으로는 『로버트 맥키의 스토리』, 『로버트 맥키의 다이얼로그』, 『로버트 맥키의 캐릭터』, 『스토리노믹스』, 『나와 타인을 번역한다는 것』, 『먼길로 돌아갈까?』, 『돌보는 사람들』, 『지킬의 정원』, 『여기 살아 있는 것들을 위하여』 등이 있다.

제인 오스틴을 처방해드립니다

초판 발행 2025년 12월 16일

지은이 루스 윌슨
옮긴이 이승민

편집 허영수 권은경
디자인 이강효
마케팅 이보민 손아영

펴낸곳 (주)북하우스 퍼블리셔스 | **펴낸이** 김정순
출판등록 1997년 9월 23일 제406-2003-055호
주소 04043 서울시 마포구 양화로 12길 16-9(서교동 북앤빌딩)
전화 02-3144-3123 | **팩스** 02-3144-3121
전자우편 editor@bookhouse.co.kr | **홈페이지** www.bookhouse.co.kr
인스타그램 @bookhouse_official

ISBN 979-11-6405-346-9 03890